全球化
关键词

Globalization:
The Key Concepts

[英] 安娜贝拉·穆尼（Annabelle Mooney）
[美] 贝琪·埃文斯（Betsy Evans） 编
刘德斌 等译

著作权合同登记号　图字：01-2009-0932

图书在版编目(CIP)数据

全球化关键词/（英）穆尼（Mooney, A.），（美）埃文斯（Evans, B.）编；刘德斌等译．—北京：北京大学出版社，2014.1
ISBN 978-7-301-23482-2

I. ①全… II. ①穆… ②埃… ③刘… III. ①全球化－关键词－研究 IV. ①C913

中国版本图书馆 CIP 数据核字（2013）第 273475 号

Globalization: The Key Concepts, by Annabelle Mooney and Betsy Evans
EISBN: 041536860
Copyright © 2007 by Annabelle Mooney and Betsy Evans
Authorized translation from English language edition published by Routledge, part of Taylor & Francis Group, All rights reserved. No part of this book may be reproduced in any form, by Photostat, microform, retrieval system, or any other means, without the prior written permission of the publisher.
Published by arrangement with the original publisher Taylor & Francis Group

本书中文简体翻译版由 Taylor & Francis Group 授权给北京大学出版社独家出版发行并限在中国大陆地区限售，未经出版者书面许可，不得以任何方式复制或发行本书的任何部分。

本书封面贴有 Taylor & Francis 公司防伪标签，无标签者不得销售。

书　　　　名：	全球化关键词
著作责任者：	[英]安娜贝拉·穆尼（Annabelle Mooney）[美]贝琪·埃文斯（Betsy Evans）编　刘德斌　等译
出 版 统 筹：	高秀芹
责 任 编 辑：	苑海波
标 准 书 号：	ISBN 978-7-301-23482-2/C·0963
出 版 发 行：	北京大学出版社
地　　　　址：	北京市海淀区成府路 205 号　100871
网　　　　址：	http://www.pup.cn　新浪官方微博：@北京大学出版社 @培文图书
电 子 信 箱：	pw@pup.pku.edu.cn
电　　　　话：	邮购部 62752015　发行部 62750672　编辑部 62750883 出版部 62754962
印　　刷　　者：	三河市国新印装有限公司
经　　销　　者：	新华书店
	650 毫米×980 毫米　16 开本　24 印张　280 千字
	2014 年 1 月第 1 版　2014 年 1 月第 1 次印刷
定　　　　价：	56.00 元

未经许可，不得以任何方式复制或抄袭本书之部分或全部内容。
版权所有，侵权必究
举报电话：010-62752024　电子信箱：fd@pup.pku.edu.cn

目 录

前言 …………………………………… 3
致谢 …………………………………… 5
译者序 ………………………………… 6
关键词英汉索引 ……………………… 12

关键词正文 …………………………… 1

主要撰稿人 …………………………… 295
参考文献 ……………………………… 296
关键词汉英对照表 …………………… 329
索引 …………………………………… 336
后记 …………………………………… 361

前　言

全球化一词此刻在大学里、政府中和社会上都是一个流行词。这个词本身的力量以及它所带来的一切非常巨大（Bourdieu, 1999）。有些人告诉我们全球化是不可避免的，有些人告诉我们全球化所导致的具体事件，而有些人则告诉我们全球化应该被挫败。

因为全球化并非局限于任何单一学科的研究领域内，因此学术界对它有着许多定义和研究方法。全球化学者所属的领域多种多样：从文化研究、社会学、经济学、国际关系、政治理论到艺术和语言学等。全球化的这种跨学科实质或许就是它的本质特征。因此，它是一个从现有词汇中借用了大量术语和概念的领域。结果人们在何谓全球化这一点上一直存有争议。最后，全球化关注的是一个更多地被它所提出的问题所定义的领域，它所研究的主题是：作为一个整体的世界及其部分与这个整体的关系。

但最近在非学术圈有关全球化的含义的研究却显示了某种一致（Garrett, Evans and William，即将出版）。当他们被问到对"全球化"作何感想时，其反应往往倾向于经济问题，包括资本主义、货币、大企业以及大公司的扩张。作为当代社会中愈加显现出来并愈加强大的玩家，跨国公司的突出作用经常被提到。

对于公众来说这一特征尤为显著，而我们此时却不能回答其原因所在。但这的确凸显了非专业人士与学者对全球化进行概念化理解上的差别。全球化研究直接道出了理解我们当前所处的这个历史阶段并将其理论化的困难之处。

本书力图为读者在全球化研究文献的迷宫中提供导航。全球化关键词的复杂性表明了这一领域问题的庞杂。由于全球化的含义一直处于争议之中，也由于全球化是一个被众多学科学者所涉入的一个主题，我们的任务非常艰巨。自然，我们不可能把全球化研究的每一个概念都纳入本书，而且词条必须简明扼要。本书力图识别出这一领域之内关键的术语和概念，并概述不同学者所提出来的讨论和重大争论。本书的术语是在我们对全球化研究领域中具有重大影响力作品仔细研究之后选择出来的，同时也源自本书编撰者的专业性建议。本书并没有收录那些仅对少数理论家重要的术语。我们试图识别出那些在对某一个特殊学科具有重要意义的同时，对全球化研究领域的一般趋向也具有重要影响的术语。简而言之，我们认真考虑了一个术语在当前的辩论中的使用过度。我们也没有收纳那些被我们视为某一学科的基本术语，除非它们是在全球化研究中被特别关注的焦点。这样，某些词条预设为多领域的基本类别的一种理解。另一方面，如果一个词条以一种与全球化研究相联系的方式被用于它"本"（home）学科以外，我们就将其包括进来。最重要的是，本书的目的是为读者提供一个出发点。

一种全球化话语和视角的广泛采用意味着全球化的含义也随着语境的变化而多种多样。所以读者必须记住，一个学者以一种特别的方式使用一个术语，并不意味着其他学者也以同样的方式使用它。也就是说，读者非常有可能会在其他著作中遇到与本书使用方式不同的术语。

例如，我们选择了有关马克思、现代主义和圆形监狱这样的词条。这些词条以及其他术语在全球化作为一个研究领域出现之前就已经存在了。同时也因为作为一个研究领域，全球化介入了主要思维范畴和学科基础的复审，这些术语就是相关的了。这种复审例证了反思性，而有些学者认为反思性正是全球化的关键。

我们期望本书所提供的概念、描述和信息资源能够为读者提供一种对这一复杂领域可靠且基本的理解。

致 谢

没有利华海姆基金会（Leverhulme Trust）的慷慨赞助（grant no F/00 407/D project on Language and Global Communication，GF/00 407/D），本书的出版是不可能的。我们的同事海娃·毕晓普（Hewel Bishop）、萨拉·劳森（Sarah Lawson）、大卫·梅钦（David Macin）克拉斯·普鲁次（Klas Prutz）和萝莉·格里菲斯（Lowri Griffith）工作辛苦，宽宏大度。与这些具有非凡天赋的人共事，我们觉得自己太幸运了！我们也想对范李文（Theo Van Leeuwen）对本书和我们其他工作持续不断的热情和支持表示衷心的感谢！我们的各位撰稿人在耐心和时间上都极为慷慨。他们不仅撰写词目，而且在澄清本书解读全球化的范围和目标上提供了极大的帮助。我们也对匿名审稿人的建议表示诚挚的谢意！

译者序

近年来，一股无形的力量正在影响着这个星球上每一个国家的运作和每一种社会的变迁，甚至影响到每一个家庭或每一个人的命运。这种影响表现为一个国家实力兴衰的加速，表现为一种社会矛盾的突发，也表现为一个家庭或一个人命运的改变。无论是在幅员辽阔的俄罗斯，还是在弹丸之地的新加坡，无论是在已经被"超国家行为体"——欧盟聚拢起来的欧洲社会，还是在被部落、种族或教派冲突撕裂着的中东国家，无论是对一个离开了土地到城市里务工的农民，还是对一个曾经在华尔街上呼风唤雨的金融大亨，一个国家、一种社会和一个人的处境都有可能被这股无形的力量所改变或左右。实际上，整个世界都在被这股力量推动着加速地运转。这股力量就是来自人们愈加强烈地感觉到的资本、技术、人员、商品、服务、时尚和流行文化等等的"全球化"运动。

自然，"全球化"也就成了我们这个时代最流行、最时髦的话语，也是经常被滥用的词语。无论是在媒体上还是在课堂里，"全球化"一语随处可见。尽管多数人对"全球化"的确切含义并不能给出十分精确的界定，但这并不能阻止人们使用它。这也难怪，因为"全球化"本身及其相关的概念一直处于争辩和变化之中，在研究全球化的权威学者中也是众说纷纭，一直都没有统一的定义。全球化既被视为一种概念，又被视为一种进程；既被视为数千年来人类从起源地逐渐蔓延到世界每一个角落的历史进程的继续，又被视为地理大发现把世界联结为一个整体（或19世纪末世界经济一体化，或二战的终结、东西方对抗的消失）以来世界现代化进程的结果；既被视为西方所主导的世界现代化进程的逻辑演进,又被视为超越西方崛起"片段"的大历史的复归,而东方大国正在全球化的进程中重新获得自己的历史定位;既被视为一种历史过程的延续,也被当成20世界80年代以来信息与技术革命所制造和加速的人类经济、政治与社会关系变革的开始;全球化既加深了世界各国各地区之间的相互依存,又制造了各国各地区之间乃至各种社会内部的贫富分化;即被认为加强了国与国之间经济上的相互依存关系,消弱了国界的重要意义,甚至改变了国际关系特别是大国关系的性质,又被认为加强了大国博弈的实力和手段,带来的是和平的幻景和地缘政治的复归;对有些国家、有些社会和有些群体,全球化是一种改变命运的历史机遇,而对另一些国家、另一些社会和另一些群体,全球化则演变成走向深渊的灾难和陷阱;全球化既被视为资本主义的全球蔓延,制造了诸多悲剧和不平等,应该被阻止和击败,又被描述成一种人类社会的进步,是一种不可避免的历史必然,等等,等等。显而易见,全球化研究不是任何一个学科能够单独胜任的,因为它所涉及的问题涉及人类生活的方方面面。本书对全球化研究的特性概括得非常简练:"全球化关注的是一个更多地被它所提出的问题所定义的领域,它所研究的主题是:世界作为一个整体及其部分与这个整体的关系。"

在西方学术界,全球化作为一个探讨的主题出现于20世纪80年代,90年代迅速升温,世纪之交更是大作迭出,形成了一道独特的风景线,几乎人文与社会科学的每一个学科都受到了全球化理论研究的冲击和影响。除了已经初具体系的全球化理论构建以外,还出现了或推进了全球社会学、全球史学、全球政治经济学、全球经济学与金融学、全球人类学、全球地理学、全球媒体与大众传播学,等等。2001年"9·11"恐怖袭击及其以后在巴厘岛、马德里、北奥塞梯和莫斯科、伦敦、卡拉奇和孟买等一系列的恐怖袭击发生之后,甚至全球性的组织化暴力也成为全球化研究中的一个重要论题。但是,2008年美国金融危机发生之后,全球化研究趋冷,因为还是国家,特别是大国和大国合作,在拯救全球经济衰退的过程中发挥了至关重要的作用。全球化理论所预言的"国家的终结"似乎与现实不符。在经济全球化日趋深入,发生在美国的金融危机有可能演变成全球经济危机的情况下,阻止经济危机蔓延的主要力量依然来自国家政府的强力干预,而不是日趋全球化的市场的自我调节或跨国公司这样影响力日趋庞大的非国家行为体。2009年2月美国《新闻周刊》封面文章的题目竟然是"现在我们都是社会主义者了"(Now we are all socialist),对奥巴马政府的救市措施展开批评。有人甚至认为2008年以后人文社会科学研究出现了向国家的"回归"。但是,全球化研究仍然在不断地取得进展。事实上,作为一场有可能改变人文社会科学基础的"革命",全球化研究不能不受到近年来全球局势迅速发展和往往出人意料的变化的影响,但作为一场牵扯到人文社会科学几乎每一个学科每一个领域观念和基础的"革命",全球化研究又必须与世界上每天都在发生的变化保持一定的距离。归根结底,20世纪80年代以来全球化的高速进展是人类历史进程的一次质的变革和提升,还是传统意义上现代化的延续,这不仅需要人们对现实的观察和思考,更需要人们冷静下来之后的学理探讨和分析。在这样一种形势下,《全球化关键词》翻译和出版可谓正逢其时,它为中国人思考和探讨全球化研究提供了一种非常简明扼要的对比和参照。

《全球化关键词》并不是一部全球化研究的百科全书,也不是某个或某些全球化研究视角的系统阐释,而是对20世纪80年代以来西方学术界全球化研究基本概念简明扼要的概括和梳理。我认为这正是当前中国读者所需要的。[《全球化关键词》所给出的术语和概念是其来自多个领域的编撰者在仔细研究了全球化研究领域中具有重大影响力的作品之后筛选出来的,特别是那些在全球化研究的辩论中经常被使用的术语和概念,并概述了不同学者对这些术语和概念的不同观点和争论,这就使读者可以在最短的时间内对所要了解的全球化的术语和概念有一个基本的了解。] 由于全球化研究几乎与人文社会科学的每一个学科都有联系,如何处理全球化关键词与各学科的关系就成了该书成败的一个关键。《全球化关键词》的做法是：相关学科的基础术语不选；只对少数理论家重要的术语不选；不仅对某一个学科具有重要意义，而且对全球化研究领域的一般趋向也具有重要影响的术语和概念加以选择；对以一种与全球化研究相联系的方式被用于其"本"（home）学科以外使用的术语加以选择。无疑，这是一项非常艰巨的任务，不仅因为全球化研究几乎涉及每一个学科，术语和概念非常多，而且还因为"全球化"本身及全球化研究的相关术语和概念一直存有争议，了解和把握这些争论和争议需要多学科多专业的分工、凝聚与配合。从这个意义上讲，《全球化关键词》是成功的。按照本书主编安娜贝拉·穆尼（Annabelle Mooney）和贝琪·埃文斯（Betsy Evans）的说法，《全球化关键词》的目标是为读者在浩如烟海的全球化研究文献的迷宫中提供导航，提供一个出发的起点。我认为编者的目标达到了。

　　面对西方全球化研究的迅速发展，中国学术界反应格外迅速，译介了大量西方学术界的扛鼎之作，发表了大量的论文和专著，取得了不俗的成就，很快形成全球化研究的中国声势并引起西方学术界的某些关注。但是，中国的全球化研究似乎与西方学术界的互动并不多，中国全球化研究作品的主要读者还是中国人，中国学者的声音没有充分传递到西方学者所主导的国际学术界。翻开《全球化关键词》，几乎找不到由中国学者在全球化研究方面所创造并被国际学术界所广泛采用或争论的概念或观点。这与改革开放以来中国在这个世界上所获得的地位极不相称。普遍认为中国是最近三十年来为数不多的在全球化进程不断深入的过程中获益的发展中国家，也是借助于自己的比较优势在全球化的进程中实力迅速崛起的新兴大国，国内生产总值（GDP）已经超越日本位居世界第二位，中国的一言一行正在被全世界所关注。中国人自己也已经意识到中国与这个世界的关系发生了历史性的变化，中国的利益已经全球化了，中国的命运已经和这个世界的命运更为有机地联系在一起。但是，中国学界还不能很好地诠释这个日趋全球化的世界。

从这个意义上讲,《全球化关键词》的翻译和出版具有多方面的意义:首先,它为我们吸纳和借鉴西方学界的全球化研究提供了一个简明扼要的词典性质的参考书。翻开这本书,读者会发现你所接触或感悟到的全球化的进展和影响正在被人以精炼的语言概括或定义出来,这有利于读者在某关键词所涉猎的问题上思考的深化,也有利于中国读者之间和中国读者与西方学术界观点的交锋与对话。第二,启发和推动中国学者特别是人文社会科学的学者在概念和理论上的创新。改革开放三十年来,中国的人文社会科学获得了长足的发展和进步,但是所用的术语和概念基本上还是舶来品,久而久之,就容易带上别人的眼镜来审视自己和这个世界,甚至自觉或不自觉地成为顶起某个学派的标签。而这与中国在当今世界上的地位是不相称的。最后,推动中国人文社会各学科的交叉和融合。中国或许是这个世界上学科壁垒最为森严的国家,尽管跨学科研究已经被鼓吹多年,但真正身体力行的学者和机构并不多。因为中国大学生从进入大学(甚至在高中阶段就分出文理)开始就被安排甚至固化到某一个学科,改变的机会很少,成本很高,而大学的学科建设和评价标准也都以某一学科(一级学科,甚至是二级或三级学科)为出发点,这不仅使人文社会科学的人才培养面临困境,而且也使中国的全球化研究后劲乏力,缺少必要的人才储备。而全球化研究恰恰可能是新一轮人文社会科学革命的序曲,中国已经没有理由在这场革命中依然以学生的身份示人。

尽管《全球化关键词》为我们吸纳和借鉴西方全球化研究提供简明扼要的参考和对比,但归根结底,它还是西方学者对这个世界的历史和现实的认知为基础的,中国和其他非西方国家的经验并没有被充分地吸纳进来,而中国等新兴国家又正是在近年来的全球化进程中改变了西方和非西方的力量(至少是物质力量)对比。抛开其他新兴大国不谈,当代中国是人类历史上惟一一个历史和文化绵延数千年没有断裂的国家,中国改革开放以来融入全球化的进程也是中国社会和文化的再造过程，中国的崛起也正是在全球化进程不断深入的过程中实现的。构建中国的全球化解说体系，是中国崛起过程中不可或缺的文化崛起的一个有机组成部分。本书的翻译出版，不仅提供了一种启发和借鉴，也提供了一种刺激！是为序。

关键词英汉索引

Abstract systems 抽象系统 ...1
Active citizens 积极公民 ...1
Alien culture 外来文化 ...2
Americanization 美国化 ...3
Anarchism 无政府主义 ...4
Anticipation of pleasure 幸福预期 ...4
Antiglobalization 反全球化 ...5
Anti-imperialism 反帝国主义 ...7
Asymptotic progression 渐进 ...7
Atomization 原子化 ...8
Aura (of cultural phenomenon) 光韵（文化现象的）...9
Automobility 汽车性 ...9
Autonomization (of an institution) 自主化（机构的）...10
Automonomization (of culture) 自主化（文化的）...10
Axial period 轴心期 ...11
Axial principle 轴心原则 ...12
Balance of power 均势 ...12
Basic needs 基本需求 ...13
Biculturalism 二元文化主义 ...14
Bio-politics 生命政治学 ...15
Bio-power 生命权力 ...16
Biospheric politics 生物圈政治 ...17
Bodily display 身体展示 ...17

Bretton Woods Institutions 布雷顿森林体系 ...18
Bureaucracy 官僚制 ...18
Capitalism 资本主义 ...19
Centrism 中间路线 ...22
Chaos theory 混沌理论 ...23
Choice (discourse of) 选择（话语的）...24
Citizenship 公民身份 ...25
Civil inattention 礼貌性回避 ...26
Civil society 公民社会 ...27
Clash of civilizations 文明的冲突 ...28
Cleft countries 裂痕国家 ...29
CNN effect 美国有线电视新闻网效应 ...30
Coca-colonization 可口可乐化 ...31
Coevolution 共同进化 ...32
Cognitive reflexivity 认知反思性 ...32
Collectivism 集体主义 ...32
Colonialism 殖民主义 ...33
Commodification 商品化 ...34
Commodity biographies 商品传记 ...35
Commodity candidacy 商品候选 ...36
Commodity chains 商品链 ...36
Commodity fetishism 商品拜物教 ...37
Commodity flows 商品流动 ...38

Commodity phase 商品阶段 ...38
Common Agricultural Policy (CAP)
　共同农业政策 ...38
Communicative rationality
　交往理性 ...39
Communities of fate 命运共同体 ...40
Communities of limited liability
　有限责任共同体 ...40
Community participation
　社区参与 ...41
Complexity theory 复杂性理论 ...42
Confluent love 融汇之爱 ...42
Construtive postmodernism (or
　integralism) 建构的后现代主义
　（或整合主义）...43
Consumerism 消费主义 ...44
Consumption rituals 消费习惯 ...45
Contextual universalism
　情境普遍主义 ...45
Contingency theory 权变理论 ...46
Contracting out 合同外包 ...47
Convergence thesis 趋同论 ...47
Core-periphery model
　核心－边缘模式 ...47
Corporatism 统合主义 ...48
Cosmocracy 世界民主 ...48
Cosmopolis 国际都市 ...49
Cosmopolitan democracy
　普世民主 ...49
Cosmopolitanism 世界主义 ...51
Counter-culture 反文化 ...51
Counter-hegemony 反霸权 ...52
Counter-narrative 反叙事 ...53

Creolization 克里奥尔化 ...54
Cultural autonomy 文化自治 ...54
Cultural capital 文化资本 ...55
Cultural convergence 文化趋同 ...56
Cultural defence plea 文化抗辩权 ...56
Cultural dumping 文化倾销 ...57
Cultural economy 文化经济 ...57
Cultural entrepreneurs
　文化企业家 ...59
Cultural fate 文化命运 ...59
Cultural heritage 文化遗产 ...60
Cultural imperialism
　文化帝国主义 ...61
Cultural integration 文化整合 ...62
Cultural landscape 文化景观 ...62
Cultural storage 文化保存 ...63
Cultural synchronization
　文化同步化 ...64
Cultural tourism 文化旅游 ...64
Culturalism 文化主义 ...64
Culture industry 文化产业 ...65
Culture of civility 礼仪文化 ...66
Cyberactivism 赛博行动主义 ...67
Debt relief 债务减免 ...68
Decisionism 决断论 ...68
Decolonization 去殖民化 ...69
Decommoditization 非大众化 ...70
De-governmentalization 去管制化 ...70
Democracy 民主 ...71
Dependency theory 依附论 ...75
Developmental state 发展型国家 ...76
Diaspora 散居 ...77
Digital divide 数字鸿沟 ...78

Digital nomads 数字游牧民 ...79
Direct action 直接行动 ...79
Disconnected contiguity 互不相关
　的邻里 ...80
Discrepant cosmopolitanism
　差异性世界主义 ...80
Disorganized capitalism
　无组织资本主义 ...81
Distant proximities 远距离邻近 ...82
Divergence/convergence
　分歧/趋同 ...83
Divided self 分裂的自我 ...84
Downsizing 裁员 ...84
Economic liberalization
　经济自由化 ...85
Ecotourism 生态旅游 ...85
Embedded journalists 随军记者 ...86
Embedding 嵌入 ...87
Embodiment 化身 ...87
Empire 帝国 ...88
Enclave 飞地 ...89
Enclaved commodities 飞地商品 ...90
End of history 历史的终结 ...91
Epistemic communities
　认识共同体 ...92
Epistemic violence 认知暴力 ...93
Essentialism 本质主义 ...94
Ethnic diversity 族裔多样性 ...94
Ethnic tourism 民俗旅游 ...94
Ethnocentrism 种族中心主义 ...94
Ethnocide 种族文化灭绝 ...95
Ethnolinguistic 种族语言 ...95
European Union (EU) 欧洲联盟
　（欧盟）...96
Europeanization 欧洲化 ...98
Exchange value 交换价值 ...99
Experts/Expert systems
　专家/专家系统 ...100
Export Processing Zone (EPZ)
　出口加工区 ...100
Extra-legal economy 法外经济
　（不合法经济）...101
Fair trade/Free trade 公平贸易/
　自由贸易 ...102
False consciousness 错误知觉 ...103
False needs 虚假需求 ...104
Family wage (decline of) 家庭工资
　（衰落的）...104
Feminism 女权主义 ...105
Feminization of the workforce
　劳动力女性化 ...107
Fetishism Theory 拜物教论 ...107
Financialization 金融化 ...108
Foreign Direct Investment (FDI)
　外国直接投资 ...109
Formal/Informal economies 正规/非
　正规经济 ...110
Fragmentation (social) 碎片化
　（社会性的）...111
Fragmented State 碎裂国家 ...111
Free Trade 自由贸易 ...111
Fundamentalism 原教旨主义 ...112
Futurist/Futurology/Future studies 未
　来学家/未来学/未来研究 ...113
G7/G8 七国集团/八国集团 ...114
GATT 关贸总协定 ...115

GDI（Gender Development Index）性别发展指数 ...*115*

GEM（Gender Empowerment Measure）性别赋权指数 ...*115*

Gemeinschaft 共同体 ...*116*

Genealogies（of globalization）谱系（全球化的）...*117*

Genoa 热那亚 ...*118*

Geopolitical rationality 地缘政治理性 ...*119*

Global capitalism 全球资本主义 ...*120*

Global cities 全球城市 ...*121*

Global Commodity Chain（GCC）全球商品链 ...*121*

Global elite 全球精英 ...*122*

Global English 全球英语 ...*122*

Global fluids 全球流体 ...*123*

Global governance 全球治理 ...*124*

Global health policy 全球卫生政策 ...*125*

Global labor market 全球劳动力市场 ...*126*

Global managerial class/Global elite 全球治理阶层/全球精英 ...*127*

Global media 全球媒体 ...*128*

Global politics 全球政治 ...*130*

Global social policy 全球社会政策 ...*131*

Global sub-politics 全球亚政治 ...*131*

Global Union Federations（GUFs）全球工会联盟 ...*132*

Global village 地球村 ...*133*

Globalism 全球主义 ...*134*

Globality 全球性 ...*134*

Globalization from below 自下而上的全球化 ...*135*

Glocal/Glocalization 全球地方/全球地方化 ...*136*

Governmentality 治理术 ...*136*

Habitus 习性 ...*138*

Hard/Soft Power 硬/软实力 ...*139*

Hegemongy 霸权 ...*139*

Heritage tourism 遗产旅游 ...*141*

Heterogenity 异质性 ...*141*

High modernity 现代性盛期 ...*142*

Homogenization 同质化 ...*142*

Human capital 人力资本 ...*144*

Human rights 人权 ...*145*

Hybridity/Hybridization 杂糅性/杂糅 ...*147*

Hyperglobalist thesis 超全球化论 ...*148*

Hypermasculinity 超男性气概 ...*149*

Hyperreality 超现实 ...*149*

Identity politics 身份政治 ...*151*

Identity thinking 身份思维 ...*152*

Ideological State Apparatus 意识形态国家机器 ...*152*

IFA（International Framework Agreements）国际框架协议 ...*153*

IGO（Intergovernmental Organization）政府间组织 ...*154*

Imaginative hedonism 富于想象的享乐主义 ...*154*

Imagined communities 想象的

共同体 ...154
IMF (International Monetary Fund) 国际货币基金组织 ...155
Imperialism 帝国主义 ...157
Income polarization 收入的两极分化 ...157
Incorporation theory 归并理论 ...158
Index of Social Progress 社会进步指数 ...159
Indigenization 本土化 ...159
Indigenous culture 本土文化 ...160
Individuation 个体化 ...161
Industrialization 工业化 ...162
Informal economies 非正式经济 ...163
Information age 信息时代 ...163
Infotainment 信息娱乐 ...163
INGO (International Non-governmental Organization) 国际非政府间组织 ...164
Inhuman hybrids 非人混合体 ...164
Institutional reflexivity 制度的反思性 ...165
International Financial Institutions 国际金融机构 ...165
Internationalization 国际化 ...165
Internet 互联网 ...166
Interpellation 质询 ...168
Kin country rallying 亲族国家凝聚力 ...168
Kitsch 庸俗艺术作品 ...169
Knowledge society 知识社会 ...169
Kyoto 京都 ...170
Language rights 语言权利 ...171

Legitimation crisis 合法性危机 ...173
Liberal democracy 自由民主 ...174
Liberal humanism 自由人本主义 ...175
Liberalization 自由化 ...176
Lifestyle 生活方式 ...177
Lifestyle enclaves 生活方式飞地 ...178
Lifeworld 生活世界 ...179
Liminal/Liminality 阈限的/阈限性 ...179
Liquid modernity 流动的现代性 ...180
Localization 本土化 ...181
Macroanthoropology 宏观人类学 ...182
Marginalization/Centralization 边缘化/中心化 ...182
Market segmentation 市场划分 ...183
Marx/Marxism 马克思/马克思主义 ...183
Mass media conglomerates 大众传媒联合体 ...185
Master concepts 主概念 ...186
Materialism 物质主义 ...187
McDonaldization 麦当劳化 ...187
Media imperialism 传媒帝国主义 ...188
Metaculture 元文化 ...190
Microglobalization 微观全球化 ...191
Microstate 微型国家 ...191
Migration 移民 ...192
Mobility 流动性 ...192
Modernism 现代主义 ...193
Modernity 现代性 ...193

Monetarization 货币化 ...*195*
Montage 蒙太奇 ...*195*
Moral economy 道德经济 ...*196*
Multicultural/ism 多元文化／主义 ...*197*
Multinational corporation (MNC) 多国公司 ...*198*
Nation-state 民族国家 ...*198*
Nation-state, decline of 民族国家的衰落 ...*200*
Nationalism 民族主义 ...*201*
Nationalization/Nationalized industries 国有化／国有化工业 ...*202*
Neoconservatism 新保守主义 ...*203*
Neoliberalism 新自由主义 ...*204*
Network society 网络社会 ...*205*
New Labour 新工党 ...*207*
New public management 新公共管理 ...*207*
NGO (Non-Governmental Organization) 非政府组织 ...*207*
Non-Aligned Movement (NAM) 不结盟运动 ...*209*
Non-modern 非现代 ...*210*
North/South divide 南／北鸿沟 ...*210*
OECD (Organization for Economic Co-operation and Development) 经济合作与发展组织 ...*211*
Offshoring 外包 ...*212*
One world paradigm 同一世界范式 ...*213*
Open society 开放社会 ...*213*
Organization of Petroleum Exporting Countries (OPEC) 石油输出国组织（欧佩克）...*214*
Orientalism 东方主义 ...*215*
Panopticon 圆形监狱 ...*216*
Particularism 特殊主义 ...*217*
Perfect knowledge 完全知识 ...*217*
Performative citizenship 表现式公民身份 ...*218*
Placeless geography 无地方性地理 ...*218*
Pluralism 多元主义 ...*219*
Pluralist paradigm 多元主义范式 ...*220*
Policy agendas 政策议程 ...*220*
Policy cycle 政策周期 ...*221*
Policy evaluation 政策评估 ...*222*
Policy programs 政策项目 ...*223*
Political globalization 政治全球化 ...*224*
Postcolonialism 后殖民主义 ...*225*
Post-Fordism 后福特主义 ...*225*
Post-Information Age 后信息时代 ...*227*
Post-materialism 后物质主义 ...*227*
Postmodernity/Postmodernism 后现代性／后现代主义 ...*228*
Post-tourist 后观光客 ...*230*
Primitive accumulation 原始积累 ...*230*
Privatization 私有化 ...*231*
Protectionism (economic) （经济的）保护主义 ...*232*
Pseudo event 伪事件 ...*233*
QUANGO 准非政府组织

（半自治非政府组织）...234
Racialization (of governmental process) 种族化（政府过程的）...234
Radical modernity 激进的现代性...235
Rationalities of risk 风险理性...236
Realist paradigm 现实主义范式...237
Re-embedding 再嵌入...237
Reflexive modernization/Modernity 反思的现代化/现代性...238
Reflexivity 反思性...240
Reform (Political) 改革（政治的）...241
Relativism 相对主义...242
Re-localization 再本土化...243
Revitalization movement 复兴运动...243
Risk 风险...244
Seattle 西雅图...245
Semi-periphery countries 半边缘国家...246
Service work 服务工作...247
Simulacrum 仿像...247
Skeptics 怀疑论者...248
Social capital 社会资本...248
Social movements 社会运动...251
Society of control 控制社会...252
Soft power 软实力...253
Sovereignty 主权...253
State 国家...254
Statist paradigm 国家主义范式...256
Structural Adjustment Programs 结构调整计划...257
Structuration 结构化...257
Subaltern 贱民...258
Subsistence perspective 生存视角...259
Supermodernity (or hypermodernity) 超现代性...260
Surplus value 剩余价值...261
Sustainable development 可持续发展...262
Sweatshop 血汗工厂...263
Symbolic analysts 符号分析师...263
Symbolic capital 符号资本...264
Territorialization (de- & re-) 地域化（去地域化及再地域化）...264
Third Way 第三条道路...265
Third World War (WWIII) 第三次世界大战...267
Time-space compression 时空压缩...268
Tobin tax 托宾税...269
Traditionalist 传统主义者...270
Transnational 跨国的...270
Transnational Corporation (TNC) 跨国公司...271
Transnational Capitalist Class (TCC) 跨国资产阶级...273
Trust 信任...274
United Nations (UN) 联合国...275
Universal civilization 普世文明...276
Universal human rights 普世人权...277
Universalism 普世主义...278
Urbanism, transnational 跨国的都市生活...278
Wage earner welfare states

雇佣劳动者福利国家 ...279

War of position 阵地战 ...280

Welfare state 福利国家 ...280

Westernization 西方化 ...281

Work rich/Work poor 就业充裕/
就业贫乏 ...281

World Bank 世界银行 ...282

World cities/Global cities
世界城市/全球城市 ...284

World culture theory 世界文化
理论 ...286

WHO（World Health Organization）
世界卫生组织 ...287

World hegemony 世界霸权 ...288

World polity theory
世界政体理论 ...289

Wolrd systems theory
世界体系理论 ...290

WTO（World Trade Organization）
世界贸易组织 ...291

World Works Council 世界劳资
联合委员会 ...293

抽象系统
ABSTRACT SYSTEMS

抽象系统一词涵盖**专家系统（expert system）***和符号标志，并被社会学家安东尼·吉登斯所喜好。抽象系统指人们为了估算和探讨**风险（risk）**而愈加依赖的规则及程序的集合。对个体而言，这些系统是难以接近的，且常常具有不透明性。在传统社会中我们可能会依赖地方富有经验的个人，而现在我们则倾向于依靠由专家群体（从心理学家到天气预报员）及官僚机构所掌握的原则和规范。

专家系统和符号标志正在脱离固定机制的束缚。符号标志允许个体间的互动和流通。一个绝佳的例子即为货币，货币使"在时空中分散的代理人之间的交易规则得以实现"（Giddens，1991：24）。鉴于它们本身并无内在价值，这些符号标志需要权威的支持以保障其交换价值（如作为符号的货币，见 J. S. G. 伯格斯（J. S. G. Boggs）的著作，其中伯格斯用"艺术"货币来交换商品）。

延伸阅读：Giddens，1990，1991；Weschler，2000

积极公民
ACTIVE CITIZENS

积极公民指参与公共生活的个体。他们自视为是社会变革的代理人，并在其中扮演一定的角色。积极公民身份是一种确定何谓好公民的方式，这是一个自亚里士多德以来人们始终在讨论的概念。积极公民至少以两

---

* 词条释义中加黑的中英文词汇表示该词在本书中作为独立词条有出现。全书下同。
———译者注

种方式和全球化文献相关联，其中一种方式把积极公民视作全球化的结果和对全球化的回应。经济市场的全球化被视为对**民主（democracy）**的挑战，因为它削弱了**民族国家（nation-state）**的权威和影响，并建立了定义公民身份的诸多方式。对于全球化所构成的对民主制的威胁，人们的回应是求助并重建公民文化。鼓励积极公民身份是一种使公民文化重获生机的方式。积极公民身份现在被视为在前所未有的社会动荡时期实现和确保民主的主要途径，其概念被用来引导某些特定的人群在行为和思想上实现自我管理，进而向优良公民的方向规范自己的行为。从这个角度来看，积极公民和全球化之间的联系又有所不同。积极公民身份并非是与全球化相联系的大规模社会变革的结果与回应，而是一种战略——这种战略是相互纠缠在一起的实践、技术和心态的一部分，据此被称之为全球化的地缘政治理性得以成型和实现（Larner and Walters, 2004b）。

参见：选择（话语的）（choice [discourse of]），社区参与（community participation），地缘政治理性（geopolitical rationality），全球亚政治（global sub-politics）

延伸阅读：Dean, 1995; Giddens, 1998

RM

外来文化
ALIEN CULTURE

此术语与"本土文化"相对应，指被引进（或嵌入）到另一种文化的实践和事物。这一术语认为新的实践往往是强加于其他文化的。汤姆林森（Tomlinson, 1991）强调与强制和"异端"观念相比，外来文化被吸收、融合以及**再嵌入（re-embedded）**他者文化的现象更为普遍。

参见：文化帝国主义（cultural imperialism）

美国化
AMERICANIZATION

这个术语可追溯至 1860 年，严格意义上指成为美国人（在语言、习惯以及职业等方面），尤其是对赴美移民群体而言。此术语还有与全球化相关的特定含义——从人们所谈论的美国**文化帝国主义（cultural imperialism）**，到自由市场经济垄断所导致的本地行为和地方消费模式的惊人变化。

文化帝国主义的观点显然是带有贬义色彩的，且与在国外市场上日益增加的"美国"货（快餐、衣服标签、软饮料、好莱坞电影）联系在一起。在很多情况下，尤其在被社会活动家用来反对经济全球化的背景中，美国化指与美国**自由贸易（free trade）**和**民主**政策趋同的一种政治和经济制度的本质性变化。

尽管如此，人们对于何为"美国式的"还存有疑问。某些规范和产品因为同美国有一种象征性的联系，就被认定为美国式的。例如，**新自由主义（neoliberal）**被视为具有美国色彩，而事实上它在世界范围内都十分普遍（尽管美国是**布雷顿森林体系 [Bretton Woods Institutions]** 在形式与内容背后的主要推手）。其他人（如 Featherstone, 1990 和 Giddens, 1990, 1991）强调对产品和行为的批判性接受，并以这种态度看待它们**杂糅（hybridization）**或者嵌入到本土环境中的过程。值得注意的是，吉诺-赫克特（Gienow-Hecht, 2000）将美国化称之为"美国文化的转移"。

参见：同质化（homogenization），麦当劳化（McDonaldization）
延伸阅读：Plender, 2003

无政府主义
ANARCHISM

无政府主义亦被称为自由-社会主义或无政府-共产主义。无政府是用以形容某种特定政治制度和组织的技术术语,而无政府主义则与全球化相关,被用来概括那些反对全球化的群体。在严格意义上无政府主义是存在于理论和实践中的抵制权威力量的社会模式。这个概念往往被误用,即认为无政府主义推动无政府状态,即暴力、混乱和社会动荡。然而通常说来,无政府主义是一种政治信仰,它认为人人都应当被允许选择他们和他者的关系(包括政府中的代表),并为了相互利益和社会目标有目的地与他人产生联系。这就是说,在对秩序的看法上,无政府主义在本质上并不等于无秩序。相反,它建立在每个个体做出真正选择的基础之上,反对去发展那些强迫人们适应的制度。因而,无政府主义并不反对人民代表,它所质疑的只是产生和确立代表权的方式。

无政府主义(或人们更常提到的无政府主义者)是全球化话语的一个重要特征。无政府主义者通常难以成为受人尊敬的群体。无政府主义并不支持新自由主义和"民主"制度——后者恰是当代社会的典型性和限定性特征。作为混淆概念及表述错误的牺牲品,那些支持和参与反全球化、反资本主义游行的民众经常被贴上无政府主义者的标签。

参见:反全球化(antiglobalization),新自由主义(neoliberalism)
延伸阅读:Miller,1984;Ward,2004;Woodcock,1986

幸福预期
ANTICIPATION OF PLEASURE

此概念由约翰·厄里(John Urry,1990)提出,与产品消费以及经验相关，尤其与旅游经历的联系较为密切。预期幸福建立在对未拥有的经验（来自于媒体、旅游手册以及类似媒介）的表述上。于是，人们"'在现实中'寻求他们于脑海里已经想象并体验过的愉悦经历"（1990：13）。预期的旅游体验和实际的旅游经历是对立的。在实际旅游之前，想象力也许形成了对旅游过程的部分期待。想象中的旅游是由各种媒介，如导游手册、电视旅游节目或**互联网**（internet）诱发的。通过阅读、观看与其目的地相关的资料或节目，潜在的旅游者开始想象他们已经身处旅游地，并憧憬假日体验。

参见：文化旅游（cultural tourism），生活方式（lifestyle）

SL

反全球化
ANTIGLOBALIZATION

反全球化是一个涵盖性术语，用以指代多种立场——既反对目前的全球化形态，也反对被认为由全球化所带来的负面效应。反全球化运动的成员认为全球化秩序主要是由利益关系构成的，对世界上的少数精英阶层有利，损害其他多数人的利益，尤其是那些身在第三世界的多数人的利益。人们认为，全球化的进程是环境遭到破坏的主要原因，且导致国内和国家间不平等现象的加剧，破坏了民主进程。

关于首次反全球化运动发生的时间尚无定论。一个明确的时间点是发生于墨西哥契阿帕斯省（Chiapas）的查巴达人（Zapatistas）骚乱，这一天恰好是1994年的新年，也是《北美自由贸易协定》的生效日期。另一个关键事件即声名狼藉的"西雅图之战"。这两个事件在反全球化运动中都有着标志性地位。但是，抵制全球化、抗议**布雷顿森林体系**并不是一个新现象，这从1970年代中期以来南方国家经常性的政策结构调整中可寻得蛛丝马迹。

在西方，反全球化运动最初主要关注大型跨国公司的不道德行为，这些大型公司被视为全球经济重组的主要推动力之一，而全球经济重组正是全球化的特征。例如，1990年代中期，在反全球化运动势头日益增强期间，其主要关注的问题是"血汗工厂"以及被卷入这些剥削行为的公司，如迪斯尼和耐克等。这些公司被迫解释其产品生产的恶劣条件，并被指责对剥削行为负主要责任。上述事件促进了国际间反全球化运动的联合，并在全球精英阶层的政治与经济会议外领导了一系列大规模示威运动，正如近年来在**西雅图（Seattle）**、布拉格（Prague）、魁北克（Quebec City）以及热那亚（Genoa）所发生的那样。这些大规模抗议运动的主要目的是突出当今全球化秩序的消极一面，并促使更多公众关注全球化逻辑下的剥削、不平等和欺骗现象。除抗议外，反全球化运动还促成了一系列重要的活动。最为显著的是始于2001年巴西阿雷格里港（Porto Alegre）的世界社会论坛（World Social Forum，WSF），它与瑞士达沃斯的全球精英阶层的世界经济论坛唱起对台戏。世界社会论坛现今已成为一件国际盛事，吸引了超过100 000人前来讨论全球化各方面问题以及取代全球化的良策。

在很多方面，"反全球化"的标签（显然最初由美国媒体所创造）使人产生误解，很多反全球化活动家全然拒绝这一标签。事实上该运动并不反对全球化本身，除提出诸多批评外，反全球化运动还针对当下与全球化有关的问题提出了不少政治和经济替代方案和补救性措施。很多人呼吁彻底取消第三世界的债务，或至少实质性减轻其债务负担。同时，他们也普遍认为，应对**全球治理（global governance）**的三大主要金融组织——**世界银行（World Bank）、国际货币基金组织（International Monetary Fund，IMF）、世界贸易组织（World Trade Organization，WTO）**需要进行实质性改革或一并摒弃，代之以一个更为可信的、民主的、透明的机构以规范全球资本流动，尤其是跨国公司的活动。另有一些人主张回到更为以地方为基础的（假设它们是地方的、地区的以及国家的）经济，以此来减轻经济全球化带来的问题。尽管对于参与这一运动的许多人来说，这不外乎提供了一种保护更为贫穷国家的方式，但这种思维方式也代表了一种更为保守的反全球化情绪的思路。该思维模式担心全球化导致民族自决的丧失，并将民族文化传统和生活方式遭到破坏和侵蚀的现象主要归咎于当前的大规模移民运动。

参见：全球资本主义（global capitalism），合法性危机（legitimation crisis），保护主义（经济的）（protectionism [economic]），社会运动（social movements），跨国公司（transnational corporations，TNC）

延伸阅读：Brecher et al., 2000; Held and McGrew, 2002; Kingsnorth, 2003; Klein, 2002; Notes from Nowhere, 2003

反帝国主义
ANTI-IMPERIALISM

反帝国主义运动是一种政治左翼运动，一些人将其与反全球化等同。对帝国主义的批判源于马克思主义理论，它认为第一世界在经济上剥削第三世界已成为无可争辩的事实。在全球化话语中，这种剥削被延伸至文化、语言、地方习俗和商品等领域。

参见：美国化（Americanization），文化帝国主义（cultural imperialism），同质化（homogenization），马克思/马克思主义（Marx/Marxism）

渐进
ASYMPTOTIC PROGRESSION

渐进一词与认识论相关，通常被认为出自波普尔（Popper, 1959, 1982, 1983）关于科学发展的著作。渐进指一个无限接近但实际永远达不到的值（value，数学用语中认为其可被视为小数点后某一位数）。在认识论中，渐进可以被理解为"真理"。因此，也许我们可以向真理迈进并不断改善和澄清事实、修正术语，提高我们的理解能力，但实际上我们永远不可能完全获得真理。对科学而言，尽管真理可能是终极目标，但它永远是不可及的存在。这个概念的修辞价值很重要，因为它包含向积极目标发展并不断进步的概念。

参见：抽象系统（abstract system），认识共同体（epistemic communities），专家/专家系统（experts/expert system），知识社会（knowledge society），风险（risk）

延伸阅读：Castoriadis，1991，1997

原子化
ATOMIZATION

原子化一般指碎片化，或指分裂为部件。在全球化讨论中通常被用于指代个人和他们身处的社会间的消极距离，这种消极距离被其他学科称为"疏离"。社会和经济的巨大变化，尤其是**新自由主义**思想所导致的共同体的解体使人们的行为趋向个人化而非社会化。于是，从政治行为的角度来看，原子化现象成为一种问题。人们尝试着用回归集体行为的方式来抵消原子化现象的影响。

此术语和**同质化**（homogenization）有关，就人们的理解而言，它也与全球性关注（或极为个体性的关注）相关联，而与地方社区性关注并无直接联系。

参见：积极公民（active citizens），全球亚政治（global sub-politics），个体化（individuation）

光韵（文化现象的）
AURA（OF CULTURAL PHENOMENON）

光韵是指一种被瓦尔特·本雅明（Walter Benjamin, [1936] 1968）归之于原创艺术作品的品质。他认为，复制技术（即指机器复制品）意味着潜在光韵的丧失。本雅明写道："即使最完美的艺术复制品也会缺少一种品质：艺术品的即时即地性，即它在问世地点的独一无二性"，这种品质即为只有原作品才具备的光韵。然而，"工业复制技术把原作的种种复制品置于这样一种境地，即人与原作相分离"（Benjamin, 1968：220）。这种光韵部分上是由距离产生的；当唯一原作被珍藏时，它实际上远离大众，人们只能远远欣赏。艺术品的复制则摧毁了这种距离感，把艺术带到大众面前。这种情形与全球化时期关于时空概念瓦解的讨论是平行发展的。实际上，原创是否存在甚至已成为与全球化以及后现代思想密切相关的一个话题。

参见：后现代主义（postmodernism），仿像（simulacrum），时空压缩（time-space compression）

汽车性
AUTOMOBILITY

这个术语由席勒和厄里（Sheller and Urry, 2000）创造。它指代六种特性，而这六种特点结合起来便产生了某种关于现代汽车的文化、对汽车的态度和对汽车的依赖。汽车性是一个复杂的混合概念。

参见：杂糅性/杂糅（hybridity/hybridization）

自主化（机构的）
AUTONOMIZATION (OF AN INSTITUTION)

此词源于卡斯特瑞阿迪斯（Castoriadis，1997）的著作，他在书中将自主化机构描述为"拥有自身惯性和逻辑，在其发展及效果上超越了自身功能、'目的'以及其'存在的理由'"（1997：110）。哈贝马斯（Habermas，1987b）将这一过程形容为"生活世界和体系的分离"。自主化是一种带来金钱和权力的过程，而非交流与互动——此即该过程唯一的主导原则。另一些人认为自主化与公司化（corporatization）同义，即给予公共机构如同公司一样的行为自由。因此，当自主化被应用于公共部门时，便意味着公共部门的内外职能逐渐被外包。**私有化（privatization）**是其最极端的形式（尽管已愈加普遍）。

参见：麦当劳化（McDonaldization），外包（offshoring）

自主化（文化的）
AUTOMONOMIZATION (OF CULTURE)

受韦伯（Weber）的启发，费瑟斯通（Featherstone）描述了文化领域自治性的转移，即"知识和其他象征媒介"（1995：15）在市场、经济和消费者领域外还保有多少独立性，或它们如何能够摆脱市场经济和消费者的影响。费瑟斯通认为，我们需要理解"存在于那些寻求更多自主性（高级文化）的部门和那些更直接为大众市场生产文化产品（大众消费文化）的部门（1995：32）"之间的关系是不断变化的。正如费瑟斯通所指出的，文化是一个连续体，文化产品不仅包括艺术品，也包括其他休闲活动和加工品（例如去戏院或者买书）。当那些宣称是艺术家的人试图谋求独立、摆脱（或漠视）经济束缚时，发现这些愿望只能在某些场合和时间段内才能实现。艺术家有他/她自己的物质需求，至少在人类生存的层面上是如此。

对某些人来说，艺术品在当下已成为一种投资形式，其投资价值和审美体验同等重要，大型拍卖行在编纂和分发的拍卖信息中即明白无误地透露了这一点。考虑到艺术的**商品化（Commodification）**，高级艺术即便不受制于经济，也至少与金钱、名望、个性这些更为大众化的领域息息相关，而且也的确与大众产品（如明信片、邮票以及其他短时效的收藏品）有着不可忽视的关系。

参见：消费主义（consumerism），飞地商品（enclaved commodities），后现代主义（postmodernism），符号资本（symbolic capital）

延伸阅读：Albrow，1996；Douglas and Isherwood，1979

轴心期
AXIAL PERIOD

轴心期这一概念由卡尔·亚斯贝斯（Karl Jaspers，1953）提出，指历史上全世界都发生剧烈变革的一个特殊时期（公元前800年—公元前200年）。这些巨变主要体现于宗教、文化方面，并在启蒙时代到来之前未再发生变化。

资本主义（capitalism）的兴起（一些人认为这是全球化的开始）有时被视为第二个轴心期，因为在这段时期内我们看待世界及与世界互动的方式与以往相比有巨大变化。实际上，亚斯贝斯视当代为第二个轴心期，其特点包括现代科学与技术的发展、对自由的追求、大众阶层在政界崭露头角（民族主义、民主、社会主义、社会运动）以及全球化。

轴心期也被称为轴心时代。

参见：轴心原则（axial principle），反思的现代化/现代性（reflexive modernization/modernity），风险（risk）

轴心原则
AXIAL PRINCIPLE

轴心原则是指塑造轴心期或使其发生改变的原则。贝尔（Bell, 1973）与克里斯托（Bell and Kristol, 1971）认为知识即为后工业时代的轴心原则。然而，他们给予大学和科学院重要地位的做法却遭到了人们的质疑。奥尔布罗（Albrow, 1996）认为，全球化体系中没有单一的轴心原则。贝克（Beck, 1992）则将风险社会定义为将**风险**作为其社会组织轴心原则的社会模式。

参见：轴心期（Axial period）

均势
BALANCE OF POWER

均势是国际关系研究中的一个关键术语，与彼此联系的国家间的相对实力有关。它在现实主义对国际关系的阐释中居于中心地位，现实主义视实力为国家或政府间（与个人行为相对）行为和政治的驱动力。均势与国际以及区域安全有关，是解释国际和区域间军事行动、贸易往来以及联盟行为的有力分析方法和政治概念。因此，经济实力、军事实力和区域联盟（如**欧盟 [European Union, EU]**、北约 [NATO] 等）是维持均势的关键。均势也指不断变更其支持对象的小团体所拥有的实力。例如，在一场胜负难分的选举中，"摇摆"的选民就掌握了均势。

在全球化背景下，人们讨论的中心是均势如何发生改变。例如，随着经济全球化以及国际和国家管理方式的转变，有人认为全球均势已经转向私人利益集团，如跨国公司（与公共利益集团即政府相对）。在全球化背景下，均势最重要的表现形式是谁控制着权力。传统上，二战后以及冷战期间权力由**国家**（state）掌控。在这段期间内，全球性机构如**世贸组织**在加强国家（尤其是联盟）权力的同时也改变了国家运作的方式。

不少人认为（Monbior, 2000; Korten, 2001）当今世界的均势事实上是由公司控制的，这些公司或绕过国家和政府，或与政府进行合作。考虑到经济的稳定和发展是一国实力的根本，这就没什么值得大惊小怪的。政府逐渐加强与私人公司的合作意味着全球化的管理机构（尤其是**世贸组织**）越来越受到资本利益的推动。现实主义理论认为国家和公司相类似（尽管是权力导向而非纯经济利益导向），而政府决策在"经济"和"政治"方面也更加与公司模式趋同。

参见：现实主义范式（realist paradigm）

基本需求
BASIC NEEDS

这个概念探讨人们的"基本需求"如何被评估、提供并引发"发展"和"人权"话题的一个理论。基本需求理论要求我们关注经济差异，并提醒我们仅仅提高穷人收入并不必然使其基本需求得到满足。某些需求，如洁净水源、卫生和健康，只能由基础设施提供。严格说来，基本需求可以被视为商品，但这并不意味着人们在需要时就可以买到它们。心理学家亚伯拉罕·马斯洛（Abraham Maslow）是此术语的创始人，但他使用这一术语只是为了与"超越性需求"及"成长性需求"相区别（1970）。基本需求这一术语有着清晰的定义，但更重要的是我们如何估算、提供并评价这种需求。这一理论关注"生产了什么、以何种方式、为谁服务以及产生何种影响"（Hicks and Streeton, 1979: 577），而不是仅仅着眼于 GDP 或其他国民经济指标。

参见：生存视角（subsistence perspective）

延伸阅读：Gasper，1996

二元文化主义
BICULTURALISM

存在于两种文化中的人被认为具有二元文化特征。此术语源于帕克（Park，1928）和斯通奎斯特（Stonequist，1935），指生活在两种文化中且自认为与两种文化都产生联系的群体。有人认为，二元文化状态会导致心理问题，即杜波依斯（DuBois，1961）所谓的双重意识。这种双重意识可以被理解为两种不同（可能是互相竞争的）文化中的双重身份，或双重文化素养。二元文化人在生活中将遭遇诸多挑战，尤其当两种文化元素互相冲突时。二元文化人也被称作"边缘人"（Goldberg，1941；Green，1947），表明该术语也倾向应用于少数群体（指数量或地位），并被经常用来指代试图维持传统生活方式的土著。

对于双语使用者来说，接纳二元文化有多种途径——在一段时期内，文化同化和文化适应即为一种规范选择，这种模式使一种文化凌驾于另一种文化之上；另一种途径则是多元文化主义以及文化融合，在实际情况中这种方法更为成功地促进了个人的幸福、认同感以及社会和谐。

在全球进程中世界上，当人们因各种原因而迁移时，他们将遇到越来越多二元文化的，甚至多元文化群体。所谓的"全球公民"也许指那些以世界为家的男男女女，但实际上他们都有着各自最为倚重的文化背景。

自然，二元文化主义在**后殖民（postcolonial）**语境中是一个政治和社会议题，并不仅仅限于个人层面。许多国家或地区往往会因二元文化而遭遇诸多难题。

参见：杂糅性／杂糅（hybridity/hybridization），多元文化（multicultural）

生命政治学
BIO-POLITICS

生命政治学可被视为**生命权力（bio-power）**一词的延伸。福柯（Foucault）把生命权力作为19世纪的一项发明来分析的言外之意，是承认学科意义上的生命政治学范式已经衰微（[1976]，1990）。

在19世纪，人们的身体服从于某些周密的、恒定的/不变的律令并被迫提高生产效率。在消费资本的背景下，身体及其功能获得了表面的解放：性对象成为可以公开谈论乃至试验的话题，女性把她们的身体从生育中解放出来，出现了关于健康以及运动的新话语。简而言之，身体成为活跃的政治辩论的一个领域。

但紧随这种表面的解放而来的是一种暗中为害的"控制"形式，这种形式并不通过制度来规范身体，而是在个体层面，在他们的主观性与他们身体的关系的范围内发挥作用。在这种情形下，广告式宣传以及人体的代表性含义发挥了关键作用；它们向社会的每个成员进行灌输，说服他们依照一种理想的形态"生产"、规范和维护身体。在族群层面的生命政治学上，一系列的跨国组织攫取了国家的某些权力，提供生活材料，剥削某些赤贫族群以促进另一个族群的身体健康。

生命政治学所以可以被理解为一种身体分析的政治领域，控制和规范的新注解的场所和抵制的替代选择的一种新的源泉。

参见：商品化（commodification）
延伸阅读：Hardt and Negri, 2000

JH

生命权力
BIO-POWER

生命权力这一概念由法国哲学家和历史学家米歇尔·福柯（1976，1990）提出。福柯关注权力的本质，并坚持认为不同历史时期权力的本质和表达有着相应的改变。生命权力是一种关于"生命"及其繁衍的权力，并在19世纪催生了一种新的权力与管理体系。在此之前，权力通常是通过颁布死刑和体罚表现出来。具体地说，惩罚仪式创造了死亡场景（例如公开处死以及酷刑），其目的在于保证法律的强制性（即法律威慑力）。

生命权力通过某些机构（学校、监狱、军队和工厂）规训并管理个人生活，通过这些机构及严密的政治制度控制并监督身体的行动及功能，在这种方式下，人的身体成为新的统治形式的中心。

生命权力是一个两极系统。其中一极是人口的生命政治学，即通过一系列法规及出生、婚姻及死亡登记和公共卫生计划等在整体上控制人口；另一极则是身体的政治解剖学，包括规训个人身体的策略，充分发挥身体功能并将身体转变为可依赖的社会经济机器的训练和程序。福柯坚持认为生命权力是资本主义的关键组成部分，它制造了在工厂工作的劳动力个体，攫取人们的"生命"并将其转移至经济领域。

参见：资本主义（capitalism），马克思/马克思主义（Marx/Marxism），控制社会（societies of control）

JH

生物圈政治
BIOSPHERIC POLITICS

杰里米·里夫金（Jeremy Rifkin，1991）认为，生物圈政治应当取代地缘政治概念。这是因为现代主义者徒劳的、不切实际的追求目标，即"将自然界圈起，使其免受环境威胁"，而实际的结果是气候变化、全球变暖及资源枯竭。

参见：反思的现代化/现代性（reflexive modernization/modernity），风险（risk）

身体展示
BODILY DISPLAY

身体展示是与旅游业相关的一个术语，指人的身体如何用来展示一定的价值与品质，前提是它们和民族特点（如服饰和舞蹈）或者状态（如在某些文化中被晒黑的身体）具有一定的关联性。在这样的表演中，身体代表了文化。

当"文化"通过为游客表演舞蹈或仪式等方式进行展示时，观众认为它是真实的，尽管事实上它不再是当今文化的组成部分，而仅是有目的地取悦游客的一种舞台表演形式。

参见：文化旅游（cultural tourism），遗产旅游（heritage tourism）
延伸阅读：Desmond，1997，1999，2000

布雷顿森林体系
BRETTON WOODS INSTITUTIONS

布雷顿森林体系是指 1944 年布雷顿森林会议（美国新罕布什尔州）上成立的一系列机构，如**国际货币基金组织**和国际复兴开发银行（现在是**世界银行**的一部分）等。这次会议以主权货币取代了维持 30 年之久的金本位制。由于这些国际金融组织的成立，布雷顿森林会议被视为国际关系以及全球化研究的分水岭，而这与布雷顿森林协议中**民族国家**的中心地位是相悖的。目前人们对于全球化新时代是否始于二战结束之初尚存争议。

官僚制
BUREAUCRACY

官僚制首次出现于 19 世纪初，指一种围绕各部门的等级制权威构建起来的行政体制，每个部门都有特定职能，由奉行固定程序的非选举官员充实起来。在马克斯·韦伯（Max Weber, 1954）对其详加研究之前，这个词一直带有贬义色彩。对全球化而言这是一个重要的概念，绝大多数的西方民主功能都是通过某种类型的官僚体制发挥作用的。对官僚制的主要批评集中于这些官员们的权位是终身制的，而无须经过选举产生。**随着外包（offshoring）**的发展，官僚制可能会式微，尽管其权力并不会减少。进而言之，当政府效仿公司的治理模式时，官僚制也许会表现得更类似于公司行为而非政府行为。在那些珍视**福利国家（welfare state）**模式的社会里，这是尤为令他们头痛的现象。

延伸阅读：Albrow, 1970

资本主义
CAPITALISM

资本主义可简单定义为市场内部的交换。与全球化相关联的资本主义在其使用上则更加多种多样。

贯穿于资本主义的全球化被用于指代多种无法进行类比的现象。一些人用它来描述环境的退化和愈来愈少的工人的权利；一些人把它视为对自身文化认同的威胁；还有人仅仅用它代称世界经济。资本主义的含义随语境的不同而变化。

全球性资本主义的根本基础或许是世界性的私人产权和产权国际交易的自由。当然，产权和交易自由也是市场存在的基础。这种权利包含于土地、金融资本、自然资源以及个人的劳动之中。任何工厂、公司的产出，无论是产品还是服务，都可以进行公开买卖。只有在国际贸易法律体系的指导和保护下进行公开、自由、透明的交易，市场才能发展至全球规模。

资本主义的影响主要取决于卷入其中的社会的开放程度。通常归咎于全球资本主义的问题也被视为各个国家所面临的问题，尤其那些本土化的市场还没有严密地组织起来的国家。换言之，资本主义的实质即交换，而产权的建立是交换的基础。假如产权确立不明晰或者不公正，问题就会随之产生。例如，一个国家可能以令其国民感到不公正的方式在法律上确定自然资源的归属关系；工人（交易劳动力的人）可能认为跨国公司付给他们的工资过少。实际上，处于商品链另一端的消费者也可能会认为自身的工资和工作条件是不公正的。或者，当家庭商店和农场在国际竞争中被淘汰时，国际竞争对文化层面的冲击通常令人难以接受。

在这种情况下，问题不在于国际市场本身，而是产权"外延"的界定不清晰。自然资源的社会效益可能没有在市场价格或者使用中得到应有的体现,这是由于一国政府在法律中没有充分考虑到自然资源产权在使用与交换中的社会价值。跨国公司给员工支付较低工资,不提供个人健康保险、培训以及其他本土公共福利,并在工作环境中施加高压,因为该国法律没有明确规定公司应提供的广泛公共福利。而那些小型家庭商店和小农场的衰落也许是因为政府没有把一定的文化习俗纳入到它的法律需要保护的范围之内。

  同时,**民族国家**也许不能或者自认为不能修改法律和产权以保护某些产品不被卷入市场经济。这可能是因为政府出于大型公司的压力、**国际货币基金组织**的限制条件及特殊的经济战略考虑,或在强大的少数人的私利范围之外。

  自由贸易意义上的资本主义基本上就是1776年亚当·斯密在其现代经济理论的开山之作《国富论》中所倡导的资本主义模式。斯密反对用伪造的理由来立法限制贸易。他反对大英帝国的《谷物法》,这部法案限制输入谷物和输出黄金。这种限制部分上是"重商主义"的结果——该法令认为黄金应该留在国内。现在,自由贸易的拥护者则主张弹性汇率。允许一国货币在国际市场上的价格自由浮动,意味着不再需要购进或卖出黄金或"国际储备"。随着浮动汇率的建立,当国际货币的供求可以由价格来调节时,一国便不再需要动用国库中的黄金、美元或者日元储备来平衡市场。用固定汇率绑定货币价格会导致更多限制贸易的法律条令的出台,因而国际储备改变不了太多。大多数国际金融危机都源于突然调整的固定汇率,如1990年代晚期的东亚和俄罗斯的突然崩溃,而不是逐渐的改变,因为担心国际储备出现大的变化。

  全球越来越多的国家转向浮动汇率,基本上结束了一个国家对国际储备流动性的担忧。这个过程在1970年代布雷顿森林体系衰落时就已经开始,布雷顿森林体系确定的美元和黄金的比价是固定的,为固定汇率提供了基础。浮动汇率的出现向对贸易限制少的社会制度开放了全球性的国际市场。全球贸易协定及**世界贸易组织**等国际性贸易组织加速了全球自由贸易体制的建立。与自由贸易体制的建立相比，**世界银行**以及**国际货币基金组织**等机构则更多地起着补充作用。这些类银行组织把市场制度的要素传授给那些缺乏全球市场经验的国家。

自由贸易，包括产品、劳动力及包括国际货币在内的金融资本的自由定价，使全球贸易成为可能。很多国家在进入全球化市场时，没有建立完善的制度以定义反映其社会价值的本土物权，由此导致了一系列问题。因此，假如商品贸易不能反映出商品合理的社会价值，某些国家若贸然进入全球化市场就会损害整个国家的利益。

全球规模的资本主义总体上是开放社会积极的、不可逆转的进化。对资源如何介入国际市场这个问题一定要谨慎，以使产权建立在影响社会中每个人的价值之上，例如雨林中的老树。不同国家在这个方面可以采取不同的策略。俄罗斯一直对石油和天然气的所有权实行强硬的国家政策，同时限制非政府国际组织。中国则依然限制社会互动，同时固守固定汇率，把人民币汇率维持在较低的水平，因而拥有了世界上最庞大的国际货币储备。美国是众多国际自由贸易协定的发起者，但也时不时地为了全球性短期稳定而支持独裁统治。当开放市场内的自由贸易遍及全球每一个角落时，能够确实反映社会价值的产权制度的建立，对于全球资本主义的成功，将继续是最重要的。

参见：布雷顿森林体系（Bretton Woods Institutions），共同农业政策（common agricultural policy，CAP），自由贸易（free trade），全球资本主义（global capitalism），马克思/马克思主义（Marx/Marxism）

延伸阅读：De Soto，2000；Norberg，2003；Sachs，2005

MG

中间路线
CENTRISM

20世纪初至20世纪中期,"中间路线"意味着中间道路,一种介于两个极端之间的折中路线。中间路线可以被用于任何领域,但它通常与政治意义有关。政治上的极端可以用"左派"和"右派"来形容,中间派则代表了"中间路线",寻求中庸,综合左派和右派的观点,择其优而从之。中间路线,或者更经常使用的"激进的中间路线"或"激进的中间派"主要用来指代区别于左派/右派政治的态度。这个名词也被用于指以前那些"游离的"或者"摇摆的"选民("极其重要的中间者")。

一些人认为激进的中间路线等同于**"第三条道路"(Third Way)**。激进的中间派的出现与人们对政党制度的失望有关,也源于左派和右派的价值观的逐渐趋同。

在马克思主义传统中,中间路线是介于革命和改革之间的一种意识形态立场,即立即改革与最终革命。当中产阶级出现意识形态危机或者经济危机时,中间路线往往随之出现。

简而言之,"中间路线"或者"中间派"包含多种含义。它有其积极价值(与"极端"相对),但也被马克思主义者赋予了特殊含义。对全球化而言,第三条道路是最有可能实现的形式。

中间路线也被用作后缀,代指某个集团隐含的立场。例如,用于**种族中心主义(ethnocentrism)**时,指其赋予自身种族或文化的重要地位;用于盎格鲁中心主义时则指其强调西方(或亲英派)的价值观。

参见:马克思/马克思主义(Marx/Marxism)
延伸阅读:Giddens,1998

混沌理论
CHAOS THEORY

混沌理论最早见于数学和物理研究领域，经格莱克（Gleick, 1993）等科学家之手变得更为大众化。混沌理论的精要是一些看起来无法预测（用术语来表达即是"混沌"）、实质上却可以被推算出来的系统（例如生态系统、环境模式等等）。问题在于我们应当何时引入何种参数来进行研究。

混沌理论表明，初始条件的微小变化可能导致未来的巨变，即大家所熟知的蝴蝶效应：

> 今天，一只蝴蝶扇动翅膀使空气产生了微小的变化。然而一段时间后，大气流动与其初始状态有了很大差别。所以一个月后，一场本会毁灭印度尼西亚海岸的台风却没有发生，或者一场本不应该存在的台风却真的发生了。
>
> ——斯图尔德（Stewart, 1990: 141）

混沌理论着眼于处理复杂系统，因此和经典力学有所不同——经典力学认为因果关系是线性的。混沌理论在表面的混沌下寻找秩序，并在某些系统中获得成功。也许混沌理论最令人惊异的地方在于它对自然系统，例如天气、心跳和植物生长的解释。

在全球化领域里，混沌理论作为一种类比阐释手段，其吸引力是无可争议的，尤其是能够让社会科学家把一些在传统上不为其学科所考虑的因素囊括至研究范畴。这种相互渗透是混沌系统的典型特征，也与全球化的特征相似，例如流通、网络以及时空变化与坍塌。混沌理论也许可以被看成是**"复杂性理论"**（complexity theory），尽管复杂性理论包括其他一些对复杂系统的研究。厄里（Urry, 2002b）质疑复杂性理论是否能够"有助于分析多种多样的'后社会'时代的物质世界"，尤其是

"9·11"事件。厄里引用拉图尔（Latour，1999）的观点，认为复杂性理论和混沌理论提供了一种方法去思考那些既非微观也非宏观（经典社会学和社会历史范畴）的影响因素。

参见：专家/专家系统（experts/expert systems），知识社会（knowledge society），网络社会（network society），风险（risk），时空压缩（time-space compression）

选择（话语的）
CHOICE（DISCOURSE OF）

话语的选择强调"选择"是斗争发生的场所和权力实践的媒介。话语的选择在多方面与全球化相关。在新自由主义语境下，"选择"是一种政治修辞，用以强调自由派所主张的挣脱束缚的"自由"，这种自由高于社会民主派所关注的"平等"。这一观点表现在政治上即对自由贸易、持不干预政策的小政府以及全球市场扩张的支持。社会理论家倾向于关注"选择"是如何让我们作为人民对自身进行认知的。例如，安东尼·吉登斯（Anthony Giddens，1991）在阐述社会和科技的进步是如何影响我们的自我认同（self-identity）时，就曾把话语选择和全球化联系起来。

对吉登斯而言，全球化是一种特殊的现代化的一个阶段，以传播技术进步所带来**时空（time-space）**分离为标志，和以**风险**为特征的一种特殊的对于生活的态度。西方社会已经"去传统了"，其生活变成了"双重反思"。双重**反思性（reflexivity）**要求现代晚期的个人把他们的文化和社会看做社会建构的，并且预先反映这种选择以及他们身处其中的社会。在政治领域内，重心已经从解放政治转移到"生命政治"，即"反映身份认同及选择的政治"（Giddens，1994b：9）。

选择是一种高级的关于主观性与自我技术的自由主义理念（Rose，1999：45）。在解释广告技术如何发展推销商品的技巧、拥有把购物者转成特别种类的人,而这种特别种类的人又拥有特别种类(值得艳羡的)生活的人时,罗斯解释了个人如何"通过在商品的世界中的选择行为,形成自己的生活方式,在文明游戏中发挥自己的作用"(Rose,1999:86)。现在,我们已经开始理解这一观念,并打算根据我们个人的选择来生活。这鼓励我们理解我们成功或失败意义上的生活,以获取技能并做出实现或充实自己的选择。

参见:治理术(governmentality),新自由主义(neoliberalism),风险(risk),结构化(structuration)

RM

公民身份
CITIZENSHIP

公民身份的意义取决于特定地区占据优势的政治组织。在过去,公民身份主要与一个国家认可的民族身份有关。尽管人们宣称**民族国家**已经走到了尽头,公民的概念在不断变化,但公民身份依然需要获得某些权利使自身存在,或者依然需要国家的支持。在全球化研究中,我们不可能全面地定义公民身份,只能对其进行讨论并提出问题。尽管大多数人至少都是一个国家的合法公民,但这并不能告诉我们太多人们如何建构其身份或如何生活的。

德兰迪(Delanty,2000)认为公民身份传统上包括四个部分:权利、责任、参与和身份。例如,权利在理论上是受个人作为公民所属的民族国家保护的。近年来,这些权利也受其他一些实体的保护,例如欧洲议会、**联合国(United Nations,UN)**、国际法甚至其他的民族国家(尤其是一个国家被宣称犯有反人类的罪行时)。权利的实质也有所发展,至少在理论上是如此,例如集体权利被加诸个人权利之中。此外,还出现了文化权利、少数民族权利以及社会和经济的权利。

参见：积极公民（active citizen），公民社会（civil society），世界主义（cosmopolitianism），民主（democracy），全球亚政治（global sub-politics），人权（human rights），移民（migration），民族主义（nationalism），民族国家（nation-state）

礼貌性回避
CIVIL INATTENTION

这个概念由欧文·戈夫曼（Irving Goffman，1963）提出，指一个人注意到另一个人的存在，但并不与其接洽。这种情形的发生最有可能源于文化背景的不同，尽管戈夫曼注意到礼貌性回避通常发生在电梯里、冷清的酒吧以及与出租车之间。正如鲍曼（Bauman，1993：155）提醒我们的那样，赫尔穆特·普莱斯纳（Helmut Plessner，1993）称此为"礼貌性冷淡"，因此这一概念可被理解为与维持和尊重隐私有关。鲍曼（Bauman，1993）把礼貌性回避最重要的特征——"错过相遇"解读为一种**风险**管理形式。在戈夫曼看来，鲍曼的解读可被称作"漫不经心的互动"。当一个人想从漫不经心的互动转移至有意的交流时，风险便产生了。然而，只要一个人对他人不形成过度依赖，在礼貌性回避的持续过程中仍可产生**信任（trust）**。在这种意义上，礼貌性回避是一种"我在，亦容他在"（live and let live）的态度，这种态度对包容以及维持多样性共同体是至关重要的。但若礼貌性回避过多、有意交流完全消失时，那么一个社会可能会出现分裂，个人也会产生被疏离感。

参见：世界主义（cosmopolitarism），礼仪文化（culture of civility），社会资本（social capital）

公民社会
CIVIL SOCIETY

我们把"公民社会"这一概念溯源至亚里士多德学派的哲学。这一学派区分了家庭生活的私人空间和平等的公民参与统治及被统治的公共空间。随着现代政治的到来,即官僚化组织起来的、幅员辽阔的领土国家成型,这个概念的含义发生了改变:"社会"与"国家"被设想成分离的领域,因此18、19世纪的政治哲学家用公民社会指代国家或政府之外的一系列机制。

在20世纪,公民社会的话语基本上被遗忘了,直到最近才引人注目地复活了。人们在下述两种情况下使用该概念:(1) 苏联集团的垮台,以及中欧与东欧国家向**民主**转型过程中所产生的问题;(2) 一个**非政府组织**(**non-governmental organization,NGO**),运动和机构的网络的扩散,有时也被称为国际或全球公民社会。

在酝酿1989年革命的年代里,"公民社会"指一种自治的视角以及政府直接控制和集体生活组织之外的公民的自我组织。极权主义政府不给个人的首创留下任何空间,并压制民权和自由。而民主制的转变被理解为以重建一个生机勃勃的公民社会为前提,即公民自由表达和组织自身利益,监察政治精英并参与公共生活。从概念上来说,对"公民社会"的这种理解又回到了黑格尔的政治哲学,黑格尔认为公民社会是连接个人与国家之间的中介,并曾经是欧洲社会自中世纪以来的特征(例如公司、行会)。多元论者和共产主义的倡导者强调公民社会是一个中间层次的社会单元。它通过赋予人民言论的权利,保护公民自由和投入社区生活使自由社会得以维系。如罗伯特·帕特南(Robert Putnam)在《独自打保龄》(*Bowling Alone*,2000)一书中认为美国人逐渐开始疏远亲朋以及民主制度(见**社会资本 [social capital]**)。同理,研究转型的学者呼吁在新建立的民主国家里构建公民社会的结构。

公民社会话语的第二个方面更是近年来才出现的现象，它是对非政府组织在国际舞台上大范围扩张，以及冷战结束后政治形势变化的回应。这一话语的意识形态来源多种多样，其主张模糊不清甚至自相矛盾。一些人从自由的进化论中汲取思想，希望自由市场的全球化将带来一个和平的和世界性的公民社会。另外一些人则与传统的理想主义一道鼓吹建立全球性民主机构或发展有效的**全球治理**。在更为具体的层次上，国际公民社会经常被理解为一种现代大众传播工具使其成为可能的全球性共识：遍布世界各地反对战争的公民或对自然灾害牺牲者的捐助。确实这种现象证实地球已经变小了，地球上团结一致的情感——但同时也有仇恨、嫉妒与愤怒——已超越了地方团体。国际公民社会话语倾向于强调这种事物光明的一面，而忽视其黑暗面。

参见：公民身份（citizenship），国际化（internationalization），自由民主（liberal democracy），社会资本（social capital）

延伸阅读：Gohen and Arato，1992；Iriye，2004

FO

文明的冲突
CLASH OF CIVILIZATIONS

"文明的范式"这个术语最早是刘易斯（Lewis，1990）在国际关系领域使用的，用以解释和预测国家间关系。历史学家亨廷顿（Huntington，1993）拓宽了这一术语的使用范畴。在国际关系中，它是解释**均势**（**balance of power**）及潜在**风险**的一种方法。随着冷战（本质上基于政治意识形态的冲突）的终结，亨廷顿认为未来的国际关系将依据文化的（或文明的）冲突来解释。

"文明的冲突将主宰全球政治。文明之间的地理界限将是未来战争的界限。"(1993:24) 文明将发生冲突是因为(1)它们是真实的且是基本的;(2)世界正在变小;(3)经济和社会的变化淡化了人们的本土身份(削弱了**民族国家**的纽带并常常使宗教成为突出问题);(4)西方的双重角色,"一个实力达到顶峰的西方面临着非西方世界的挑战,非西方国家日益具备以非西方的方式来塑造世界的愿望、意志和资源";(5)文化更不可塑;(6)经济区域主义正在增强。

对文明的强调并不意味着民族国家不再是亨廷顿的模式中的玩家,而是说文明间的差异将在界定其冲突以及动机方面起主要作用。文明集团也许会彰显"共同的客观因素,例如语言、历史、宗教、习俗、制度,以及主观方面人们的自我认同"(1996:43)。很明显,上述要素通常也是和民族国家联系在一起的。实际上,这些要素也许首先会导致对一种文明的认同,尤其当它们被认为受到威胁时。

亨廷顿的研究成果发表于1993年,远在2001年一系列事件之前。因此他的这部著作是有预见性的:"西方和伊斯兰世界延续几个世纪的军事冲突不会衰退,而会变得更为残酷。"(1993:31)

参见:文化帝国主义(cultural imperialism),原教旨主义(fundamentalism)
延伸阅读:Huntington,1996

裂痕国家
CLEFT COUNTRIES

所谓裂痕国家,是指在该国中相当数量的人来自于不同的文明,也就是不同的文化,尽管种族差异通常也是其中一个因素。这个术语与"分裂的国家"有别,在分裂的国家中领导者尝试(或者试图建立)一种新的文明范式,例如依照亨廷顿(Huntington,1993)的看法,土耳其、俄罗斯和澳大利亚即属于这样的国家。裂痕国家与亨廷顿的文明范式(1993)

相关。裂痕国家和文明的概念承认**民族国家**没有相同的或持续发展的文化／文明，并可能面临某些集团引发的动乱或分裂的危险。这主要归咎于民族国家传统上是（或被认为是）具备单一认同的国家，也就是说，国家意识形态的基础是某种所有公民表面具有的共性。

美国有线电视新闻网效应
CNN EFFECT

CNN效应也被称为"CNN曲线"或者"美国有线电视新闻网效应"。这个术语用于政治和经济两个截然不同的领域，尽管两者都与一种对政府有线电视新闻网（CNN）受众以及类似的实时新闻机构的推理性效果有着密切联系。这两方面含义似乎都与第一次海湾战争（1991）的发生有关，并特别与对外冲突相关。美国有线电视新闻网效应的第一个意义，就我们的记忆而言也是利文斯顿（Livingston）及其他人所描述的原初的意义，是指实时新闻报道对一个国家尤其对美国对外政策和外交的影响。

美国有线电视新闻网效应和许多特别的情景相关联，现场直播新闻（live news）能够影响政治决策及公众舆论。现场直播中新闻人员所提供的信息比政府通过正常的情报资源所得到的信息更及时，尤其是在面对冲突性局势时。在这种意义上，媒体的即时性也许能够让政府更为迅捷地做出政治和军事决策，或者至少在消息获得批准的频道播放之前，政府有时间完善政策。麦科克代尔（McCorquodale）和费尔布拉泽（Fairbrother，1999）则认为，美国有线电视新闻网效应是有问题的——相对来说CNN的人力资源不够集中。1997年，CNN只有23个驻外机构和50名驻外记者。"许多依赖CNN报道所做出的决策，包括（第一次）海湾战争期间做出的决策，有可能都是在信息不充分或者不够客观的条件下做出的。"（McCorquodale and Fairbrother，1999：760）

利文斯顿（Livington）指出实时媒体报道也许有催化、抑制或设定议程的作用。首先，新闻报道作为催化剂，即以上提到的种种影响，缩短了政府对事件做出反应的时间。同时，其对"操作安全"以及政策客观性的抑制也是显而易见的。媒体报道也许会破坏公众对一种军事介入或特殊反应的支持。媒体设定议事日程的作用体现在多个方面。有人认为一个事件被报道的方式将影响到公众舆论，以迎合政府或媒体相关的利益的观点是可以争论的。另一方面，而且更类近于抑制因素（至少就政府而言），公众舆论可以向政府施加压力以对局势做出反应。

在第二次海湾冲突中，人们围绕新闻自由以及这种自由在多大程度上与"安全"考量发生冲突展开诸多争论。战地记者的使用也顺理成章地与此联系起来，因为人们在担忧战地记者客观性的同时，也同样担忧军队安全可能受到的威胁。布鲁克斯（Brookes，2005）等人的研究表明，尽管存在一些新闻审查，但决定哪类图片适合在英国电视上播出的仍然主要是记者自己。在客观性和可靠性方面，这个新闻报道的新"类型"看上去与现有的形式没有什么区别。

美国有线电视新闻网效应的第二个意义目前用于经济领域，指在危机发生时，最为典型的是发生战争的情况下，人们倾向于待在家里看CNN（或者类似的新闻节目）。结果是至少在一定程度上造成了消费支出的下滑。最初得到的数据表明冲突使人们决定不去海外旅行（Shapiro，1991）。

参见：全球媒体（global media）
延伸阅读：Alleyne，1995；Livingston，1997

TB

可口可乐化
COCA-COLONIZATION

可口可乐化指一种**文化帝国主义**的表现形式，特别是经济和美国意义上的。这个术语源于韦恩来特勒（Wagnleitner，1994），他认为从美国

"输出"的消费文化实际上并不是那里所体验的美国文化,而是美国梦的商品化。

参见:美国化(Americanization),同质化(homogenization)

共同进化
COEVOLUTION

这个名词源于生物学(Kauffiman,1993),指栖居于同一个生物系统中的物种(特别是植物)相互作用并影响自身及其周围物种继续演进的方式。这个术语在全球化研究中指社会角色互动和相互改变的方式。例如,全球化流动导致了**文化景观(cultural landscape)**的改变。

这个术语也指迪肯(Deacon,1997)所述的语言与大脑的协同进化。

认知反思性
COGNITIVE REFLEXIVITY

见:反思性(reflexivity)

集体主义
COLLECTIVISM

在政治科学语境中,集体主义曾是**无政府主义(anarchism)**(尤指巴枯宁[Bankunin]无政府主义)的一个术语。无政府主义认为集体(自由形成且自我管理)是组织的基础单位(政治、经济及道德意义上)。它现在用来指任何与"公共"相关的事物,但某些所谓的"反全球化的人"是集体主义的拥趸。

延伸阅读：Storey and Bacon，1993

殖民主义
COLONIALISM

从标准意义上讲，殖民主义指大约1500年左右起西方国家在全世界扩展其帝国的时期。外国的领土被占领，经常伴以经济上的剥削，并将其纳入到帝国民族的政治控制范围之内。施行殖民主义有许多方式，从商业殖民到领土诉求等都有。

在全球化研究中，"殖民主义"目前存在两种用法。第一种用法与帝国主义同义，无论是在文化、语言或经济上，涉及西方国家或公司的都被视为殖民者。其他术语如**美国化（Americanization）**、**可口可乐化（Coca-colonization）**也有这种含义。它的第二种用法见于后殖民主义语境中，与殖民主义一样，后殖民主义本身就是一个研究领域。后殖民主义既指一段时期（殖民霸权撤退后），又是描述这段时期之内及其之后发生的种种变化。这些变化可能包括政治结构，尤其是与独立及民主化相关的政治结构，以及与语言、文化、社会福利相关的政策。

殖民主义可以指殖民化过程本身、殖民时期化或者殖民化所带来的结果。要理解当今世界与以往的不同，关键是了解殖民化的基本过程。例如，我们可以说全球化不是一个新的现象，而只是殖民主义的一种新形式。这里我们不可能涉及殖民主义的所有方面，因为它本身就是一个研究领域（见延伸阅读）。

后殖民主义也指一种文学模式，尤指前殖民地涌现出来的文学形式，以阐释和讨论上述文学形式的策略。

参见：核心–边缘模式（core-periphery model），同质化（homogenization），贱民（subaltern），世界体系理论（world system theory）

延伸阅读：Bhabha，1994；Césaire，1972；Dirlik，1998；John，2004；Memmi，1965

商品化
COMMODIFICATION

商品化指产品、服务或其他任何形式的人类行为转化为商品的过程。一旦转化为商品，这些产品就获得了交换价值（相对于对生产者最重要的使用价值而言），因而就可以在市场上出售以获取利润。**马克思（Marx）**本人没有使用这个术语，但他把商品化这个概念所表现出来的过程视为资本主义社会关系的核心部分，以及**资本主义**借以发展的一种基本因素。

随着市场的逻辑扩展至更多的生活领域，当代全球化被认为强化了商品化进程。例如近年来，许多原先由政府机构提供的服务行业如教育、保健以及公共交通等的**私有化**正愈演愈烈。这些部门先前由政府通过税收提供支持并免费为大众服务。然而，越来越多这样的机构被私人公司接管，公众需要付钱才能得到服务。

信息和知识领域的商品化也显而易见。近年来我们见证了知识经济的增长。通过像专利、版权以及知识产权这样的事务，信息和知识正愈益被控制在数量愈益减少的跨国公司手里。很多人开始担心这种现象可能带来的后果，认为它将阻碍知识的进步，导致信息以及科学研究的发现主要用于商业目的，而不是为了人类和社会福祉。这种现象在生物工艺学领域尤为严重。生物材料的专利，如种子、人类基因信息（如DNA）所导致的人体以及生命本身的商品化现象引起了人们的广泛关注。学者、环境活动家范达那·希弗（Vandana Shiva，1997）指出把基因信息专利化和私有化是一种生物剽窃行为。这种信息和知识是全人类的共同遗产，把这种自然的和共同的资源挪为己有以谋取私利是对全人类的一种偷窃。

目前，多种人体生物材料（包括器官、血液、精液、卵子甚至通过代孕获得的婴儿）的市场需求日益增长，这表明人类身体也已被商品化。当大量交易涉及贫穷国家人民向富裕国家出售身体器官时，很多人开始从伦理学角度讨论这些现象及其中的关系。

商品化的进程也已经扩大至文化领域，尤以旅游业最为明显。关于旅游业对世界上不同文化的影响，人类学者已有很多讨论。人们认为，当文化仪式和传统被重新包装供旅游者消费时，旅游业就导致了文化遗产的贬值和文化真实性的丧失。很多理论家批评了这种观点，认为这种看法建立在一些有极大争议的假想之上。例如，它认为其他文化生存在一个闭合的文化纯净体的空间之中，被保护起来不受外来影响的玷污。此外，批评者也认为旅游业带来的文化商业化导致"真实性"丧失的观点是建立在过分简单的二元分法基础之上，即把非商业化的、真实的、因而也是"深层次的"和意义深远的交流构成的真正的文化与由"浅薄的"和无意义的交流组成的商品化模仿对立起来。

参见：资本主义（capitalism），消费主义（consumerism），文化旅游（cultural tourism），人力资本（human capital），知识社会（knowledge society），生活方式飞地（lifestyle enclave），后现代性/后现代主义（postmodernity/postmodernism），私有化（privatization）

延伸阅读：Appadurai，1986；Frow，1997

HB

商品传记
COMMODITY BIOGRAPHIES

商品传记是**商品链（commodity chains）**的另一种表达方式，主要用于文化研究。

延伸阅读：Lyons（2005）

商品候选
COMMODITY CANDIDACY

这个短语由阿帕杜莱（Appadurai, 1996）提出，指某件物品作为商品的品质。这种品质不是稳定的，而是依赖于其实用性、社会价值以及法规等等。

参见：商品阶段（commodity phase），全球商品链（global commodity chain, GCC）

商品链
COMMODITY CHAINS

一种商品链包括一种产品生产的设计、取材、制造、销售等各个阶段。它被认为追踪了产品来源的所有阶段和过程。这个分析方法区分了由生产驱动的商品链和由购买驱动的商品链。生产驱动链趋向技术与资本密集型产业（如汽车和飞机）；购买驱动链趋向于劳动密集型产业（如服装与玩具）。生产驱动链凭借产量、规模和技术升级赚钱，因而成为资本密集型产业。这样的生产驱动企业需要高昂的准入成本并趋向垄断。

购买驱动链的特征是没有直接卷入产品的生产过程。例如，耐克设计并销售运动鞋，但它实际上并不拥有任何工厂。这种生产方式决定其在进入市场时无需过多资本，其产品具有高度竞争性，因此其准入条件是无形的。又例如，若试图在全球与可口可乐进行强有力的竞争，就需要在研究和销售上加大投入。试图在市场上找到突破口让新产品获得成功也需要大量投资。关于商品链的理论试图解释公司在全球背景下运作的方式。然而，一些全球化贸易的批评者在追踪商品链的环节时试图把人们的注意力集中到低工资、劳工剥削以及产品生产过程这些问题上，以期人们更多地关注社会不公正问题以及生产过程与产品形象之间的分裂现象（Klein，2001）。

参见：跨国公司（Transnational Corporation，TNC），全球商品链（Global Commodity Chains，GCC），人权（human rights），雇佣劳动者福利国家（wage-earner welfare state），世界体系理论（World Systems Theory）

延伸阅读：Gerreffi and Korzeniewicz，1994；Lyons，2005

商品拜物教
COMMODITY FETISHISM

马克思在《资本论》(1867)一书中提出了这个术语。在那个时代，拜物教（fetishism）这个词主要用来指某些原始的宗教。商品拜物教指资本主义社会中的人们仅从物质（即商品）角度看待社会关系的一种方式。人不被看做"个人"，而是依照其生产用途及消费价值来划分。这就导致人们疏离了社会生活以及政治结构。商品拜物教意味着人们对自身被这种系统所利用的方式一无所知。因此，人们关注于物品和人的交换价值，而不是去了解或者思考物品的生产价值（劳动力的付出量和付出方式）。

让·鲍德里亚（Jean Baudrillard）是一位后结构主义的理论家，他在其著作《物体系》（*System of Object*，1996）中从理论角度阐述了物品的四种价值，分别指功能价值、交换价值、象征性价值（指物与人的联系）和符号交换价值（此物类似于他物的价值）。

这个术语也被用来指代人们赋予商品意义的方式。例如衣服货品可能包含了一种声望价值，指出其所有者身份认同的宣示或标志**生活方式**（**lifestyle**）的选择。

参见：文化资本（cultural capital），交换价值（exchange value），错误知觉（false consciousness），虚假需求（false needs），社会资本（social capital）

商品流动
COMMODITY FLOWS

商品流动指商品的运动，尤指商品运动的矢量性。

参见：商品链（commodity chain）

商品阶段
COMMODITY PHASE

当某件物品成为商品候选品时，这件物品即处于商品阶段。"阶段"这个词强调候选品不稳定的自然属性。

参见：商品链（commodity chain）
延伸阅读：Appadurai, 1996; Kopytoff, 1986

共同农业政策
COMMON AGRICULTURAL POLICY (CAP)

这一政策是在1957年《罗马条约》（这一条约使**欧盟**得以成立）中确立的，以支持欧盟的农业发展，确保地方的食品生产以及农民合理的生活水平。共同农业政策也为农业的现代化提供了补贴。对于食品，共同农业政策则设定了"目标价格"，进口食品的出售价不得低于此价格。若价格跌落至预期目标（"干预价格"）以下，欧盟就要购买多余的存货。

这些多余的粮食有时候被廉价卖到欠发达的国家，对这些国家自身的农业生产造成了严重的不良影响。1988年，由于生产过剩，欧盟不得不付钱给农民让土地休耕。这是一项代价高昂的政策，欧盟三分之二的开销都用在了农业补贴上。该政策也引发了一系列争议，其中在世界贸易峰会及谈判中的讨论尤为激烈。在本书的写作过程中，英国首相布莱尔呼吁重新全面审议这一政策。

交往理性
COMMUNICATIVE RATIONALITY

交往理性是与他人沟通，顾及他人感受以及与他人共作决策的方式。这种理论（尽管只是一种行为上的蓝图）是哈贝马斯（Habermas，1987）在寻求实现一种公开、透明、人性的决策方法时提出的。因此，交往理性具有主体间性以及对话性的特点。它是人类在生活中与生俱来的"核心经验"，其与生俱来性源于其不可避免性，并作为行动导向的而非强迫性的社会协定存在。这个概念及行为模式可以被视为处理**风险**的一种方式。

交往理性的生效需要话语伦理，在程序上有五个必要的基本规则：(1) 普遍性，与议题有关的每个人都应该参与讨论；(2) 自主性，所有人都能够提出观点，并进行辩论；(3) 理想的角色，参与其中的人必须愿意同他人的观点产生共鸣；(4) 权力中立，权力的差异不会影响最终达成共识的方式以及结果；(5) 透明、公开，没有战略性的争论。

简而言之，交往理性是框架性的，它将促进建立一个有良好基础的、遵照伦理规则且可行的关系模式及共同体。它具有必要性，而非仅限于描述，并对**公民社会（civil society）**及政府治理有潜在的益处。

参见：积极公民（active citizens），民主（democracy），专家/专家系统（experts/expert systems），全球亚政治（global sub-politics），后现代性/后

现代主义（postmodernity/postmodernism），社会资本（social capital）

命运共同体
COMMUNITIES OF FATE

由于一个地区内与某些人相关的行为和事件最终将影响到所有人，所以可以说我们生活在同一个命运共同体内。换言之，鉴于任何事件都在一定程度上有着全球性影响，所有人都至少要承担部分**风险**，尤其是关于环境的议题。当然，经济和政治问题也不例外。

延伸阅读：Held *et al.*，1999；Marske，1991

有限责任共同体
COMMUNITIES OF LIMITED LIABILITY

共同体的"有限责任"指共同体内的人对他人所承担（或认为他们要承担）的义务。这个名词来自菲施勒（Fischer，1991），往前可追溯到贾诺威茨（Janowitz，1967）。"有限责任"被认为是城市和郊区的典型特征；然而，一个人能否谈及有限责任"共同体"在很大程度上依赖于共同体是如何定义的。只要人们更倾向于居住在城市，且因流动性而不拘泥于仅与某一地区产生持续性联系时，也就与全球化产生了关系。简单地说，因全球化而产生的时空坍塌，"共同体"也许变得更没有意义，或者被剥夺了与传统空间的联系，变得更为虚拟了。

我们不应该忘记，一些团体正在通过直接行动，呼吁政府干预或建立另一种生活方式来试图主动建立一个责任共同体。

"有限责任"更经常地与公司和金钱相关，指某类公司在成立时通过限定股东或所有者的个人责任，以避免公司可能遭受到的损失。

参见：积极公民（active citizens），反全球化（antiglobalization），礼貌性回避（civil inattention），公民身份（citizenship），数字游牧民（digital nomads），直接行动（direct action），地球村（global village），无地方性地理（placeless geography），社会资本（social capital），时空压缩（time-space compression）

社区参与
COMMUNITY PARTICIPATION

社区参与与积极共同体以及**积极公民（active citizens）**的观念相关，并与全球化影响下的新民主实践相联系。关于社区参与的实践和修辞意义之间的鸿沟存在不少争议。当社区得到机会确定问题并实施自己的解决方案时，修辞意义上的社区参与往往强调前瞻性的参与。社区参与的逻辑是社区本身最了解自己的需要、问题、可用的资源及网络。社区参与也与全球化有关，因为它标志着由国家主导的政策在决策和制定上的转向，而且是**民族国家**走出困境、减轻自身职能和义务负担的一种方式。在实践中，社区参与经常被视为表面文章以及一种"拉拢"手段。它已由最初发展起来一种预防性卫生策略转变为治理实践的组织结构，并用以定义和**第三条道路**相联系的新的社会民主实践。

参见：积极公民（active citizens），种族化（政府过程的）racialization（of governmental processes）

延伸阅读：Giddens，1998，Partnerships and Participation

RM

复杂性理论
COMPLEXITY THEORY

复杂性理论定义并描述了"复杂系统"。这个理论源于数学和自然科学领域,被认为是**混沌理论(chaos theory)**的同义词或下义词*。研究全球化的人常常借用混沌和复杂性理论来解释社会、文化或自然的过程。

复杂系统并不仅仅复杂,它还有一系列其他特性。其中最关键的在于其产生的过程,由于各因素间的关系,系统表现出的特性更近似于网状而不是简单的因果关系。在复杂系统中,某些结果无法依据各个成分的特性来推测。

我们需要阐述这些关系的重要性及其原因。它们首先是非线性的,是网络关系中的一部分(见**混沌理论**);它们包含反馈回路,即某个效应将影响未来可能出现的其他效应并使系统发生改变。因此,复杂系统有一个历史过程。一个因素如何作用于其他因素取决于它们的历史过程,而不仅仅是它们的物理特性。复杂系统是开放的,可以输入并输出能量和信息。这意味着我们很难划定系统的界限。同时,复杂系统中还有其他复杂系统,它们是巢状的。

延伸阅读:Byrne,1998

融汇之爱
CONFLUENT LOVE

这个概念是吉登斯(Giddens,1992)提出的,并与他关于传统社会向现代社会转变的理论有关。传统社会性别角色转变所产生的重要意义

---

* 指在等级上次于另一词,如马铃薯就是蔬菜的下义词。——译者注

是使融汇之爱的框架变得更为现实,更为可行。吉登斯写道:"融汇之爱是积极的、偶然的爱,因而与浪漫之爱的特质——'永远'和'唯一'是不同的。"(1992:61)融汇之爱存在于一种"纯粹关系"中,这种"纯粹关系"由亲密行为和角色平等来进行驱动和维持。它不受性别偏差以及浪漫爱情等内在期望的束缚。融汇之爱也与性解放(尤其是女性)以及把性和生育区别开来的观念有关。确实,性行为和角色认同是它们自身在融汇之爱的背景下协商完成的。吉登斯称其为"弹性性行为",指其可塑性和多变的特点,而非指责它是虚伪的。融汇之爱、纯粹关系和弹性性行为都被认为是民主的(至少在潜在意义上)和解放的。

但这并不意味着浪漫之爱不再有任何影响或不再流行了。的确,融汇之爱和从中派生出来的"纯粹关系"一直处于变化之中。这种不确定性与浪漫之爱的概念和人们的期望相悖。对"浪漫之爱"的渴望也许是对责任的一种期望和需要,这种责任在传统上(对许多人而言)意味着拥有和抚养孩子(情感上和经济上)。但是,吉登斯指出在变化的社会规则下,包括性别、婚姻以及人际关系的变化,意味着新型关系(人际关系的方式)的出现成为可能。

参见:女权主义(Feminism),反思的现代化/现代性(reflexive modernization/modernity),风险(risk),信任(trust)

延伸阅读:Brown,2005;Langford,1999

建构的后现代主义(或整合主义)
CONSTRUTIVE POSTMODERNISM(OR INTEGRALISM)

建构的后现代主义是对**后现代主义**(**postmodernism**)的一种流行的、民粹主义的观察视角认为后现代主义是虚无的,它没有提供任何东西,在政治行为和政治讨论方面尤其如此。很多人认为这是对后现代主义的误解。建构的后现代主义承认知识（以及真正的"真理"）的基础是因情况而异且有前后关系的，它所讨论的是**多元主义**（**pluralism**）的价值和效用。

"建构的后现代主义"短语也被有些人当做一面旗帜，试图用以推进知识与世界的宗教解释。

延伸阅读：Habermas，1987；Schiralli，1999

消费主义
CONSUMERISM

消费主义这个术语有两种不同的用法。第一个定义（主要在美国）把消费主义视为一场旨在保护消费者权益的有组织的社会和政治运动。第二个定义，也就是更为通常的用法指一种文化意识形态，这种意识形态把自我意识、个人成功和幸福与我们使用和消费的产品及服务紧密联系在一起。许多社会理论家把这种形式的消费主义视为当代全球化的一个典型特征，因为越来越多的生活领域如教育、保健等已经被一种消费主义的道德观改变了。消费主义最初出现于工业化时期的欧洲和美国，直到1960年代消费主义才成为一种生活方式并开始流行，但它在世界各地的发展并不均衡。消费主义在全球流行的一个关键因素在于大众传媒和广告的成长，与此相伴的还有全球品牌的迅速兴起，这些品牌现在扩展至世界上大多数地区。广告促使消费者购买其产品，并把他们和这些商品所宣扬的身份、价值观及**生活方式**捆绑在一起。英裔美国人所拥有的像可口可乐、耐克以及麦当劳这样的跨国公司在全球冲锋陷阵，带来了全球消费主义的发展，这种发展带来的是全球的**同质化**（**homogeneity**），还是多样化及选择性的增多？这个问题引发了关于消费主义可取性的众多讨论。

参见：光韵（文化现象的）aura (of cultural phenomenon)，自主化（文化的）autonomization (of culture)，生活方式 (lifestyle)，后现代性/后现代主义 (postmodernity/postmodernism)，仿像 (simulacrum)，跨国公司 (transnational corporations)

延伸阅读：Bocock, 1993; Lee, 2000; Miles, 1998

HB

消费习惯
CONSUMPTION RITUALS

消费习惯指任何一种由多人完成的、由私人领域转向公共领域的消费形式。消费习惯是展现个人身份的一种方式，甚至进而形成使用的共同体。例如，移动电话在方便了沟通的同时也不可避免地展示了使用者个人的某些特征。就职业和偏好而言，个人拥有的特别的移动电话也许会传达某些有关其身份的信息。这些都可以通过对电话样式的选择，或是在紧跟电话时尚和技术创新等方面表现出来。而且，关于何时适合或者不适合使用移动电话的习惯（或者风俗）也是与时俱进的。广告商和制造商可以建构或者至少利用这些习俗让人们去购买更新颖、更时髦或技术上更先进的产品。

参见：商品拜物教 (commodity fetishism)，身份政治 (identity politics)，生活方式 (lifestyle)

延伸阅读：Douglas and Isherwood, 1996

情境普遍主义
CONTEXTUAL UNIVERSALISM

情境普遍主义是介于绝对**相对主义 (relativism)** 和**普世主义**

(**universalism**)之间的中间道路，也是对不断疏远的上述两者间潜在的解决方案。它特指这样一种观念：在相对的时空中存在诸多真理，但是只有一个可以普遍应用。情境普遍主义是全球性与地方性之间的哲学联姻。这个概念似乎在讨论文化变化和道德困境时最有用武之地。

乌尔里希·贝克(Ulrich Beck)认为我们必须接受诸种普遍主义的存在，也就是说存在一种以上的普遍性。认为只有一个真理(普遍主义)，也就拒绝承认世界上不同地方实际情况的多样性。相对主义者否认普遍主义的存在也就是拒绝去尝试理解其他视角。贝克也宣称情境普遍主义始于"不干涉是可能的"这一概念(2000：83)，即我们无法继续假装我们生活在分离的空间内(即**民族国家**的界限)。因此，对贝克而言，情境普遍主义不仅是哲学理论阐释，而且是第二现代性世界中的政治和社会行为模式。"需要争论的是如何，而不是是否相互干涉以及涉入的冲突形式"(2000：84)。

参见：渐进(asymptotic progression)，交往理性(communicative rationality)，建构的后现代主义(或整合主义)(constructive postmodernism [or Integralism])

延伸阅读：Beck, 1998, 2000

权变理论
CONTINGENCY THEORY

权变理论指组织与领导者需要对地方和具体条件(立法、工会、雇员数量、规模、地点等)做出反应。因此，权变理论强调考虑这些变量，与对产品价格及经济规模这些因素的考虑结合在一起。

延伸阅读：Donaldson, 1994; Friedkin and Slater, 1994

合同外包
CONTRACTING OUT

见：外包（offshoring）

趋同论
CONVERGENCE THESIS

此术语在全球化多个领域的表述中可以表达多种含义，大致与**同质化**同义。趋同论最核心的含义也许是**新自由主义**自由贸易将减少政府干预及政府在社会保险方面的花销（Ohmae，1996）。趋同论也被称作政府制度或政府治理趋同。政府改变政策和行为不仅因为迫于直接压力，也因为文化的转化以及竞争的需要。趋同是市场开放、贸易自由等类似事件的结果，但同时它也是这些事件的推手。因此趋同论也是**民族国家**正在失去对**跨国公司**（transnational corporations，TNCs）控制权的论证的一部分。

在更为一般的**同质化**的语境中，趋同论也可以被应用于消费和文化习惯的趋同，而这被说成是全球化的一部分。（Levitt，1983）

参见：商品拜物教（commodity fetishism），消费主义（consumerism），消费习惯（consumption rituals），超全球化论（hyperglobalist thesis）

核心－边缘模式
CORE-PERIPHERY MODEL

核心－边缘模式这一发展于1950年代的理论试图解释全球经济和社会发展的不均衡模式。核心－边缘理论把世界划分为核心或边缘的地区和国家，后来又增加了半边缘地区的区分。其划分的依据是发展的阶段以及对资源的控制，尤其在某地区利益与另一个地区形成竞争时。核心区域具备高度发达的政治和经济体系，而边缘地区则与之相反。这样，边缘地区在经济上（也可能在文化上）依赖核心地区。毫不奇怪，很多边缘地区是前殖民地。这种双模核心-边缘的模型本质上是一种新马克思主义的依附理论。加入第三个范畴即半边缘区分即是**世界体系理论**（**world system theory**）的典型特征。

参见：收入的两极分化（income polarization），马克思/马克思主义（Marx/Marxism），现实主义范式（realist paradigm）

延伸阅读：Freidman, 1986；Wallerstein, 2004

统合主义
CORPORATISM

虽然这个术语在政治科学领域有特殊（尽管是有争议的）的含义，但它被用来描述与全球化有关系的跨国公司的权力。严格说来，它指的是国家与产品生产商代表之间进行协商以达成政策方面的协议，接下来利用中间人使政策得以实施。这个概念与墨索里尼及法西斯主义紧密相关。

参见：跨国公司（transnational corporation，TNC）

世界民主
COSMOCRACY

世界民主可被理解为**民主**概念的混合物，即全球层面的**世界主义**（**cosmopolitanism**）。世界民主是以世界政治组织或政府为形式实施**全球**

治理的一种方式。约翰·吉恩（John Keane, 2002）描述了世界民主的四个基本特征：全球的、涉及政府的不同"领域"、富有活力的和不稳定的。从根本上说，世界民主所寻求的是强调对全球相互依赖的认同以及如何最好地管理这种依赖。吉恩似乎是这个术语的主要发起人。世界民主也可被理解为**普世民主（cosmopolitan democracy）**的一个特殊版本。

参见：公民社会（civil society）
延伸阅读：Keane, 2003

国际都市
COSMOPOLIS

从技术上讲，一个被来自于世界各地的人们所定居的城市即可被称为国际都市。在这样的地方获得多元文化和多样性的同时，问题也随之而来——这里的企业如何才能持续发展，特别是在曾经或多或少同质化的地方。当然，国际都市不是新事物，但它更接近于一个理念而不是现实。

参见：普世民主（cosmopolitan democracy）

普世民主
COSMOPOLITAN DEMOCRACY

普世民主指一种政治组织的模式，在这种模式下，公民无论其地理位置如何，均有权通过全球事务中的代表参与政治，此种权力与其政府平行，并不受政府干涉。尽管这个术语源于古希腊的斯多葛派哲学（cosmos＝世界，polis＝城市，demos＝人民，cratos＝权力），普世的现代用法是康德在其设想的"永久的和平"（*Perpetual Peace*, 1795, 1983）中以 *jus cosmopoliticun* 这一概念首先提出来的。最近，戴维·赫尔德（David Held）和丹尼尔·阿基布吉（Daniele Archibugi，1995）复活了这个概念，并在当代引发了关于**世界主义**的讨论。

构成普世民主的基础是两个先验性的假设，即关于道德的世界主义和政治的民主；此外还有一个经验性的假设，涉及全球性的互相依赖。依照先验性假设，考虑到每个市民拥有掌控他/她命运的终极权利（伦理的普遍性），正义的范畴应该是具备普世性的，其判断应当毫无歧视存在。反过来，第二个前提条件认为既然个人是平等的，就应有权利实施集体自决权，以解决与其利益攸关的公共议题，并在同时保有立法者的地位及作为公民应享有的自由（决策制定者和执行者之间的趋同或反作用）。最后，当这些原则与我们观察到的当今国际事务中全球依赖性的逐渐增长结合在一起时，人们开始要求自治和自我立法这一基本权利，这就要求创造一个权威性的全球制度框架，以便实行这样的民主特权。

普世民主在邦联和联邦之间提供了一个典范，力图既避免第一个的间接代表制（以及随之而来的对国家利益可能的排他性追求），也避免第二个的独裁统治风险（对专家治国和同质化的追求）。通过世界性的公民，个人可以在若干层面直接参与决策，进而参与地方、政府以及全球政治的审议过程。

普世民主孕育了**联合国**体制以及广泛的**全球治理**组织网络的民主改革。对联合国而言，普世民主支持以下议案：创建一个第二层级的人民咨询大会；废除一票否决制并扩大安全理事会；优先于国际法院的强制司法权；建立国际人道主义军队。反之，对于全球治理来说，这些改革加强了区域化趋势，将权力分散至不同实体，并强化了这些体制中的民主程序。

批评者指出，普世民主有两个首要的、矛盾性的缺陷。一方面，全球制度主义模式有其固有危险性，西方的文化帝国主义和政治帝国主义是最强大的国际因素，而这二者恰是通过合法性支持来彰显其影响力；另一方面，此种模式下的世界民主被认为没有建立一个有效的、体现公民共识的机制,因此对于几个政治权威的联合体缺乏广泛而高效的民主监控。

参见:全球治理(global governance),人权(human rights),联合国(UN)

延伸阅读:Archibugi, 2003;Archibugi and Held, 1995;Archibugi et al., 1998;Beck, 1998;Falk, 1995;Habermas, 2001;Held, 1995;Kant, 1983;Linklater, 1998

RF

世界主义
COSMOPOLITANISM

世界主义的核心主题是人类归属于一个单一共同体,人们应当珍视并发展这个共同体。该定义吸收了互联性这一概念。世界主义有较长的历史,并有多种表达方式。如道德的世界主义(Singer, 1993;Nussbaum, 1996)认为我们对他人有道德的义务,无论他们属于哪个国家;经济的世界主义则强调全球自由贸易。

参见:普世民主(cosmopolitan democracy),地球村(global village),人权(human rights)

反文化
COUNTER-CULTURE

此术语最初被用于描述20世纪60年代年轻一代人的出现,他们拒绝父辈的物质主义文化,群集倾向于自我表达、性解放、**直接行动**(**direct action**)、精神性、反战以及环境意识。尽管反文化运动的拥护者有着鲜明的着装和行为模式,并通过各种媒介(主要是摇滚音乐)表达自己,但使其区别于以往及之后其他次文化的则是它对社会现状的深刻挑战及其对文化各个方面的影响。很多参与其中的人相信反文化运动对主流社会提供了一种真正的替代。当时所发生的一系列事件，如巴黎（1968年5月）的抗议和总罢工、首届伍斯托克音乐节（1969）以及民权运动和反越战游行等都代表了这种替代的诞生。

虽然那些最热情的反文化运动的拥护者所发起的激进社会革命最终无法实现，但这一运动对西方文化仍产生了深刻的影响。因此，尽管**女权主义（feminism）**、同性恋权利以及环境保护主义等浪潮发生于前，反文化则给予这些运动以强有力的推动，这些运动持续影响着当今社会。有人认为，作为**全球资本主义（global capitalism）**重要特征的信息技术，其灵活性和个人的授权所反映出的恰恰是反文化运动几位关键发起人所持有的价值观。

反文化运动的后一例证是与这样的评价相一致的：在主张个人选择和享乐、拒绝传统社会结构的思想中，反文化运动预见了当代**资本主义**某些更具破坏性的发展走向。

参见：公民社会（civil society），反叙事（counter-narratives）
延伸阅读：Marwick，1998；Roszak，1969

JH

反霸权
COUNTER-HEGEMONY

反霸权源自葛兰西（Gramsci，1971）的**霸权（hegemony）**概念，此概念描述了一个集团或社会以及/或者一种特殊的意识形态的统治地位。反霸权概念试图挑战构成统治地位基础的话语及行为。它有时采取提供直接替代的形式，有时则重构业已存在于统治文化中的行为和话语。后者的一个绝佳案例即为**公平贸易（fair trade）**组织，它在消费文化中运行,把善待作为生产工具的人的因素纳入其中。但同时具备对作为生产工具的人们的善意态度。破坏广告(Adbusting)——广告(尤其是广告板)被颠覆性和艺术性地改动是另一个例子。

延伸阅读:Klein,2001

反叙事
COUNTER-NARRATIVE

这个术语源自福柯(Foucault,1977b,1984)。反叙事是分析和批评主流话语的方式,通过揭示某些冠冕堂皇理论的偏好、不足及短效,把声称为真理的背后的权力关系公之于众。全球化的反叙事打破了在社会变革叙事中将全球化置于中心位置的假设。

随着相互关联性以及**时空压缩(time-space compression)**进程的不断加剧,随着全球人类共同体共识的不断增长,鉴于资本主义的极端表述(即仅仅"市场"决定经济政治和文化生活的),随着遍布全球的网络和制度的重组(Larner and Walters,2004b),全球化被认为是一种有影响力的叙述。然而,很多对全球化的分析和批评只针对其影响和作用,并预设全球化是一种真实现象——这种现象创造了区域和经济之间的一系列新联系并由此引发世界上的诸多变革,全球化为主流叙事。如果我们使用反叙事,不再强调关联性和普遍性,那么诸种认为我们所见的各种现象都可以用全球化一言以蔽之的假设就将被推翻。强调复杂性、模糊性以及当代政治形成的偶然性是反全球化叙事的典型特点。

参见:去管制化(de-governmentalization),地缘政治理性(geopolitical rationality),杂糅性/杂糅(hybridity/hybridization)

延伸阅读:Foucault,1977(1984);Larner and Walters,2004b;Peck and Yeung,2003;Rose,1999

克里奥尔化
CREOLIZATION

在语言学中,克里奥尔化指不同语言在相互影响中(例如贸易和殖民化的结果)有可能产生的一个语言形成过程。交流的需要产生了语言间的妥协,随即出现了一种被称为混杂语的简单语言形式。在经历一段时间后,这种混杂语形式发展成为完全成熟的当地语言,并被称为克里奥尔。这个术语被延伸至文化行为等非语言领域。在此意义上,它指把话语和行为放置于一个新的背景下,使其顺化(naturalized)。如果把这个术语与"嵌入"行为(克里奥尔可以被视为同义词)形成对照,则它更多强调实用主义的方面,而不是偏重初始阶段实践的应用,初始阶段的实践只是后来才被顺化的。

参见:殖民主义(colonialism),再嵌入(re-embedding)
延伸阅读:Appadurai, 1990; Hannerz, 1992; Todd, 1990

文化自治
CULTURAL AUTONOMY

如同**民族国家**拥有主权一样,文化也需要得到承认,摆脱外来的压力、影响以及限制(他律)并以自己的方式发展,从而在某些最为重要的领域获得自主权。要获得文化自治,我们不得不将文化理解为具有能动性(agency),但正如汤姆林森(Tomlinson)所说,文化有无能动性尚存争议,因为文化不是事物,而是行为实践(2001)。文化自治也可延伸至民族国家领域,在面临其他文化的殖民行为时,民族国家希望维护自己的本土文化。但是,在这种思维下我们仅仅关注行动,而不是结果(Tomlinson, 2001: 97)。史密斯(Smith, 1981: 16)则采取了全面的看法,他写道:

"文化自治要求由族群共同体的代表充分控制文化生活的每个方面,主要包括教育、出版、媒体以及法律事务等。"汤姆林森(Tomlinson, 2001)还提出了更大的问题,例如,这些代表是谁?这些制度是真实的文化还是文化圈套?我们如何决定文化的发展是否伴随着他治?

在此我们需要注意文化自治和**文化的自主化(autonomization of culture)** 是有着极大区别的两个概念。

参见:殖民主义(colonialism),文化帝国主义(cultural imperialism),同质化(homogenization)

延伸阅读:Ghai, 2002

文化资本
CULTURAL CAPITAL

文化资本一词由社会学家皮埃尔·布尔迪厄(Pierre Bourdier)与让-克劳迪·帕塞罗(Jean-Claude Passeron, 1973)首次提出,意指可以像经济资本一样进行生产和交换的个人所拥有的文化知识。了解在特定的场合如何表现(例如对正式礼仪的通晓)便是文化资本的一种形式。这也可延伸至了解如何组织自己的言辞(尤其当被认定为一种语言资本时)。文化资本的内涵因地而异,因为对具体的技巧及知识形式的珍视因文化及亚文化而有所不同。文化资本本身有三种类型:内化的(embodied)、客观的(objectified)以及制度化的(institutionalized)。内化的资本(也被称为个人**习性 [habitus]**)指个人思考和举止的方式,这种文化资本是不容易进行"交换的"。它可以通过时间的流逝得到提升(例如自我发展)。客观的文化资本包括物化的形式,如书籍和艺术品之类。这些客观物质有一定的经济价值,但是这些价值取决于其客观化和具体化的文化资本。也就是说,一种有大量需求的绝版书籍,其客观化的文化资本比摹本及新版本要高很多。通常情况下,要了解构成客观文化资本的要素及辨别具备文化资本的事物需要一个人拥有对应的内化资本。最后，制度化的文化资本是非物质资本的另一种形式，它主要是通过教育等机构赋予个人的一种"认可"，如成员资格或者证书来实现。

文化资本的这些形式在经济市场条件下是可进行交换的。例如，法学学位是制度化的文化资本的一种形式（当一个人进入了一所较有名望的大学），能够用来"交换"经济和社会地位。

参见：文化的自主化（autonomization of culture），社会资本（social capital），符号资本（symbolic capital）

延伸阅读：Bourdieu，1985，1989

文化趋同
CULTURAL CONVERGENCE

见：同质化（homogenization）

文化抗辩权
CULTURAL DEFENCE PLEA

此词指在法庭审判过程中，以文化行为为理由试图免除或者减轻罪行的一种辩护。这是在法律中考虑文化多元性的一种情况。

参见：殖民主义（colonialism），文化自治（cultural autonomy），人权（human rights），多元文化的 / 多元文化主义（multicultural/ism），多元主义（pluralism）

文化倾销
CULTURAL DUMPING

此术语用来描述外来物质文化市场（或**文化景观**）的渗透。由于旨在强调物质文化对本地文化的持久性威胁，这个词在表达上具有否定和消极的意味。

参见：美国化（Americanization），殖民主义（colonialism），文化帝国主义（cultural imperialism），同质化（homogenization）

文化经济
CULTURAL ECONOMY

文化经济描述了一种社会行为的新途径，尤指工作、就业、生产以及消费领域。与将经济结构及其过程摆在优先地位的理论和方法相比，文化经济领域的学者寻求一种不同的视角。例如，一些人阅读了马克思主义著作并认为经济因素在某些方面先于文化因素存在，即"经济决定论"。在文化经济领域中，对于这种观点不给予太多争议，但"经济决定论"的确在一定程度上被修订。人们不再将文化仅视为一种附加因素（某种"多余的"因素），而认识到即便某一个领域是由经济来决定的，其本身也必然存在于一种文化背景下，并有文化方面的影响。

该领域研究者在分析任何一种场所和行为时往往都依赖于他们自身的学科背景。某些在传统上被视为较具创造性的主题（如广告、设计和媒体）的研究较为流行，而即便最"经济化"的领域也包含着文化维度（如银行、金融机构等）。于是，文化经济并不设定研究目标，而是提供一种特殊的看待行为实践、空间及结构的方法，即清晰阐释经济与文化之间的相互作用和双向流动。经济与文化并无主次之分，两者一直存在于人类社会之中。经济事件及相关决策可对文化产生影响力，反之亦然。

文化经济作为一个研究领域，有别于拉什（Lash）和厄里（Urry）的"文化过程论"（culturalization thesis），该理论认为当今经济领域比以往具备更多的文化特征（culturalized）（1994）。反过来说，这也与**无组织资本主义的**（**disorganized capitalism**）概念相关，尤以他们对符号产品的强调为典型。例如，**生活方式**在商品营销中是极为关键的，而其所代表的象征价值或**交换价值**（**exchange value**）同真正的使用价值有着天壤之别。拉什与厄里的论证读来似乎偏重于文化产业，即强调文化产品的经济影响。杜盖伊（du Gay）则特别指出文化化命题已预先假定了它所试图证明的结论（2003）。他的理论区别了拉什与厄里在著作中所阐释的两个截然不同的方面。在《符号经济与空间》（*Economies of Signs and Space*，1994）中，这两个方面可以被理解为两种主张：第一个主张是关于与文化经济类似的理论方法视角——理解后福特主义（post-Fordist）时代的经济，我们需要对文化因素加以考虑。很多学者在研究文化经济时也许并没有将其视角延伸至当代。第二种主张则是描述性的：

> ……经济和象征性进程比以往更为交织和环接；也就是说，经济愈发受到文化的影响，文化也越来越强烈地受到经济的影响。因此，二者之间的界限越来越模糊，经济与文化不再仅仅依照各自的体系和环境发挥作用（1994：64）

从经验研究的角度而言，这些主张是否正确还是一个疑问。杜盖伊（du Gay，2003）也曾质疑其时效性和全面性。

最后，"文化经济"也被用来指代创造型（或文化型）企业的经济形象。其他人在这种意义上则倾向于使用"审美经济"一词。

参见：消费主义（consumerism），文化资本（cultural capital），全球商

品链（Global Commodity Chain，GCC），知识社会（knowledge society），马克思/马克思主义（Marx/Marxism），网络社会（network society），后福特主义（post-Fordism）

延伸阅读：du Gay and Pryke，2002

文化企业家
CULTURAL ENTREPRENEURS

文化企业家指某些以企业家态度把文化视为商品和商业，在考虑市场需求的前提下期望利用创意来赚钱的人（如那些安排音乐家巡演以及开设艺术节的商人）。文化企业家包括政府或文化代理机构，如英国文化委员会（British Council，该委员会向世界各地推销英国文化、教育和语言）。尽管这种关系有时被认为建立在交换的基础之上，但文化企业家所促成的人员与信息流动往往是单向的。这种文化的输出形式也是软实力的一种表现。

参见：殖民主义（colonialism），硬/软实力（hard/soft power），霸权（hegemony），同质化（homogenization）

文化命运
CULTURAL FATE

当没人再依附于传统社会角色时，文化命运这个概念便应运而生。**现代性（modernity）**（吉登斯的术语）的一个关键特征是传统的社会角色已不再存在。由于固定角色的缺失，人们被迫做出选择。我们的文化命运就是我们不得不做出选择，而这种选择又触发了"我们是谁"这样的思考。我们被要求不停地"自我发展"。显然，无论何时做出选择，**风险**都是存在的。文化命运与萨特的存在主义相关联：萨特认为"人注定是自由的"，并有存在主义的恐惧。在这种思路下，汤姆林森（Tomlinson）写道："自由是一份暧昧的礼物，但我们无法拒绝"（2001：140）。

文化命运与向现代性的变动相关，并且不仅对个人，而且对社会（不管是国家、共同体或任一种团体）也是一种挑战。汤姆林森（Tomlinson）认为：

> 当全球文化通过现代性的制度的传播进入现代性条件时，它们面临着同一问题，即集体意志无法产生达成共识的关于意义及方向的叙述。（2001：165）

然而，卡斯特瑞阿迪斯（Castoriadis）却不这么认为。尽管某些人如伯曼（Berman，1983）和吉登斯（Giddens，1990）认为现代社会在根本上有别于传统社会，而卡斯特瑞阿迪斯则不认为现代与传统之间有根本性的区别。卡斯特瑞阿迪斯关注于人的能动性。对他而言，文化"命运是关于文化"决定更为适当的表达。他同时强调人们不得不"为了掌握自己的命运而采取相应行动"（Tomlinson，2001：165）；人们的愿望无法自然而然的实现。

参见：专家系统（expert system），流动的现代性（liquid modernity），现代性（modernity），后现代性/后现代主义（postmodernity/postmodernism），反思性（reflexivity），结构化（structuration）

延伸阅读：Berger，1974；Berman，1983；Castoriadis，1997；Tomlinson，2001

文化遗产
CULTURAL HERITAGE

文化遗产指对某些特殊团体有重大历史文化意义的事物。它既包括可见事物，如建筑、圣地或者神圣的区域甚至植物和动物，也包括不可见事物，如风俗习惯和行为、仪式、语言以及世界观。文化遗产在全球化背景下成为一个问题，是因为它们受到了威胁——被迫迁移或**文化资本**（cultural capital）的丧失。另一个同样重要的议题是如何保存这些遗产。当某些物品被放在博物馆时，它们就脱离了情境，因此无法表达其最初的意义。目前人们面临的挑战是发现并利用相应资源，从而以适当的、尊重文化遗产的方法维护文化传统。

参见：美国化（Americanization），文化帝国主义（cultural imperialism），文化旅游（cultural tourism），同质化（homogenization），仿像（simulacrum）

文化帝国主义
CULTURAL IMPERIALISM

文化帝国主义指某些文化对其他文化施加权力，以使更为强大的国家和文化向新的地区强制出口的做法。这种做法目前不仅限于音乐和文学，而且延伸到**消费主义**（consumerism）模式、消费品以及政治和经济制度。尽管以往的分析倾向于关注语言与宗教，但文化帝国主义并不是一种新出现的现象，成文法、威胁、（或许）强势文化的社会压力或软实力都能够促成文化帝国主义。也许文化帝国主义中最行之有效的是那些看不见摸不着的方式，通过这些方式，习俗变得难以维持或不再流行，并使得话语及社会形态发生变化。这一术语与关于全球英语以及美国文化的广泛影响的争论相关，它也被用来支持"全球化不是一种新现象，而是殖民以及帝国主义做法的延续"这样一种论断。

参见：美国化（Americanization），殖民主义（colonialism），文化整合（cultural integration），意识形态国家机器（Ideological State Apparatus）

延伸阅读：Said, 1978; Tomlinson, 2001

文化整合
CULTURAL INTEGRATION

这个术语往往与公司（尤其发生兼并或拓展至地理上的新区域时）有关，通常指两种不同文化相遇时可能产生的结果，不管其起因是兼并还是迁移。文化整合往往指不同文化之间和谐的结局，这个术语也可以用来指同化。在这种情形下，声望较低之文化的拥有者会承受一种压力，迫使自己妥协，并把具有较高声望的文化价值变为自身文化的一部分。不论整合发生在两个同等地位还是相近地位的文化之间，都取决于卷入其中的特定团体。需要关注的是"整合"进一种一个人并非自己要求融入的文化。在这种情况下，人们面临的是殖民化。

参见：殖民主义（colonialism），文化帝国主义（cultural imperialism），同质化（homogenization），杂糅性/杂糅（hybrid/hybridization）

文化景观
CULTURAL LANDSCAPE

在地理上此术语指景观在历史过程中被人改变的方式。文化景观与自然景观是相对的。一般说来，这个术语被用来谈论与文化相关的可见的"日常"现象。作为我们日常生活的部分（因而也是景观的部分），它可以用来指谈论电视、购物以及娱乐场所或建筑风格的改变。这些变化并不是自然存在并随之发生，而是具有文化属性。

延伸阅读：Gupta and Ferguson，1992；Jameson，1991

文化保存
CULTURAL STORAGE

文化保存是讨论传统的另一种方式，但其重点强调的是文化"编码"与传递（传统上）的多种途径。**文化景观**并不总如神圣碑文或遗迹那样具有可见性，它也包括语言、文化景观形成以及被理解的方式、身体、行为、社会团体、性别和亲属关系、对"他者"的观念、与土地的关系，等等。

某些文化是物质形态的，可以按照原样被保存在博物馆和其他机构中。然而，与之相关的问题也就随之产生了。首先，以这种方式储存艺术品是否符合道德标准，或者是否恰当？此外，当艺术品脱离其背景后，它是否还能被视为文化的一部分？其次，我们如何呈现它们？是依照地理位置、年代顺序还是用途？这些分类和展览符合那些艺术品在最初背景下的文化分类吗？另外，我们还要注意，任何对艺术品的保存和使用都要尊重其最初拥有者的价值观。

"保存"无形文化的问题更为复杂，因为任何一种有意义的储存方式都无法避免人为干预。以语言为例，语言学家可以记录语言，但该语言如果没有使用者，这些记录就真的仅能作为历史资料保留下来。保存无形文化需要人们不断予以实践。这反过来也需要对土地的保护、对法律的完善以及对差异的尊重。

参见：光韵（文化的）(aura [of cultural])，文化遗产（cultural heritage），文化帝国主义（cultural imperialism），遗产旅游（heritage tourism），人权（human rights），语言权利（language rights），仿像（simulacrum）

延伸阅读：Shils, 1981

文化同步化
CULTURAL SYNCHRONIZATION

这是某些人在论证全球化时提出的文化**同质化**的另一种术语表达。它的另一种用法与全球化无关,而是在教育学著作中被用来描述老师和学生之间在文化适应方面的重要性。

延伸阅读:Hamelink,1983

文化旅游
CULTURAL TOURISM

文化旅游是旅游的一种方式,其旅游目的是参观当地人们的文化(Van Den Berghe's *Tourees*,1994)。例如,游客也许会乐于访问"民族"小镇,看看小镇的居民是如何生活的。原住民会以舞台表演的形式为游客展现其文化(如舞蹈、传统工艺等)。在某些情况下,文化旅游也许会带来某些过时的传统文化活动的复兴和**商业化(commodification)**。文化旅游在很大程度上是追求真实性的一种体现。

参见:光韵(文化现象的)(aura [of cultural phenomenon]),遗产旅游(heritage tourism)

SL

文化主义
CULTURALISM

达尔(Dahl)曾指出,"在最近几十年中,作为一个参考和方向的基点中心'文化'如何得以形成是十分惊人的"(1999:179)。这里的文化意指某些像传统价值或传统习惯的东西，而非艺术或音乐这类"高级文化"。达尔指出，欧洲大陆"新右翼"支持者所鼓吹的"文化"言论或多或少地指向了"文明"一词。二者都是在"德国古典保守主义意义上被使用的。文化象征了精神的成长，文明代表物质主义、原子论、个人主义、经济主义以及……超理智主义"（1999：179）。在这个层面上，"文化"取代了类似传统的某些东西。它似乎植根于地区（如果不是民族），或多或少带有同质化的特征。对这种世界的称谓以及被用于称呼它的话语都可以被视为"文化主义"。

参见：多元文化的/主义（multicultural/ism），民族主义（nationalism）
延伸阅读：Beck，1992；Dahl，1999

文化产业
CULTURE INDUSTRY

此术语由在社会学研究领域拥有非凡影响力的两位法兰克福派学者西奥多·阿多诺（Theodor Adorno）和马克斯·霍克海默（Max Horkheimer，2002 [1947]）提出。他们的论点是在工业资本主义的背景下，文化不可能被理解为艺匠或艺术天才的创造。相反，文化已成为工厂流水作业的产物。虽然手工艺人和艺术家的作品还体现一定的自主权，是"为自我"而创造的，而文化产业的商品却反映了牟取利润的一般逻辑，复制和标准化成为工业产品的特征。文化沦为某种用于买卖的产品，为其他行业赚取利润——这是一幅消费主义生活方式的理想图景。

这种背景下的文化产品用表面创意和多样掩盖了其内在的重复性。文化生产必须以足够的多样性来刺激消费，但又不能太过标新立异以致与消费相抵触。因此，文化工业倾向于千篇一律（肥皂剧、类型化电影、互动的流行表演等等）。这种过程导致原创的"民间"艺术和"高雅"文化的衰落，二者都被视作挖掘新意的源泉，并被剥夺了其本身的特质。文化工业是在一个更为庞大的剥削系统下的完整体系，因为它创造并维持意识形态的框架。它指挥观众去思考唯一的、资本主义的价值观，并转移人们在这种制度下生活中的烦恼与怨恨。虽然经常被批评为过于绝对，围绕西方媒体网络在巩固其全球**霸权**方面作用的争论却使这个议题重获新生。

参见：全球媒体（global media），生活方式飞地（lifestyle enclave），后现代性/后现代主义（postmodernity/postmodernism），仿像（simulacrum）

延伸阅读：Adorno, 1991; Cook, 1996

JH

礼仪文化
CULTURE OF CIVILITY

礼仪文化一词最早由社会学家贝克（Becker）和霍洛威茨（Horowitz）在1970年提出，指那些在加利福尼亚旧金山占据优势的社会规则。与美国其他地区相比，旧金山的"离经叛道者"被给予更多的表达空间，而法律和秩序强制施加某些规则的可能性也比美国其他地区相对较小。每个团体都做出一定妥协，但同时都获得了稳定以及社会和谐。所谓"主流"也受到了市民领袖的引导，他们态度鲜明地支持并维护自由氛围。

此外，这个词语似乎还有另外的含义，尤其在谈及商业以及制度化行为时，这里的"礼仪"意味着礼貌。因此，"礼仪"这个概念赞同一个公认的价值观，人人都应当遵守这一价值观，使工作中有更多快乐和更少压力，并使所有人更加幸福。因此，贝克和霍洛威茨的礼仪文化意味着某些人可以漠视文化和法律规范，而其最近的用法是含蓄地规劝不去做某一件事。

参见：礼貌性回避（civil inattention），公民社会（civil society）
延伸阅读：Becker and Horowitz, 1970

赛博行动主义
CYBERACTIVISM

赛博行动主义描述的是政治抗议与数字技术的合流现象。它可以分为两种趋向：第一种是投身于当前政治斗争中的积极分子采用科技作为有效干预手段；第二种趋向与那些关注信息技术本身政治意义的人相联系。

第一种趋势将技术手段作为散布政治议题相关信息的载体，并用其作为组织**直接行动**和发起"虚拟"直接行动的方式。后者的用途体现于各种电子干扰策略，如网络破坏（某团体破坏其对手的网站）和"虚拟静坐"——数百个使用者同时使用同一个软件从目标地点申请信息，使目标网站瘫痪。

第二种趋向认为，在未受到有效挑战的情况下，公司和国家为了利润和控制权的最大化将人为限制技术潜力。在电脑软件的发展中，人们鼓吹的"自由化"或"开放"原代码运动（利用**互联网**的网络潜力）成为一个合作计划，其源代码在原则上对任何试图进一步改进软件的使用者开放，前提是他们将自己的成果也对其他使用者开放。这就是所谓的"非盈利版权"，可通过使用许可权得以保存。这些赛博活动家证明因特网在设计上是公开和自由的，它消融了使用者和生产者之间的界限。赛博活动家们将为保护和延伸这种自由和开放而不断努力。

参见：反全球化（antiglobalization），公民社会（civil society）
延伸阅读：Jordan and Taylor, 2004; Terranova, 2000

JH

债务减免
DEBT RELIEF

在全球化背景下,债务减免通常指为减轻某些经济陷入困境的国家对银行、他国或其他金融机构(如**世界银行**)的贷款负担而采取的措施。人们在讨论发展问题时会经常遇到这个议题。"让贫穷成为历史"运动的主要目标即为债务减免。

参见:国际货币基金组织(IMF)
延伸阅读:Boote and Thugge,1997;Payer,1991;Woodward,1998

决断论
DECISIONISM

政治理论家卡尔·施密特(Carl Schmitt,1976)认为,两极世界存在两个对立面——"我们的"和"他者的",而政治的核心特征就是在一个极化世界中运行的重要性与必要性。在这种意义上,它也具有**现实主义范式(realism paradigm)**的某些特征,尽管它没有把其他国家视为唯一的敌人;"他者的"也有可能存在于体系内部。然而,决断论和政治行动的观点最终都与权力相关。虽然施密特的观点多年前早已失势,但人们在今天似乎对他的思想重新产生了兴趣,尤其是在国际关系和国际法研究领域。

延伸阅读:Mouffe,1999;Roach,2005

去殖民化
DECOLONIZATION

去殖民化是指前殖民地国家实现独立的过程。这种独立可以通过与列强的战争（如美国的独立战争），或者通过列强的逐渐放权（如澳大利亚的独立）来实现。从第一次世界大战结束后开始，许多前殖民地国家纷纷获得自由。《国际联盟规约》第二十二条的规定促进了殖民地国家的独立。联合国大会也积极推动去殖民化进程。1960年，联合国大会通过了第1514号决议《给予殖民地国家和人民独立宣言》。该协议(55/146)宣告21世纪前十年成为国际上铲除殖民主义的第二个"十年"。尽管原则上讲这些政策是好的，但若在推进国家独立时不考虑其他地方性问题，只依赖现存的基础结构，则其潜在的破坏性可能会远大于建设性。在被殖民国家统治了一段时期后，殖民势力在短时间内的完全撤出将使殖民地没有时间去发展其行政资源和治理技巧，并产生一些在自治政府成立初期无法解决的问题。

我们应当注意到一些国家选择保留殖民地的地位，如波多黎各、直布罗陀、福克兰群岛（即马尔维纳斯群岛）等。值得一提的是，今日的殖民地概念与以往相比有着天壤之别——传统的殖民地被视为帝国的二等成员，其作用不过是为帝国提供原材料及产品市场而已。

参见：公民身份(citizenship)，殖民主义(colonialism)，民族国家(nation-state)，民族主义(nationalism)，世界体系理论(world system theory)

延伸阅读：Bleich, 2005; McIntyre, 1998; Strang, 1990

非大众化
DECOMMODITIZATION

该术语指对产品做出改变使之免于竞争,其手段通常为应用最新的知识或复杂程序来增加产品价值。在这种意义上,它与定位营销没有什么不同。这个术语经常与电脑软件、农业和其他初级产品相关。例如在涉及软件时,非大众化即指程序中增加竞争者无法提供的某些有价值的特性。

注意不能将非大众化与商品化混为一谈。

延伸阅读: Appadurai,1986;Kaplinsky and Fitter,2004

去管制化
DE-GOVERNMENTALIZATION

去管制化是**新自由主义(neoliberalism)**的**反叙事(counter-narrative)**进程,而且与**治理术(governmentality)**学者的著述有关。对新自由主义兴起的传统叙述和资本的全球化直接相关,而去管制化则挑战了全球化的解释力。新自由主义在传统上被理解为一个政策框架,其标志是由凯恩斯主义所倡导的福利主义(见**福利国家**)转向偏爱自由市场的政治议程,并通常与资本的全球化直接相关。这种假设趋向于认为"新自由主义是一项经由相对严谨的理论与意识形态框架倡导并论证的政策改革方案"(Larner,2000:7)。但也有很多人认为新自由主义作为一项政策不足以充分揭示这些变化。他们转而采用去管制化这个概念解释新自由主义的兴起,即政府在管理方法上从福利国家向先进的自由主义(Advanced Liberalism)的转变。国家导向的管理策略以国家官僚机构和制度强势的直接介入为特点。向后福利国家转变的管理则对国家共同体有了新的阐释——在这个共同体里,公司应是企业家所属的、富于进取和创新精神的，而公民也应当如此。罗斯（Rose，1999）认为，与常规的重视前后一致的改革方案相反，转变得以产生，是因为两个政治光谱对福利国家的批评都与和市场化有关的政治技术连接在一起，而这恰恰为先进的自由主义提供了基础。去管制化论题的缺陷是它不能界定在政治社会领域取代国家位置的客体，剥夺了自由政府的任何历史特性并无法解释"真实"的社会群体之间的关系，也不能界定人的能动作（Curtis，1995）。

参见：积极公民（Active citizen），反叙事（counter-narrative）
延伸阅读：Barry *et al.*，1996；Burchell *et al.*，1991；Curtis，1995；Rose，1996a，1999

RM

民主
DEMOCRACY

21世纪初，学者们统计出世界上共存在120种民主形式（"性质"有别），而民主也成为政治合法化诉求的不二修饰语。同时，没有哪一个政治思想概念像民主一样引发如此多的争议。各种政治运动，尤其是自由主义者、保守主义者以及社会主义者都对民主大加挞伐，或指出民主的缺陷，或批评对民主的"滥用"。随着"全球化"出现在公共议程之上，事情变得愈发复杂了：过去十年，几乎每一种可以想象得到的把"全球化"与"民主"联系在一起的方式都被讨论过了。

1. 作为政体的民主

研究政治秩序体系的历史学家的任务较为轻松。他们目前已转向研究民主制度的历史和实践，而不再孜孜于民主的定义及概念规范化工作。当然，古希腊范例是他们研究的重点。雅典人在公元前5世纪晚期就开始用"民主"这个术语来称呼他们的政治共同体，人民（demos）在其中自己统治（kratein）城邦。不可否认，雅典民主的特点是人民参与政治的程度极高，尽管人们注意到妇女和奴隶被排除在政治生活之外。历史学家估计参与公民大会（ekklesia）的人数大约是6000人。公民大会是制定法律的唯一机构。甚至陪审团也是直接从人民中产生的。雅典城邦没有稳定的官僚结构，也没有专门的行政人员。官员通过抽签而非选举产生，任期也有严格限制。

雅典民主持续了近两百年，在其陨落时"民主"这个术语基本上成为一个贬义词，代表民众的不稳定和非理性统治。然而，历史学家辨识出其他民主实践与制度的范例，它们影响了现代民主的概念和模式。例如，罗马共和国时期的法典编纂就可视为现代法律保护公民免于统治者压迫和专制行为的当代模式之先驱。文艺复兴时期的意大利城邦则形成了公民审议、参与（如选举和批准）以及管理的实践。17世纪英国革命形成了自由公民联合体这个概念，即詹姆斯·哈林顿（James Harrington）提出的法治帝国，而非人治帝国。然而，当民主进入政治现代性时，最主要的发明是代议制。在国土广袤的国家中，民众不得不依赖代议制议会。法国大革命的模式被证明在形成议会的概念上发挥了决定性作用，议会既是一个小型的社会模式，又是政治权威唯一主体的代表，即国民。

然而，对民主的探索并没有结束。相反，它将继续成为人类社会的一种经验和试验。民主面临着众多问题、争议甚至矛盾，还伴随着暴力和不公正，而且一直是各种主张和奇思异想发生冲突的地方。因此，民主的历史以及它的制度在不同国家有着极大差异，它的进步离不开相关的政治观念，也不能脱离政治领域的理论反思和制度创新。

2. 作为政治观念的民主

民主的到来预设了人类关于自身及世界观念的一个重大飞跃——人们认识到社会关系是开放的、可改变的，并创造性地把政治视为超脱于宗教和传统主义之外的集体自治领域。1789年法国大革命以极端情绪表达了这样一种自我认识：法兰西民族以主权意志塑造了自己的国家。

政治自治权的确认把一整套关于政治秩序的根本问题即正义问题带到人类思考的领域中来。对这一规范性关切（normative conerns）较有影响力的解释可以追溯到亚里士多德的政治思想。为了区分政体的好与坏，亚里士多德提出了一个基本判断标准——当权者的统治是为了全体人民的利益还是个人利益。这种思想在亚伯拉罕·林肯的定义中可以找到共鸣，林肯把民主制度定义为民有、民治、民享的政府。这种思想暗含了每个个体在政治共同体内都是平等的。民主政府只有建立在人民的基础上才被视为合法，并始终对人民即对每个公民负责。然而，谁是"我们人民"（demos）？谁被算作公民，谁又不算？

法国哲学家克劳德·勒弗尔（Claude Lefort）给出了现代民主的概念，其著名的定义是王权虚置。民主权威通常把人民视为臣民，人民既不能触摸也不能定位。每个人都可以以人民的名义发声，但没有人能够垄断其含义。"人民主权"这个现代民主宪法的神圣概念仅仅是一个神话吗？"我们人民"真的永远不能开口吗？这些疑问忽略了几个关键性问题。由于人民并不是简单地摆在面前，民主就是在考虑到人民缺席的情况下构建起来的，通过将人民这个"位置"敞开，进而为各种民主观念的争鸣提供一个空间。现代民主就根本而言"尚无定论"，对它的追寻是一场属于未来的探险。

3. 民主和全球化话语

直到最近，知识分子和**社会运动**（social movement）才预见性地将民主影响力推广至全球范围。但是我们不应该忽略这样的事实，即地方争取自治权（如在前殖民地）和要求腐败政权重新分配权力的斗争，后者成了近几十年民主运动的标志，并依然在全球的每一个角落都在上演。在西方公共话语中，这样的殖民地斗争往往难以引起关注。全球化则在另一个方面很快抓住了公众的想象，各种各样把民主"转变"到一个更高也就是全球层次的方法都已经被讨论过了。

没有哪个口号比2001年发生在意大利城市热那亚八国集团首脑会

议（G8峰会）期间的抗议更准确反映了民主诉求的新特点——"你们是八国集团，我们是80亿人民"。此处的"我们"重复了1789年法国国民议会一致通过的普世宣言：代表人民及其意志。法国的民主史揭示了宣言的矛盾之处，即统一（unity）与国家实际多样性之间的矛盾：经常的暴力**同质化**和少数人压迫往往成为民主运动开始的征兆。人类生活的多样性使这样的统一几乎无法成为可能；如同自然及其资源是有限的，它只不过揭示了"增长的极限"，即单方面的扩张和政治控制的限度。每个民主**民族国家**都曾在其英雄时代构思过把一个单一的政治制度最终扩张至全球的计划——"世界国家"不过是民族国家在未来的必然结果。最终，当代世界的条件最终使一个有限星球的现实与上述乌托邦思想迎头相撞：没有统一的人民，没有普遍的政治共同体，没有统一的全球领袖。

因此，当"全球民主"的概念似乎在实践上不可行时，全球范围内对政治秩序的挑战却是实际存在的，并触发了新的经验、争议以及制度性发展。从这个角度来看，热那亚G8峰会上的抗议口号呈现的是另一种意义：它挑战的是新型**全球精英（global elite）**的合法性，后要求在世界经济功能性组织（如**世贸组织**）中拥有发言权，它将正义问题置于经济或技术压力之上。政治科学家们注意到，国家已不再是社会进程的中心，因此也不再是政治主张的唯一场所。在全球化的背景下，民主实践超越了政府和行为体，论坛激增，地方性和全球性主张同时出现。民主的英雄主义，即单方面对自治权的肯定，似乎被一种更新的对人类及非人类（自然）相互依赖及共存性的关注所取代。

参见：全球治理阶层/全球精英（global managerial class/global elite），全球亚政治（global sub-politics），人权（human rights），知识社会（knowledge society），自由民主（liberal democracy），民族国家（nation-state），民族国家（的衰落）（nation-state [decline of]），网络社会（network society）

延伸阅读：Albrow, 1996; Dahl, 2000; Latour and Porter, 2004

FO

依附论
DEPENDENCY THEORY

依附论是对在殖民时代盛行的贸易模式的重新演绎，殖民时代的殖民地被视为原材料的提供者以及商品消费者。这个理论来源于劳尔·普雷维什（Raul Prebisch，联合国拉丁美洲经济委员会主任）在1950年代的研究，他发现了富裕国家财富的增长与贫穷国家日益贫困之间的一种关系。这个理论的历史根源是经济发展及外部压力介入的模式。对此多斯·桑托斯（Dos Santos，1971）是这样描述的：

> ……历史条件塑造了一种世界经济结构，这种经济结构对某些国家有利而对其他国家有害，并限制了那些附属国家经济发展的可能性……在这种条件下，某些国家经济的发展取决于另一个国家经济规模的扩张，因为前者的经济附属于该国。(226)

这种理论与那种认为经济发展对各方都将带来利益的古典以及自由主义经济学相反；人们常常把它称为"涓滴理论"（trickle down）。市场公平分配利益的说法不适用于依附论。该理论在1960年代和1970年代甚为流行，与发展理论（即这些国家发展的可能性）持相反的看法。现在，**世界体系理论**提出了一个类似的模式。

弗兰克（Frank，1988）认为依附论和**资本主义**联系在一起，但同时人们也认为它与其他支配性力量的权力关系（主要是意识形态和经济）有关。应该指出发展理论试图阐释欠发达（underdevelopment）现象，因而其视角和**马克思主义**（Marxism）不同。"欠发达"并不是"不发达"（undevelopment）。前者指正在发生但只对占支配地位强国有利的过程。问题不仅仅是经济发展，而是经济和社会发展的强烈需求。

依附论有赖于这样一种观念，即什么能够真正有利于国家，它不仅包括深受自由经济学家青睐的经济指数（例如国内生产总值），而且包括其他发展指数(健康、寿命等等)。这也许意味着将剔除某些在支配国家流行的经济政策。例如,一个国家尽管决定实行进口食品经济,但其更重要的目的是能够在国内层面上满足国民的需求。这意味着国家至少要采取一项国民生存生产政策。

文化问题也和依附论相关,与此相关的通常有流动、**文化帝国主义或文化倾销**(cultural dumping)。

参见:核心–边缘模式(core-periphery model),国际货币基金组织(IMF),世界银行(World Bank),世界体系理论(world system theory)

延伸阅读:Dos Santos, 1971; Frank, 1988; Schiller, 1971; Seers, 1981

发展型国家
DEVELOPMENTAL STATE

发展型国家有时也被称为"国家垄断资本主义"(Castells and Hall, 1993:113),卡斯特尔斯对此写道:

> 当一个国家以建立起促进和保持发展的能力作为其合法性原则时,该国家就具备发展型特征,通过在经济体系中稳定和高速的经济增长率和结构变化相结合来理解,无论是国内还是其与国际经济的关系。(Castells, 1996:182)

发展型国家的例子包括"亚洲虎"各经济体(亚洲四小虎:泰国、马来西亚、印度尼西亚、菲律宾。也有亚洲五小虎一说:四小虎外加越南),这几个国家把自己定位于全球竞争舞台,并通过鼓励**外国直接投资**(**Foreign Direct Investment, FDI**)和提高本国产品在关键领域(如电子产品领域)的生产竞争力来促进经济增长。然而,当世界其他地区也开放其边界时,就不可能永远施行这类持续增长所必需的政策。此外,由于发展经济被置于至高无上的位置,民主和**人权**(**human rights**)改革可能会出现停滞或者倒退。然而，当经济发展达到一定水平时，这些国家就能够在全球化的世界发出自己的声音，特别是在一国在某一产业的发展已经对强国利益具有至关重要影响的情况下。

参见：网络社会（network society）

延伸阅读：Bello, 2005; Castells and Hall, 1993; Doner, 1992; Douglass, 1994; Onis, 1991; Woo-Cumings, 1999

散居
DIASPORA

此术语颇有争议，它通常指已离开原居地，但依然以某种方式维持对原居地认同的人。"散居"的字面意思为分散，最初它主要指被驱逐出家乡的犹太人。现在它指任何离开原住地，分散在世界各地的文化团体或族群。然而，这个词与种族没有联系。离开家乡可能是被迫的，也有可能是自愿的。因此，一方面战争和自然灾害会带来散居的现象（被迫移居），另一方面经济的、投机的因素也会导致散居。

与原居地持续不断的认同使得"散居"这个术语显得较有价值。安德森（Anderson, 1983）用**想象的共同体（imagined community）**对此作了阐释。这种共同体可以通过在新的国家（或者跨国边界）中共同体的形成表现出来，在某些行为中尤为明显，如语言维系、文化行为、同族通婚、宗教行为、着装样式，等等。此外，像电影、电视节目和书籍（散居民的媒介）这些文化产品也有助于维系散居共同体。事实上这些产品在生产和出口时部分考虑到了散居共同体的需求。

由于当代通讯技术的复杂性，与原住地联系的可能性大大提高了。"全球通讯技术使散居民远距离保持联系以及在全球文化空间内维系（200）和肯定文化身份变得更加容易。"（Albrow, 1996：199—200）然而，我们应该记住，对那些因战争、政治压迫或自然灾害而被迫迁移的移民来讲,接触到这些技术也许并非易事。

卡斯特尔斯(Castles,2002)注意到,也许由于技术的原因(如旅行),当下散居现象有所增加,但这种现象也有可能与社会及文化原因有关,只是我们还没有深入探索。当然,散居共同体有混杂的特性,若将其原因仅仅归结于保持和家乡的联系就过于简单化了。但是,如同塔萨格罗斯安诺(Tsagarousianou)所指出的,"我们最好不要过多地把散居民看成是失去了土地的人,而应该关注他们之间的纽带,或者关注由于当代国家间的互动而成为可能并得以维系的错综复杂的关系"(2004:52)。

萨弗拉(Safran)则认为移民永远不可能被其旅居国的文化完全接受,返回家乡成为他们的切实愿望(1991:83—84)。也许在全球化背景下,散居共同体最鲜明的特征至少可体现于其身份的跨国性。散居共同体远未实现统一,但他们能让我们看到并去思考当代世界变化所带来的挑战和机遇。

参见:文明的冲突(clash of civilizations),移民(migration),多元文化的/多元文化主义(multicultural/ism),民族国家(nation-state),民族国家(的衰落)(nation-state [decline of]),地域化(去地域化及再地域化)(territorialization [de- & re-]),跨国的(transnational),世界城市/全球城市(world cities/global cities)

延伸阅读:Appadurai,1990,1996;Clifford,1992;Cohen,1997;Fazal and Tsagarousianou,2002

数字鸿沟
DIGITAL DIVIDE

数字鸿沟用来区别那些能够利用数字技术(如**互联网**)与无法利用数字技术的人群。此术语在1990年代较为流行,不仅指因特网还包括其他的技术(电话、计算机等),尤其是最新发明的技术。在互联网被认为是全球性的、民主的及通向技术乌托邦的催化剂时,这个概念就变得更为重要了。这种鸿沟不仅体现在地理上,阶级、收入及教育机会的差异都可能造成这种分化。

延伸阅读:Davison and Cotton, 2003; Norris, 2001; Warschauer, 2004

数字游牧民
DIGITAL NOMADS

牧本次雄(Makimoto)和曼纳斯(Manners, 1997)创造了这个术语,指不必固定在同一个地方工作的群体。技术的进步及吉登斯(Giddens, 1990)所提出的"时空坍塌"是产生这种现象的原因。一些数字游牧民组成**全球精英**,因为实现这种工作方式的成本(教育的和金融的成本)颇为高昂。成为一个数字游牧民也许是一种**生活方式**的选择,这种生活方式把旅游和变换居住地视为值得羡慕的事情,尽管一些数字游牧民的工作方式是由其所在公司办公地点较为分散而造成的。远程办公和办公桌轮用制是这种现象的次要特征。

参见:全球治理阶层/全球精英(global managerial class/global elite),时空压缩(time-space compression)

直接行动
DIRECT ACTION

直接行动理论最初由威廉姆·梅勒(William Melloy)在《直接行动》(*Direct Action*, 1920)一书中论及劳动力问题时所提出。这里的"直接"指不利用中介来试图对公司、管理部门甚至政府施加压力。梅勒认为劳方和资方都可以采取直接行动,例如前者可以罢工,后者可以停业。这种行为包括某些经济手段,如工人罢工时所利用的是其劳动力资源(雇主所需)来提出其要求或表达抗议。直接行动也包括非暴力反抗。

在印度,甘地支持的非暴力直接行动(NVDA)旨在实现印度的独立;在美国,马丁·路德·金的非暴力直接行动是为了争取民权。

在全球化背景下,直接行动经常被用来称呼那些组织松散的"反全球化者"。

注意,某些团体用"直接行动"指代共同的理念,但它们将有更为具体的意识形态纲领。

参见:反全球化(antiglobalization)
延伸阅读:Carter, 2004;Mellor, 1920;Starr, 2005

互不相关的邻里
DISCONNECTED CONTIGUITY

奥尔布罗(Albrow, 1996)用此词描述居住在同一空间(他们连续地生活于同一空间,或彼此相邻)但并没有传统关系,因而彼此是分离的。这个概念十分契合吉登斯的现代世界景观(与传统生活相对)。

参见:礼貌性回避(civil inattention),现代性(modernity),风险(risk),信任(trust)

差异性世界主义
DISCREPANT COSMOPOLITANISM

这个术语是人类学家詹姆斯·克利福德(James Clifford)创造的,用以形容现代生活中人们频繁流动(现代性意义上的"旅行文化"),但同时又以多种(通常是互相矛盾的)方式和当地保持联系的一种自相矛盾的现代生活状态。这个词或许最为贴切地描述了由现代生活以及个人主义推动所带来的现代人的疏离感和不安全感。该概念关注的是这一事实——**世界主义**通常被认为保护自愿流动，但另有一些群体受到环境、权力或他人的影响而被迫迁移。此外，某一地方的环境也可以发生极大改变，以致生活在原地区的人们在实际感觉上已等同于迁徙至外地。值得注意的是，"旅游文化"既指个人的流动，也指事物、观念以及文化行为的变化。也就是说，尽管一个人没有进行物理迁移，但他注定要"旅行"并不得不应对现代社会的诸种要求与挑战。

参见：普世民主（cosmopolitan democracy），数字游牧民（digital nomads），外包（offshoring），服务工作（service work）

延伸阅读：Clifford, 1997; Robbins, 1992

无组织资本主义
DISORGANIZED CAPITALISM

无组织资本主义与 20 世纪的有组织资本主义相对。这种对资本主义的新认识既体现**反思的现代性**（reflexive modernity）也和**网络社会**（network society）有关。

"无组织资本主义"一词源自拉什（Lash）和厄里（Urry, 1987），与**全球资本主义**同义。"无组织"十分重要，因为韦伯（Weber）和马克思认为资本主义会提高组织性。在全球化背景下，某些机构（如**跨国公司**、**银行**）取代**民族国家**成为全球范围内贸易和金融流动的主要载体。这种情形带来的一个有争议的结果是那些获益国与经济受损国间的差距逐渐加大。在这种意义上，资本主义是"无组织的"，民族国家不能够调节全球商品和金融的流动。民族国家仅仅是全球舞台这一景观中的实体，却无法绝对控制公司、金融及人力资源。结果一些国家无法使自身免受遭经济衰退的冲击,其人民暴露于经济衰退、失业以及饥饿的威胁。全球金融管理机构(**世贸组织、世界银行、国际货币基金组织**)也不足以有效和及时地解决这些问题。

拉什和厄里(1987)认为无组织资本主义时期的中心在于"符号"而非实物生产。因此,**生活方式**的选择,尤其是消费方式变得尤为重要。公司在市场上的大量投入、品牌经营以及品牌忠诚等都是由实物生产转至符号生产的典型标志。拉希注意到"社会互动以及通讯相互影响的比例不断增大,并将体现于我们的制度上"(1994b:209),这种态度和**全球亚政治**(global sub-politics)概念是类似的。

无组织资本主义在本质上和地理学家大卫·哈维(David Harvey)所提出的**后福特主义**(post-Fordism)是一致的,但是它所指范畴不仅包括产品生产和工厂组织,还包括人们如何消费以及在后传统社会中如何生活。

参见:资本主义(capitalism),文化经济(cultural economy),生活方式(lifestyle),网络社会(network society),反思的现代主义/现代性(reflexive modernization/modernity),仿像(simulacrum)

延伸阅读:Beck,2000;Lash,1994b;Offe,1985

远距离邻近
DISTANT PROXIMITIES

此术语由政治理论家詹姆斯·罗西瑙(James Rosenau)提出,并在其同名著作中(2003)探索了这种现象。罗西瑙从本质上追问了全球化对当下、后冷战时代以及后9·11时代的意义。远距离邻近这个概念既考虑了宏观层面,也思考了微观层面。该术语在宏观层面上抓住了**跨国公司**以及(有争议的正在衰落中的)**民族国家**的变迁,在微观层面上则把握了**非政府组织**、**公民社会**以及个人的变化。他认为"作为一种概念的全球化"不足以"囊括对世界事务的理解"(2003:3):

> 现今理解世界事务的最佳手段是将其视为远距离邻近的一种无穷无尽的序列,推动全球化的力量与鼓吹地方化的力量在其中此消彼长。若仅仅关注全球化的发展动态,或者只关注地方化的变化趋势,则有以偏概全、忽视事件自身发展之嫌。(2003:4)

在当今世界上,我们与相距甚远的人、区域及事件都有联系,远距离邻近这个概念关注生活的完整性,也关注其不完整的方面。碎片化是罗西瑙在书中讨论的中心议题,并"试图证明碎片和完整的变化动态间的互动关系在社会各层面上皆有所体现"(2003:11)。因此,"远距离邻近"和时空坍塌、**地球村(global village)**、**跨国(transnational)**行为等概念都有着密切联系。

参见:复杂性理论(complexity),全球的/全球化(global/globalization),同质化(homogenization),迁移(migration),再嵌入(re-embedding),风险(risk),时空压缩(time-space compression)

延伸阅读:Benjamin, 2001; Friedman, 2000; Robertson, 1995; Schierup, 1998

分歧/趋同
DIVERGENCE/CONVERGENCE

见:同质化(homogenization),异质性(heterogeneity)

分裂的自我
DIVIDED SELF

《分裂的自我》是心理学家罗纳德·大卫·莱恩（1960）的一部著作。莱恩在书中试图分析存在主义哲学背景下的精神疾病。莱恩开宗明义地写道：

> "精神分裂性"这个术语用来指代这样的个体，其经验以下列两种方式一分为二：首先，他和世界的关系是分裂的；其次，他和自我的关系也已被破坏。

在全球化研究中，这个术语被用来形容全球化的发展使人们感觉与自身及周围环境疏离的一种状态。此术语同全球化现象的关系体现在关注人们如何在地方层次体验全球化进程。

参见：自下而上的全球化（globalization from below）

裁员
DOWNSIZING

裁员是企业所使用的一种战略，该战略践行这样一个信条，即员工或公司越有效率，越多产就越好。这一战略通常指裁减公司员工或出售公司的某些部门。一个公司裁员过多就有可能失去自己的专长和企业文化（有时人们将裁员称为"公司厌食症"）。这也是一种通过经常雇佣合同工来填补公司专长缺口的战略，这种现象并非私人企业所独有。裁员也可被视为一种风险管理。

参见：新自由主义（neoliberalism），外包（offshoring），风险（risk）
延伸阅读：Danaher，1997

经济自由化
ECONOMIC LIBERALIZATION

经济自由化指的是旨在解除国家经济管制的一整套经济政策计划。经济自由化标志着撤销政府对经济的高水平介入的管控，国家对基础设施的大量拥有和贸易活动，通过进口替代对国内工业制造产品的高关税保护，转向低水平的政府介入和经济管控。经济自由化的策略包括：降低财政赤字、扩大税基、实行通货紧缩政策、撤销对劳力市场管制、提高经济和公司的效益及出售政府资产等。经济自由化是促成全球化市场的措施，原因在于它取消了限制自由贸易的制度性障碍。在某些地区，经济自由化被认为是必要的、积极的经济改革，通过给予国内经济和劳力更多弹性而使**民族国家**及其经济能够符合全球化市场的要求及挑战。其他一些人认为经济自由化是一种有目的地降低国家对社会干预的一种策略，并将其视为一种意识形态用以推动改革、大幅削减政府在社会福利、健康、教育等公共事业方面的开销，并更普遍地转向**私有化**。

参见：全球劳动力市场（global labor markets），保护主义（经济的）（protectionism [economic]）

延伸阅读：Kelsey，1995；Wolf，2004

RM

生态旅游
ECOTOURISM

此术语由赫克托·谢贝洛斯－拉斯克瑞（Hector Ceballos-Lascuráin）在1983年提出。生态旅游是生态和旅游这两个词的结合（也指负责任的或可持续发展的旅游）。在这种类型的旅游中，人们出于生态或者环境的兴趣游览某地,通常参与保护或者观察自然及野生动物的工作,并往往带有一份粗略的教育计划。这个术语也包括针对环境的责任原则,确保其旅行对当地环境及居民的影响降到最低。这也包括一些其他行动,如旅行者仔细计算在水资源缺乏地区的用水量、不乱丢垃圾,等等。作为一种可持续的旅游形式,生态旅游也应包含对当地社区和经济的贡献,如光顾**公平贸易**组织、入住当地人开办的小旅馆、确保友善对待旅游行业工作者使他们得到适当的报酬,等等。这种方式对旅游业的持续发展颇为有利。与当地人保持联系,尊重他们的文化及其生活方式也是生态旅游的重要特点。生态旅游者应该记住他们旅游的目的地也正是其他人赖以生存的家乡。生态旅游操作者们通常为他们的行动冠名,如"绿色"或"星球"这样的术语,由此强调对全球负责的理念,其座右铭为:"留下的只是脚印,带走的仅有记忆"。生态旅游是旅游市场发展最迅速的一部分。

延伸阅读:The International Ecotourism Society, United Nations Environment Programme, Weaver, 2001

SL

随军记者
EMBEDDED JOURNALISTS

随军记者用于指代 2003 年第二次海湾战争期间与英美联军签订合同的那些记者。这些记者以部分限制自己的行动自由为交换,获得了参与某些军事行动以及使用军队通讯设备和交通工具的许可。同时军队也保证他们免遭敌军炮火的攻击,甚至破例允许他们参与战斗。结果,随军记者和士兵一起亲历战争,并且至少在理论上可以自由报道任何事情。

这种关系有利有弊。一方面,记者和军队的亲近接触意味着他们将会同情所参与的特别的军事小组。然而,这种亲密关系招致人们批评随军记者丧失客观性,其报道缺乏背景支持。观众从电视中看到的是联军在指导行动时非写实状态的战争情况,他们看到的任何细节都是从联军的视角拍摄的。显而易见,依赖随军记者的结果是新闻缺乏批判性的分析。

但这并不是说媒体乐于看到这种状况。很多记者认为有必要告诉观众他们只能转发军方允许他们报道的消息。那些被称为"单干的"非随军记者则无法享受随军记者的特殊待遇。但他们拥有随军记者无法享有的自由,同时也常常遭到军队的公开敌视。

参见:美国有线电视新闻网效应(CNN Effect)
延伸阅读:Tumber and Palmer, 2004

JJ

嵌入
EMBEDDING

见:再嵌入(Re-embedding)

化身
EMBODIMENT

严格来说,这是一种认为身体是自我一部分的哲学理论,即强调作为人的显著身体特征下的经验。在这种意义上,该概念与现象学有关——现象学把现象、直觉视为其研究的起点。对化身最好的理解是将其看做二元论的对立面,例如笛卡尔对思想/身体的划分,把思维看做与人的身体相分离的一部分。不少学科都曾利用这个概念。例如拉科夫和约翰逊（Lakoff and Johnson，1999）在语言学领域提出，世界的物理经验性影响了语言和思维的结构。教育学理论家格鲁梅特（Grumet）写道："不是'我思故我在'；相反，我的肉身及其所在决定了我思考的方式。"（1990：336）

在全球化领域里，化身和旅游的联系最为密切，其次是文化。"身体展示"与"身体旅行"概念存在的基础即身体在旅行中的体验。

在全球化研究中，化身也被当做非技术意义上的抽象概念，并得到普遍应用。例如，一个人也许会说全球性的机构（如**国际货币基金组织**和**世界银行**）是全球化的化身。

参见：身体展示（bodily display）
延伸阅读：Csordas，1990；Fern Haber and Weiss，1999；Merleau-Ponty，1974；Urry，1990

帝国
EMPIRE

在论及全球化相关问题时，帝国所指的并非殖民地时期的帝国形态。在这里，帝国与我们所讨论的**文化帝国主义**以及资本家剥削有关，并与**民族国家**的崛起以及强大相联系。尽管存在反对意见，但拥护帝国这种用法的人认为民族国家仍然存在且生机勃勃。问题是这些国家拥有多少权力，以及谁拥有它们的遗产。

"帝国"这一概念出自哈特和内格里（Hardt and Negri，2000）的同名著作。对哈特和内格里而言，帝国是一种全球性社会、政治和经济的新秩序。这是一种没有中心的控制。例如，两人承认美国的权力，但他们认为全球性机构、国家以及跨国实体在新体系中也享有发言权。这不是一种即将要崛起的体系，他们认为"帝国"这个词语更多地具有描述性意义。

这并不是说对于未来的行动或未来行动的召唤没有意义。享有权力的集团之一就是民众。就其本身而论,民众可被视为"工人阶级"这一某些认为已经过时了的概念的再造。这种联系至少是基于这样的基础,即帝国被认为是"后马克思主义"的一种教科书。

尽管当代资本主义似乎不受反体系挑战的影响,帝国却被认为在多种多样的抵抗形式面前不堪一击。就这一点而论,帝国为革命性变革和解放提供了主要的潜能。哈特和内格里认为交流(无论是面对面的还是借助技术手段的)对民众和具备挑战性的力量来说都是十分重要的。

参见:殖民主义(colonialism),交往理性(communicative rationality)马克思/马克思主义(Marx/Marxism),跨国公司(TNCs)

延伸阅读:Johnson,2004

飞地
ENCLAVE

在政治地理中,飞地指一块完全被其他领土包围的领土。在全球化研究中,飞地包括语言飞地和**生活方式飞地(lifestyle enclaves)**。当讲一种语言的团体完全被另一种语言团体所包围时,语言飞地(有时也被称作"语言孤岛")随之产生。注意这和混合语言(多种语言社区的案例)是不同的。

"生活方式飞地"(Bellan et al.,1985)也被用来指"社会性由此得以形成的方式,这种方式既无整体性和功能性也没有地方性,但却为其支持者提供了至关重要的参照点"(Albrow,1996:156)。在这种情况下,该团体(生活方式飞地)不以领土来界定,而是以对其生活和身份起重要作用的特别的信仰或行为特征来划分。因此,正如奥尔布罗所指出的,它常常指代宗教团体。同时,在某些情况下,这样的生活方式飞地可以根据上述含义以空间来界定（例如社区及像修道院一样的宗教机构）。

参见：多元主义（pluralism）

飞地商品
ENCLAVED COMMODITIES

飞地商品是阿帕杜莱（Appadurai）在提及商品具有限制性价值时运用的一个概念，即这些商品仅在某些特定情境中具有货币或社会价值。"一方面，飞地商品希望免受商品化的影响，另一方面，娱乐性则常常吸引受保护的产品进入商品化领域。"（Appadurai, 1986：25—26）费瑟斯通（Featherstone, 1995）在指出某些飞地商品的问题，特别是与高雅文化相关的飞地商品问题时说："从一个角度来看，艺术品和知识产品是飞地商品，其在社会中流通的能力受到其先赋神圣品质的限制。"（23）对高级文化而言，要保持"崇高性"和独特性，这些商品就不能流通过多或单纯依赖其经济价值——倘若如此，这些产品便仅仅是商品，并且失去了其"神圣"的和象征性的品质。

费瑟斯通（Featherstone, 同上）也指出了与过度生产相关的问题。例如，假冒奢侈品（像名牌手提包）便是对这个观点的极好例证。一个正宗的香奈尔手提包具有特定的象征意义和经济价值，而仿冒品则对这些神圣（和独特）的品质构成威胁。

参见：文化的自主化（autonomization of culture），光韵（文化现象的）（aura of [cultural phenomenon]），商品候选（commodity candidacy），商品链（commodity chain），生活方式（lifestyle），仿像（simulacrum）

历史的终结
END OF HISTORY

"历史的终结"源于弗朗西斯·福山(Francis Fukuyama)的文章《历史的终结》(1989)及其著作《历史的终结及最后之人》(1992),这是一个常常被人误解的概念。人们常从字面理解这个概念,以为处于"历史的终结"这一状态就意味历史的结束,不再有(历史)事件发生了。福山的论点实则是指我们已经处于"人类意识形态发展的终点,西方自由民主制度的普世性将是人类治理的最后一种形式"(1989)。福山论点的精华是证明**民主**作为占主导地位的政治秩序在未来只会更加流行。此外,他看到贸易的自由化已经给全球带来了"史无前例的物质繁荣"。福山是从目的论的角度来看待历史的,认为历史发展的高峰即是民主制度。

这一观点和**马克思主义**的观点大有不同,马克思主义认为历史终结于一个共产主义国家的存在。但马克思(以及黑格尔)有一个"历史的终结"的概念,按照福山的注释,这个概念的含义是:"根本性的原则和制度将不会再有任何发展,因为所有真正重大的问题都已经解决了。"(1992:xii)

汤姆林森(Tomlinson)认为福山的论断意味着他宣布"接受了现代性的终极条件"(1999:44)。奥尔布罗则提出:"除自身的延续抑或混乱,现代性不能想象未来。"(1996:9)并不是所有人都认同上述观点。

参见:文明的冲突(clash of civilizations),现代性(modernity)
延伸阅读:Baudrillard,1994a;Gray,1998

认识共同体
EPISTEMIC COMMUNITIES

认识共同体指对于知识以及如何认识事物（认识论）持相同观点的群体。这个术语通常用来指科学家的网络，以及一般意义上对科学方法信仰（在**马克思**的著作中尤指后者），但该术语也被广泛用于从国际关系到社会学的诸多学科之中，还通常被理解为一种状态，尽管这种理解没能抓住特定认识共同体的具体特征。某些认识共同体由于其专业技能和知识而在相关领域里掌握了一定的话语权，如国际政治与国家政策制定。又如新自由主义经济学认识共同体在许多西方政府里有强大影响力。认识共同体和其他团体（如利益集团）有所不同，原因在于他们有一种共同的知识基础，一整套因果和原则的信仰和共同的事业。

在全球化背景下，认识共同体所提供的目标是十分必要的，因为全球化表现出众多**风险**和不确定性。

此术语的某种流行至少要归功于彼得·M.哈斯（Peter M. Haas，1992）在国际关系（IR）领域的著作。人们值得去研究认识共同体在该领域的特性，因为它与全球政治和政策紧密相关。

哈斯认为认识共同体有助于国家确认其利益，因为它"为集体讨论的议题提供了框架，提出了具体的政策，并识别出谈判的重点"（1992：2）。认识共同体在国际关系中被定义为"一个在特别的领域拥有卓越专业知识和能力，并在该领域对与政策相关的知识具备权威意见的专家群网络"（1992：3）。

尽管该理论假设国家是不确定性最小的，但仍不清楚认识共同体是否总是有政策设定日程的渠道。**专家（experts）**对国家决策的影响极其依赖于具体的政治现实。它也依赖于认识共同体是否在国家**官僚制（bureaucracy）**之内，抑或被排斥在外。值得记住的是，认识共同体在这种意义上必须具备一种专业形式，其专业知识既是经过验证的，也是其身处其中的更为广泛的共同体所尊重的。也就是说,一个认识共同体的强大影响力并不仅仅因为它是一个单独的认识共同体。

福柯关于"知识"的概念发展了知识共同体的理论建构,而他的观点被认为更近似于托马斯·库恩的(Thomas Kuhn)的范式而非真正的认识共同体。福柯认为每个历史时期都有一个特定的对其加以界定的知识架构;当历史时期发生变化时,认识也将随之改变,以库恩式的范式转变或轴心期转变的方式。福柯的知识理论还有使人们注意到这样一个事实的优秀——某些认识以及与其相关的话语即霸权是被普遍接受的,而其他则被边缘化了。在《性经验史》中福柯写道:"话语既是权力的工具也是权力的效力,但也是一种障碍、一种绊脚石,是一种抵制点及对立战略的出发点。"(1990:110)

参见:轴心期(axial period),专家/专家系统(experts/expert systems),风险(risk)

延伸阅读:Foucault, 1974, 1975; Knorr Cetina, 1999; Ruggie, 1999

认知暴力
EPISTEMIC VIOLENCE

女权主义理论家斯皮瓦克(Gaya Chakravorty Spivak)用此术语来描述这样一种状况,即在(后)**殖民主义(colonialism)** 时期,**贱民(subaltern)** 团体在殖民者以及本土权势集团的共同压制下喑哑无声(1988)。这个概念的完整意义通常是"帝国主义的认知暴力"。自然这种沉默并非必须用文字表达出来。斯皮瓦克的观点认为殖民主义的历史影响使得贱民阶层的立场无法被外界获知。认知暴力在后殖民的背景最为显著,而霸权型意识形态所导致的某些话语缺失现象也可与之类比。

参见:殖民主义(colonialism),文化帝国主义(cultural imperialism)

本质主义
ESSENTIALISM

本质主义是一种哲学流派的思想,认为事物与人都有确定的、根本的和不变的核心特征,即本质。它经常被用于指代什么是人以及什么是个人的概念。

参见:后现代主义(postmodernism)

族裔多样性
ETHNIC DIVERSITY

见:殖民主义(colonialism),文化帝国主义(cultural imperialism),种族灭绝(ethnocide),同质化(homogenization)

民俗旅游
ETHNIC TOURISM

见:文化旅游(cultural tourism)

种族中心主义
ETHNOCENTRISM

此术语通常用来批评作者的文化优于其他文化的分析性著作,常常是对文化差异的一种回应。种族中心主义可产生于国家、族群甚或其他子群的层面。从根本上说,种族中心主义是在偏爱自身文化的基础上承认文化差异("我们"vs."他们")。汤姆林森(Tomlinson)认为现代的种族中心主义是反思性的,"依靠文化的'他者'来彰显和维持自身文化优越性的神秘感"(1999：74)

汤姆林森发现具有"幼稚的种族中心主义"特点的人与外部世界的不同文化几乎没有联系。

参见：世界主义(Cosmopolitanism),文化帝国主义(cultural imperialism)
延伸阅读：Said, 1978

种族文化灭绝
ETHNOCIDE

与种族灭绝类似,种族文化灭绝指毁灭种族的行动。种族灭绝已经被认为是一种反人类罪(自1948年《防止和惩罚种族灭绝罪公约》[Convention on the Prevention and Punishment of the crime of Genocide]颁布以来),一般指在肉体上消灭一个种族,而种族文化灭绝的方式则较为隐蔽,在行为上也没有那么暴力。语言歧视、**文化帝国主义**以及**同质化**通常被认为是导致文化消失的罪魁祸首。种族文化灭绝也通常指文化基因灭绝或文化灭绝。

参见：种族语言(ethnolinguistic)

种族语言
ETHNOLINGUISTIC

此术语包括种族特征、文化、语言等概念,作为文化人类学或语言社会学分支的种族语言有着广泛的应用范围。有人认为,种族、文化、语言这些范畴形成了个人和群体认同的必不可少的方面。对某些人(如

Joshua Fishman)而言,语言是团体身份的定义性特征,因为群体中的成员可以选择使用这种语言(或选择不使用)。研究种族语言群体的相对活力(人口统计、地位及制度性支持)是一种有效的评价多元民族和多元文化共同体社会地位的方法,并能够预测一个群体将来的行为趋势。例如,当某个团体意识到他们的语言和文化受到威胁时,他们也许会采取措施对其加以保护,正如在魁北克所发生的那样。随着因特网的到来,移民群体更易于与其原籍共同体保持密切联系。

参见:散居(diaspora),全球英语(global English)
延伸阅读:Landry and Allard, 1994

SL

欧洲联盟(欧盟)
EUROPEAN UNION(EU)

欧盟是《马斯特里赫特条约》(Masstricht Treaty, 1992)生效后于1993年成立的组织,包括25个成员国及4.615亿总人口。欧洲统一的历史可以追溯至1945年欧洲重建时期。当时政治领导人正试图克服民族主义仇恨(尤其是法德和解),以保证欧洲的稳定和繁荣并重获政治权力。1957年,《罗马条约》的签订使一些体现欧盟特征的机构纷纷建立,这些机构至今犹存,即欧洲法院、议会(1987年开始的欧洲议会,European Parliament)、一个执行委员会以及部长理事会。此后,建立共同市场成为欧洲统一的首要目标:整合或重置各个成员国的政策,"协调"立法,在新竞争领域采取行动等。同时,一系列扩张行动也使欧盟成员国得以增加:英国、爱尔兰和丹麦于1973年加入欧盟,希腊在1981年、西班牙和葡萄牙在1986年成为欧盟成员国。随着冷战的结束,欧洲的政治版图再次发生了戏剧性的改变:1995年,三个中立国加入欧盟(瑞典、奥地利、芬兰）；2004 年，八个前苏联的卫星国和马耳他以及塞浦路斯先后成为欧盟成员。与欧盟版图的扩大伴随而来的是统一程度的进一步深化，一系列深刻的制度改革使欧盟大大增强了"类国家"（state-like）的特征。欧盟共同市场保证了商品、人口、服务和资金的自由流动，同时也形成了共同的商业政策。欧盟中有 12 个成员国是欧洲经济和货币联盟（European Economic and Monetary Union）的成员，共享同一种货币——欧元。欧盟的目标不止于此，从农业到教育、安全合作及社会政策等一系列领域，欧盟都表现得雄心勃勃，协调和支持各成员国的行动。欧盟可动用 1000 亿欧元的年度财政预算。自 1990 年代以来，欧盟出台了一系列共同外交和安全政策。但是，欧盟的很多政策及制度框架仍在持续变化和重新谈判的状态之中。

许多**公民社会**的拥簇者批评欧盟服务于全球化，但其他人则视欧盟为应对全球化挑战的产物。这种对立的观点也证明欧洲统一所带来的巨大变化使人们普遍失去了方向感和安全感。虽然欧盟的政策和制度愈加"欧洲化"，欧洲大多数人却不了解欧盟的政治行为和政治意义，这导致人们对其合法性的质疑（"合法性赤字"）。同时，**民主模式由国家层次向欧洲层次**的转换也遭到了强烈的非议。人们不仅质疑其规模，而且还担心**民族主义（nationalism）**仇恨在欧盟重现。因此，在期望欧盟提供稳定环境及解决经济问题的同时，欧洲的政治整合也迫在眉睫；当自由竞争加速社会变化时，**自由民主（liberal democracy）**所赖以存在的基础——**信任**、宽容和社会稳定似乎变得愈加脆弱。

参见：欧洲化（Europeanization），合法性危机（legitimation crisis）
延伸阅读：McCormick，2002

FO

欧洲化
EUROPEANIZATION

"欧洲化"成为流行话语始于20世纪90年代,当时正值欧洲"统一进程"取得里程碑式的进展,对"欧洲规划"基础和结局的公开议论也在同时趋于白热化。我们应该注意的是,这些术语都在同一个层面上视"欧洲"和"欧洲人"为一个无可争议的概念。

被定义为"欧洲化"的现象及过程多种多样,包括:(1)**欧洲联盟**边疆的不断扩大;(2)在欧洲层面上垂直的(等级制的)权力组织和法律结构持续扩张;(3)现代化和**同质化**进程;(4)管理方式的输出;(5)由"欧洲化"产生的对国内政治制度的影响(往往体现于制度或法律层面)。

在社会科学研究中,大量关于欧洲化的文献用上述最后一种方式来理解这一欧洲化进程。例如,戈茨(Goetz)和希克斯(Hix,2000:27)就将其定义为"由欧洲统一所带来的国家机构及政策发生改变的过程"。鉴于欧盟层面上立法和管理机构重要性的不断提升,这种研究视角颇为可取。自《单一欧洲法案》(Single European Act,1987)颁布以来,欧盟的管理范畴有了显著扩展,其决议也逐渐增多。因此,欧盟法律(Acquis communautaire,指在特定时间内生效、所有新的成员国都必须接受的法律)目前已扩充至60 000页,其中由成员国议会通过的半数法规成为在布鲁塞尔(欧盟总部所在地)制定法律条文的依据。

在讨论全球化时,欧盟的上述发展趋势受到批评。在欧洲化进程中(多数议程在欧盟成立时便已明确并得以延续),有人质疑立法机构逐渐被行政机关所主导,因为政府能够绕过国内政坛在欧洲层面上实施法律。结果欧盟成员国的**民主**质量下降,而欧盟尚未建立健全的民主管理和民主参与机制。所谓的"民主赤字"并不仅是欧盟的现象,所有的**全球治理**机构都存在这样的问题,在制定重要决策时,这些机构缺乏直接的民主合法性,甚至出现暗箱操作(最闻名的莫过于**世贸组织**)的现象。在这种情形下，欧盟等机构缺乏正式制度供大众在正常的政治程序中表达不满和诉求。因此，精英阶层、制度规划与公民及其期望之间的鸿沟不断扩大——前者再也不被视为"人民"自治政府的代理人，而作为一种代表外来势力的强权而存在。同时，现代社会逐渐增长的复杂性因素也要求更多的专门化人才以及专业知识以保证有效的管理和运行。显然，我们依然需要制度创新以协调互相对立的需求——一方面是有效的政治执行力，另一方面则是民主代表、民主参与和民主管理。

参见：民主（democracy），欧洲联盟（European Union），现代性（modernity）
延伸阅读：Goetz and Hix，2000；Vink，2002

FO

交换价值
EXCHANGE VALUE

交换价值一词源自**马克思**，为商品拥有的三种价值（价值、使用价值和交换价值）中的一种。交换价值指物品的价格，即为得到物品而做的付出。交换价值并不必然和实际价值（使用价值）或其所代表的劳动价值（价值）相关。在彰显**生活方式**的产品和品牌大行其道的时代，某些消费产品的交换价值远远高于其本身的使用价值或价值。同时，**公平贸易**的目标即为使交换价值（价格）与生产这件商品所花费的劳动相适应。

"交换价值"也许可用于货币及其对于其他货币的相对价值，这里的交换价值等同于汇率。

参见：商品化（commodification），文化资本（cultural capital），剩余价值（surplus value）
延伸阅读：Beasley-Murray，2000

专家 / 专家系统
EXPERTS/EXPERT SYSTEMS

专家系统是源自吉登斯（Giddens）在相关著作中的一个术语，指特种决策系统。这样系统的定义有多种，但通常"包含技术，同时也包括替代本土的地方艺术或能力的任何一种形式的专家知识"（1994b：95）。值得注意的是吉登斯通常用"专家系统"来指代使用该系统的专家，无论这些系统是具体的系统（如天气预报节目）或是理论系统（如新自由主义经济）。

尽管这些专家系统可以被质疑，但依照吉登斯的说法，"我们没有办法不去选择他们"（1990：84）。因此，当我们依赖专家（但并不是可靠的）来协商有关未来的决定并因此冒险的时候，**信任和风险**是相随的。例如，由于不知如何预测天气，我们相信电视中的天气预报。此外，我们只能通过专业天气预报员来进入专家系统，尽管他们并不控制天气预报系统；事实上，没有人可以完全掌控专家系统。

参见：抽象系统（abstract system），现代性（modernity），再嵌入（re-embedding），风险（risk）

延伸阅读：Dijkstra *et al.*，1998；Dreyfus and Dreyfus，1985

出口加工区
EXPORT PROCESSING ZONE（EPZ）

出口加工区又变称出口导向区、经济特区和自由贸易区等。

这些地区（区域）的法律规章与其所在国的其他地区不同，旨在鼓励**外国直接投资**。这些地区制造的产品主要用于出口，目的是在经济发展的意义上改善一国的国际经济地位，同时也获取涓滴效应，国家因而从整体上获益。确实,一种出口制造品的需求通常是存在的。同时,这些地区享有特殊的出口关税和约定的税收(通常为零)。不同的法律包括税收激励、提供厂房和针对外国投资者放松的环境和工人权利规则。出口加工区通常存在于发展中国家。

人们对于出口加工区的工人权利问题存有诸多争论。而且,出口加工区的扩散意味着外国投资者可以利用刺激政策(通常有一定时限),然后迁址到其他地方,或者简单变身为一个"新"的公司。

参见:自由贸易(free trade),收入的两极分化(income polarization)
延伸阅读:Kariuki and Smith, 2004

法外经济(不合法经济)
EXTRA-LEGAL ECONOMY

此术语由秘鲁经济学家、自由和民主研究所(Institute for Liberty and Democracy, ILD)智库主席赫尔南多·德·索图(Hernando de Soto, 2000)提出。德·索图认为**资本主义**在西方大行其道的一个必然理由是正式确认的产权制度,在这个制度下,使人们可以抵押财产获得贷款,从而获得资本。相反,在某些资本主义制度不那么"盛行"的国家,人们介入法外经济——通常被称为黑色或灰色市场,是黑是灰取决其非法程度。这种经济形态不被正式承认,正如同他们的财产权无法得到确认一样。因此,从事不合法经济的群体无法利用其职业或财产获得进一步的信用。另外,由于没有记入正规的国家基本结构,他们无需纳税并难以追索。

参见:资本主义(capitalism),正规/非正规经济(formal/informal economies),世界体系理论(world systems theory)
延伸阅读:De Soto, 1989

公平贸易 / 自由贸易
FAIR TRADE/FREE TRADE

长久以来,公平贸易泛指从合法贸易到走私(18世纪)在内的任何一种贸易形式。在19世纪,公平贸易指双方的自由贸易。这样,当一方产品无需交纳关税并不受限制,且另一方产品也享有同等待遇时,国家间的公平贸易即由此产生。现在我们通常将其称为自由贸易。很多条约和协议都强调自由贸易原则,如联合国《人权宣言》、国际劳工组织(ILO)关于劳工和工作条件的多种多样的条款及环境协议。目前公平贸易的含义是有关道德贸易的,即经济、发展以及环境角度等来看待贸易。

举例来说,如果一个政府通过立法手段限制进入市场的商品种类,寻求保护环境或者某种动物时,需要参照国际贸易法则。关于自由贸易国际法原则很多,其中最核心的一条即为"最惠国待遇"。

这最著名的一个案例也许是美国曾通过法律手段保护某种在捕虾过程中经常被杀死的龟类生物,即人们所熟知的"虾龟案"。结果是美国拒绝接受任何以危及这种龟生命安全的方式所捕到的虾或虾产品。该案件**被送到世贸组织的争端裁决机构(WTO's Dispute Seelement Board)**(并上诉到上诉机构[Appellate Body]之下)。在1998年美国的这种保护措施被认为不公正的,因为"美国所采取的措施在一定程度上造成了世贸组织成员间武断的、不公平的歧视行为……"(www.wto.org)上诉机构坚称他们还没有认定"保护和维护环境对世贸成员国而言无关紧要",也没有认定"世贸成员的主权国家不能采取有效措施保护诸如海龟这样的濒危物种",同时也没有认定"主权国家不得在世贸组织内或其他国际论坛中进行双边或多边合作,以保护濒危物种或保护环境"(185)。

公平贸易经常被称作道德贸易,被认为对国际和国内贸易法并无影响力,而通常是它们的补充。因此,什么样的国家可以被允许进入市场这一问题是由消费者决定的。公平贸易的倡导者认为,考虑到商标公约,消费者可以自由选择公平贸易产品,因此这些产品并没有比其他同类产品多享受优势。他们也认为,这样消费者就得到了质量保证,并支持合理的工作条件、地方发展、生产者的公平价格环境保护。公平贸易最好的例证也许就是关于咖啡和茶的案例。然而,还有其他很多货物也是通过这种方式生产和销售的,通常他们选择与某些发展机构合作,如牛津饥荒救济委员会(OXFAM),该机构帮助发展公平生产同时发挥着产品分配者的作用。特别是在牛津饥荒救济委员会这个例子中,产品不限于咖啡和巧克力,还包括工艺品、纸制品、玩具、玻璃制品及衣物等。

公平贸易(Fair-Trade)在作为一个单词时是国际公平贸易标签组织(Fair-trade Labeling Orgazizations international)的商标,该组织旨在促进公平贸易。

参见:人权(human rights),非政府组织(NGO),保护主义(经济的)(Protectionism,[economic])

延伸阅读:Barratt Brown,1993;Bovard,1991;Littrell and Dickson,1999

错误知觉
FALSE CONSCIOUSNESS

错误知觉指没有能力(或不情愿)看到事物的真相。该术语和马克思主义理论的联系最为密切,特别是在涉及政治和经济现实时的错误知觉。

参见:命运共同体(communities of fate),霸权(hegemony),意识形态(ideology),马克思/马克思主义(Marx/Marxism)

延伸阅读:Rosen,1996

虚假需求
FALSE NEEDS

虚假需求通常与**消费主义**相关，而与**基本需求**（**basic needs**）对立。由于受到消费主义意识形态及强行灌输的商品控制力的影响，虚假需求的概念被认为是非常重要的。赫伯特·马尔库塞（Herbert Marcuse, 1972）与道格拉斯·凯尔纳（Douglas Kellner, 1983）在著作中对其做了区分，并对未加思考的消费行为进行了含蓄批评。马尔库塞认为只有一小部分较为基本的心理需求可以称之为需求，凯尔纳则试图对此做出更好的区分，并以"有益、可提高生活质量以及有使用价值"（1983：71）为基准来评价商品。

参见：基本需求（basic needs），消费习惯（consumption rituals），虚假需求（false consciousness），生活方式（lifestyle）

延伸阅读：Baudrillard, 1975; Kellner, 1984; Lefebvre, 1971; Turner, 1984

家庭工资（衰落的）
FAMILY WAGE (DECLINE OF)

此术语代表这样一种观念：作为一家之主的雇员的工资收入应当比单身或有经济依靠的其他雇员的工资更高（以维持其供养对象的生活）。这一概念的提出是为了减轻工业革命对家庭的影响，其成员需要离开家庭所在地进行工作。"家庭工资"一直是左派、右派和**女权主义者**在政治上针锋相对的一个话题。其引发的浪潮自20世纪中期以来已经逐渐降温，较为进步的组织者现在更常用的术语是"最低生活工资"。"家庭工资"概念的衰落和第二波女权主义运动、工会组织的衰落及大量女性成为工薪族有关，而这些现象又与**新自由主义**和全球化的兴起密切相连。

参见：经济自由化（economic liberalization），劳动力女性化（feminization of the workforce），雇佣劳动者福利国家（wage earner welfare states）

延伸阅读：Barrett and Mackintosh, 1982; Kingfisher, 2002; Lewis, 2001

RM

女权主义
FEMINISM

女权主义不是单一的思考或行动方式，也不应该被视为一种单独的运动或理论，而且也不能够将其与社会运动分割开来（Waterman, 2002）。在这里我们仅从全球化角度来阐释女权主义。瓦尔加斯（Vargas）写道："不同的女权主义对（全球化及其协商）的进程贡献了多样性的经验和视角。"（2003：908）在某些方面，我们很难去甄别全球化对女权主义的影响，因为女性生活的改变大致与全球化开始的时间相重合。此外，女性经验以及对男女在平等差异态度上的多样性使我们很难提供一个女权主义的全球化概念。1995年联合国北京妇女大会是一个重要的转折点，对妇女的全球性地位构建了更好的理解。南方国家的女性不仅努力使西方女权主义者认识到问题的存在，而且听到南半球国家女性的呼声。

女权主义也可被视为反全球化的推动力量之一，其原因在于提高妇女权利通常体现在进一步维护人权和工人权利、提高国内民众在地方和国际事务中的参与度等等。**人权**在地方及全球层面重要性的日益凸显与女权主义的目标相吻合，且渐渐被女权主义者用来陈述自身所受的压迫（Walby, 2002）。

沃尔比（Walby）在讨论女权主义的斗争时转向人权话题，其背景为女权主义正对"把女性间的差异理论化而非具体化，同时表达其共性"的目标提出异议（2002：535）。国际事务中的重要立法领域已经认识到女性的共同经验：2001年，群奸和性奴役这些可怕的侵犯人权的罪行被认定为"战争罪"和反人类罪。这些成果是妇女运动和她们不懈努力的结果。沃尔比也提醒我们，全球共同体的人权不仅是西方传统的民权和政治权利，还逐渐包括经济权利和社会权利。即使在西方，工资鸿沟、性别化劳动分工、家庭暴力和性别歧视仍是女权斗争的目标。

人权已成为一种重要的讨论模式及法制需求，这要归功于全球性机构，尤其是联合国。这是全球化的正式领域之一。同时，全球化也在人权和制度方面"促成了新的空间、制度和辞令"（Walby, 2002），在地方以及非官方层面也获得诸多进展。因此，女性不仅拥有了一些"传统"权力（如有机会参与选举或在社团中获得一席之地），而且能够形成女性主义网络，以创造性及灵活的方式进行交流与合作。这在部分程度上源于于技术进步，但并不意味着确保她们将在全球出版媒介中占有一席之地（Youngs, 2001）。

进一步讲，女性依然主要被视为适于从事情感性、关爱性以及私人性家务劳动，她们对公共经济的贡献遭到忽略。确实，罗尔斯顿·索尔（Ralston Saul, 2005）被问及职业女性对市场的贡献时，他总结道：职业女性的贡献"因鼓吹而被淹没了"（148）。

然而，也有人认为女权主义已遭遇瓶颈。沃尔比（Walby）对此反驳道这不过是女权主义在重新定义自己，"这种调整是全面性的，而非反体系话语"（2002：546）。全球化的某些术语，尤其在社会和文化方面，非常适合描述女权组织的变化。网络、流动、全球化和杂糅性都表现了女权主义运作的背景。女权主义远非一个**认识共同体（epistemic community）**，沃尔比认为，"它对公正的诉求在本质上仍处于不断改变之中"（2002：547）。其原因在于，尽管女权主义者利用了全球化诸多方面的优势，但她们清楚地意识到世界还远未成为乌托邦式的**地球村（global village）**。

参见：反全球化（antiglobalization），劳动力女性化（feminization of the workforce），异质化（heterogeneity），杂糅性（hybridity），网络社会（network society),非政府组织(NGO)

延伸阅读：Braidotti,1994；Davies,1993；Feree and Hess,1995；Mies,1986；Peters and Wolper,1995；United Women Watch,United Nations Development Fund for Women

TB

劳动力女性化
FEMINIZATION OF THE WORKFORCE

劳动力女性化指妇女参与的多种领域有偿工作的戏剧性增加。特殊职业的女性化与妇女的无产阶级化密切相关——"由于这些工作无需太多技术，雇主可以更廉价地雇用妇女"(Abercrombie *et al.*,1994：164)。劳动力的女性化也与全球化相关，工作性质的改变意味着更多的妇女成为劳动力，但大多数从事技术含量低、工资待遇差、安全无法得到保障的工作。当今世界存在着大量由妇女构成的工资低廉的国际劳动力市场(Kingfisher,2002)。

参见：全球劳动力市场(global labor market)
延伸阅读：Fuentes and Ehrenreich,1981

RM

拜物教论
FETISHISM THEORY

见：商品崇拜教(commodity fetishism),马克思/马克思主义(Marx/Marxism)

金融化
FINANCIALIZATION

金融化指发生于 1970 年代的从制造业资本向金融资本的权力转换。从历史角度来看，这与二战后货币管制（即**布雷顿森林体系**的固定汇率）的崩溃密不可分。从宏观经济层面而言，金融化的基础在于信用货币的去管制化和汇率自由化，二者反过来支撑高利率，使 1980 年代公共债务不断攀升，全球金融市场动荡不安，危机四伏。（如 1994 年的墨西哥、1997 年的东亚、1998 年的巴西和 2001 年的阿根廷）。

公司管理方面的变革也在助推金融化的发展，与此同时金融化深深影响了公司战略。全球不断涌现出的各种金融工具（信用货币、衍生证券、证券市场的作用）使公司战略重新转向股东价值。竞争越来越受到全球资本市场需求的影响。在产品竞争市场上，公司的经营策略转而迎合股东短期、高收益的要求，因而与传统合伙人所期望的长期收益增长产生了显著分歧。金融化迫使公司不断调整结构，通过**裁员**（**downsize**）以减少劳动力成本，并通过合并及收购垄断产品市场。

限制全球金融市场波动（目前外汇交易市场的日成交量超过 15 000 亿）的一个重要建议是通过所谓的**托宾税**（**Tobin tax**），以此来对金融交易课税以大量减少短期投机交易。

参见：全球治理（global governance），自由化（liberalization），后福特主义（post-Fordism）

延伸阅读：Duménil and Levy, 2001; Froud *et al.*, 2002; Helleniner, 1995

NH

外国直接投资
FOREIGN DIRECT INVESTMENT (FDI)

外国直接投资是指把生产性资本投入到国外经营活动中，使资金实际进入某种产业领域（并非在外国股票市场上的证券组合投资，这种组合投资仅仅用来购买公司股份或购买外汇）从而控制这些公司的利益。外国直接投资的主要来源是多国公司；任何关于外国直接投资的理论都和多国公司理论有着密切联系。

最初，新古典主流经济学关注的核心问题是外国直接投资产生的原因。在规范的竞争中，外国直接投资是一种比出口或获得许可权更为昂贵的公司扩张形式，那么在国外投资的优势是什么呢？海默（Hymer，1976）认为多国公司实际上不是真正的竞争者——多国公司之所以能够接受适应国外市场的高成本，是因为它们考虑以此换取当地的区位优势和更优越的管理技巧。在这场争论中，其他因素则和技术性因素相关，如交易成本的减少以及寡头竞争的本质。邓宁（Dunning，1991）综合了这些观点，声援外国直接投资的"折中方案"，这种方案勾画出一系列不同的市场约束规则以将外国直接投资的决定因素规范化。

另外一种关注是外国直接投资的效果，尤其是在发展中国家。外国直接投资促进了该国 GDP 的增长和投资，但同时也使这种接受型经济更依赖于进口，从而使债务攀升。这种折中方案区分了所有制和国家具体因素，以便解释外国直接投资在各国的不同情况。

参见：新自由主义（neoliberalism），跨国公司（Transnational Corporation, TNC）

延伸阅读：Cantwell, 1991; Dunning, 1991; Hymer, 1976; UNCTAD, 2004

NH

正规 / 非正规经济
FORMAL/INFORMAL ECONOMIES

正规经济（或经济部门）指在法律法规框架内雇佣劳动的就业，这些法规通常由国家制定和实施，包括工作时限、最低工资、健康和安全条件及雇主及雇员的社会保险责任等。在正规经济部门内的工作相对比较安全，可以得到正常的工资/薪金，个人通过所得缴税对公共服务（如卫生和教育）做出贡献。这种雇佣形式通常与发达市场经济的大城市（以及经济体）相关。正规经济概念已得到广泛的理解和接受。另一方面，非正规经济（或经济部门）概念尚存争议，但大多数评论者都把国际劳工组织（International Labor Organization）引证为"非正规经济部门这一概念的助推手和与之相关的重要国际制度的来源"（Bangasser, 2000）。大家都认可非正规经济包括合法和非法行为，且是发展中国家大城市重要的劳动力组成部分。正规和非正规经济部门在很大程度上被认为是独立发挥作用的，主要原因在于重要经济行业的公司拥有某种市场影响力，这种影响力减轻了其面临的竞争压力，而那些非重要经济行业的公司则面临着残酷竞争。正规经济和非正规经济的概念对全球化研究至关重要，因为他们可以用来分析全球劳力市场的变化。例如，正规经济和非正规经济使研究者可以考察国内与跨国正规经济和非正规经济逐渐增强的相互依赖性、妇女在劳动力市场的分布（主要为非正规职业）、合法移民和非法移民之间的关系及正规经济与非正规经济之间的关系，以及当正规经济遭受重创时，人们如何在经济上生存下来。

参见：劳动力女性化（feminization of the workforce），全球劳动力市场（global labor market）

延伸阅读：Constable, 1997; Hondagneu-Sotelo, 2001

RM

碎片化（社会性的）
FRAGMENTATION（SOCIAL）

社会碎片化指随着技术、经济与社会变革而引发的社会架构的转型并表明我们所知世界的解体。社会碎片化在全球化研究中是一个有争议的概念。一些评论者相信社会碎片化代表了全球化的反面（如Clark，1997），另一些人则视其为全球化的矛盾（如Jones，2001）。社会碎片化在试图打碎**新自由主义**所阐释的"社会"这一概念的固着和必然性时被赋予更为积极的意义。罗斯（Rose）在《社会的死亡？重塑政府的领域》（1996a）一文中概括了这个视角，他提出重塑政府的领域（territory），从把"社会"作为一个整体，转向群体（population）与个人。

参见：反叙事（counter-narratives），去政府化（de-governmentalization），地域化（去地域化及再地域化）（terriorialization [de & re]）

延伸阅读：Clark，1997；Jones，2001；Rose，1996a

RM

碎裂国家
FRAGMENTED STATE

政治地理学术语，指由不相邻领土所构成的国家，也指政治或文化意义上**民族国家**的普遍衰落。

自由贸易
FREE TRADE

见：公平贸易/自由贸易（fair trade/free trade）

原教旨主义
FUNDAMENTALISM

尽管因其与各种"恐怖"组织有联系，原教旨主义具有负面，但原教旨主义含义非常广泛，包括从经文的字面解读到对传统价值的强调，包括一种知识特殊形式的尊崇地位（即只有此种知识才是正确的）。由于原教旨主义同"教条主义"及"传统"是同义词，它可以指代任何一种思考方式，但此术语还是作为一个贬义词来使用。

罗宾斯（Robins）认为在全球化背景下转投原教旨主义没什么可惊讶的，因为我们生活在**反思的现代性**的**后现代（postmodern）**社会中。全球化的变化可能导致人们转向"或回归，一种更传统的或更为根本的忠诚"（Robins, 2003: 244）。这些变化不必是宗教的，它们也可以是"国家的、地方的、民族的和区域的"（Robins, 2003: 244）。吉登斯（Giddens）也指出，原教旨主义的出现并不"神秘"（1994a: 100），因为"在其'传统意义上它不过是传统'而已，尽管这种传统已危机四伏，同以往大不一样"（1994a: 190）。在当前世界的剧变中，这种认同和共同体的构建是不难理解的。吉登斯视原教旨主义为"与现代性的真实对话"（1994a: 190）。

原教旨主义的出现意味着需要找出问题并做出回应，而不是去辨别和击败敌人。如同罗宾斯指出的，"我们必须认识到其在全球化文化中试图创造一个空间的愿望"（2003: 244），尤其在我们所宣扬的宽容、多元文化和世界性实际上并不存在的情况下。这种典型的全球空间的空白几乎不能容纳差异。当认同被视为具有流动性、反思性和协商性时，某些身份的认同将更容易表达。吉登斯敦促道："那些不信服原教旨主义的人需要去倾听。"（1994a: 190）

参见：文明的冲突（clash of civilization），民族主义（nationalism），无

地方性地理（placeless geography）

延伸阅读：Almond, 2003; Juergensmeyer, 2003; Marty, 1995; Robins, 1997; Tariq, 2003

未来学家 / 未来学 / 未来研究
FUTURIST/FUTUROLOGY/FUTURE STUDIES

未来学源自 20 世纪艺术运动中被称为未来主义的一支流派。但在全球化中，未来学家最有可能出自哲学及作为学术研究的未来学领域。尽管所谓"先知"以及"星象家"等许多"从业者"也在预测未来，但未来学家要比占卜者更为专业。

尽管在科学上不那么严格，未来学家是通过对现在和过去的观察来推测未来。未来学家研究的范围很广，从环境领域（Toffler, 1970）延伸至英语的语言地位等不同问题（Graddol, 1997, 2006）。

但是，这些从业者不愿意称自己为未来学家，而宁愿选择"顾问"（某些特殊领域）、"智库"（一群专家，通常遵循一种明晰的意识形态）这样的称呼，或者干脆称自己为"专家"。这样的从业者可能来自一个私营企业，尤其在金融和经济领域。这不是说他们一贯正确，实际上，未来学家关注的是**风险**，并常常和**专家系统**或者规划未来可能性的某种方式联系在一起。

我们不能低估专业的未来学家对政府政策和规划的影响（但需要审查其从业资格及经验）。预测全球变暖灾难的一份文件（Bell and Strieber, 2000）成为好莱坞电影《后天》（2004）的部分依据。这种和通俗文化的交叉是当代文化**杂糅性（hybirdization）**的一个症候。还有其他一些著作预测了全球资本主义的衰落（Gray, 1998; Ralston Saul, 2005），对此我们也不需要感到惊讶。

此外，专家们关注的领域逐渐变窄，这使得他们更难以从整体上把握未来。在这方面,最根本的冲突在于经济和环境之间的矛盾。经济理论依据的公理是无限的自然资源,但在事实上这是不可能的事情。此外,通常意义的经济"成本"计算并不考虑人和环境的成本。对航空业管制的解除使飞机短途和长途运输的成本降低,结果越来越多的人开始乘飞机旅行。但是,在任何传统的经济运算模式中并没有把二氧化碳排放这样的环境成本考虑进去。

同时,研究未来对风险经营是十分必要的。假如使公共设施跟上社会的发展变化,未来的社会经济蓝图就必须建立在纵向人口统计数据的基础上。例如,人口普查提供了有价值的数据,据此我们可以规划建设新的医院、学校、交通设施,等等。

参见:命运共同体(communities of fate),文化命运(cultural fate)

延伸阅读:Gray, 1998;Homer-Dixon, 2001;Loye, 1978;Ralston Saul, 2005

七国集团/八国集团
G7/G8

始于1975年的G7是一个国家集团,当时有六个发达国家领导人进行会晤(峰会),讨论政治和经济议题。1976年加拿大的加入使人们所熟知的G7就此诞生。G7指法国、美国、英国、德国、日本、意大利和加拿大。1998年俄罗斯完全加入七国集团,G7成为G8——尽管自1991年以来,与会国就会在峰会后与俄罗斯进行会谈。峰会主要处理国际贸易和与发展中国家的政治关系问题,同时也讨论恐怖主义、能源使用、军备控制以及人权等话题。尽管各国首脑的代表每年多次会面讨论和谈判眼前的问题和进展,峰会仍每年如期举办。尽管G8峰会被认为是各国首脑交流、协商以及建立私人关系的重要场所,但近年来峰会受到关注则源于其成为**公民社会**抗议和示威的目标。很多人认为G8是全球化和全球治理的具体化。因为如此，也因为峰会对经济领域的关注，所以总是有对峰会激昂或暴力倾向的抗议。

参见：反全球化（antiglobalization），社区参与（community participation），全球治理（global governance），人权（human rights）

延伸阅读：G8 Information Center

关贸总协定
GATT

见：世贸组织（WTO）

性别发展指数
GDI（GENDER DEVELOPMENT INDEX）

性别发展指数源于**联合国**的一种统计方法（尤其是联合国开发计划署），用来比较男性和女性的预期寿命、读写能力、收入以及教育差别。该指数在方法上与人类发展指数（HDI）相同，但增加了社会性别这一比较范畴。该术语是研究发展问题的一个部分，因此在讨论南北国家相对发展时往往成为中心议题。

参见：核心－边缘模式（core-periphery model）

性别赋权指数
GEM（GENDER EMPOWERMENT MEASURE）

性别赋权指数是研究发展问题的人们所使用的一种方法，该方法类似**性别发展指数（GDI）**，是一种固定的社会性别对比。但是，GEM 关注的是经济与政治的活动范畴,因而对妇女参与这些领域的程度更感兴趣,而不仅仅关注她们的生活水平。研究人员搜集妇女在行政、管理、职业和技术工作方面的经济数据。政治参与程度则用女性在政府中的席位来衡量。

参见:女权主义(feminism),劳动力女性化(feminization of the workforce),全球劳动力市场(global labor market),人权(human rights)

延伸阅读:United Nations Development Program

共同体
GEMEINSCHAFT

此术语通常和德国哲学家和社会学家费迪南德·滕尼斯(Ferdinand Tonnis,1855—1936)联系在一起,并在其20世纪上半叶一本广为人知的著作《共同体与社会》(*Gemeinschaft and Gesellschaft*,2001 [1887])中被赋予核心地位。在英语中,这两个概念分别被翻译为community(Gemeinschaft)和 soceity/association(Gesellschaft)。对滕尼斯而言,前者意味着面对面交流的密切情感纽带,具有共同的价值观及乡土性联系。个人在共同体(Gemeinschaft)中有较强的朋友和亲属关系网,其行动动机所受的影响来自内部,而非外在压力。社会(Gesellschaft)则与共同体相反,其特性是自身的**异质性(heterogeneity)**和多样的信仰体系。社会关系受到外来压力的约束,其内部成员更为表面化、缺乏人情味,且不愿透露姓名,理性的利己目的构成了个人行为的基础。

早期社会学理论研究的重点是界定和阐释传统社会向现代社会的转变。费迪南德·滕尼斯与其同时代人一样,批评**现代化(modernization)**的疏离感,如大众社会、个体化及城市的无根性。同时,"冷"文明的这种印象也诱发了人们对温暖、真诚和归属感的向往,而这些期望汇聚成为德国在第一次世界大战后一股强大的文化潮流。1924年，哲学家赫尔穆特·普列斯纳（Helmuth Plessner，1892—1925）对弥漫在青年文化和政治运动中的共同体建构提出强烈批评，同时从人类学角度解释了社会关系和礼节的美德。

当代社会学家已经抛弃了类似 *Gemeinschaft/Gesellschaft* 这样的术语，认为它们同义、反复且过于简单化。但上述特点也许可以解释它们如今在公共话语中的吸引力。像"共同体"这样的词语传递了具体的形象，并且唤起了人们的情感。每个人都记得他或她童年时期的共同体，而像社会或"系统"这样的术语则比较笼统，勾起人们的负面经验及不安情绪。如我们所看到的，对文明（悲观的）的批评代表了一种强大的潮流，正如其辩证的对立面——最初对进步（乐观）的信仰。一战后德国的事例表明，随着社会的急剧变化以及传统制度的破坏，这种基本的情感导向可以在政治生活中发挥决定性作用。

参见：公民社会（civil society），想象的共同体（imagined communities）
延伸阅读：Freud（1989 [1930]）

FO

谱系（全球化的）
GENEALOGIES (OF GLOBALIZATION)

全球化的谱系以一种后结构主义的、后福柯主义（即福柯著作的影响力消减后）的方式回答关于全球化的"如何"以及"何时"等问题。全球化的谱系对全球化的解释不是在一种具体的环境下寻找其源头，而是在知识和实践形式层面上对全球化做出解释。如同拉尔纳（Larner）和沃尔特斯（Walters）所指出的："在何种意义上全球化成为我们认识世界及对世界产生影响的方式？"（2004a）全球化谱系关注的问题有：从全球立场进行思考如何成为一种可能？全球化需要哪些技术？这些观念和技术是如何改变组织并促成组织间互相交流的？它以哪种专业知识的形式体现出来？回答这些问题与回答全球化"何时产生"等问题都需要涉足其他领域。例如，我们可以研究统计绘图技术的进步如何完善了某种指数，使我们可以超越民族国家的范畴去思考空间问题（Ótuathail and Dallby，1998）。这种研究方法认识到全球化并不是一种等待被绘制、分析、理解并作出反应的现象或实体。从系谱学的角度审视全球化便会发现，直到政府、国际机构、公司行为体、学者和活动家开始命名全球化并提出衡量其存在与效果的方法时，全球化才会成为一种强势存在（Larner and Walters，2004a）。全球化谱系表明研究全球化之"区域化"进程的学者、理论家连同他们的著作及研究方式等一系列因素共同构建了全球化这一完整现象，而非仅仅反映了全球化的"结果"。

参见：反叙事（counter-narrative），地缘政治理性（geopolitical rationality），个体化（individuation），地域化（territorialization，[de & re]）

延伸阅读：Larner and Walters，2004

RM

热那亚
GENOA

第 17 次 G8 集团的集会地在热那亚（2001 年 7 月）。热那亚经常被人提起源于峰会中一位抗议者遭到枪击，且警察被指控过度使用暴力。

参见：反全球化（antiglobalization）

地缘政治理性
GEOPOLITICAL RATIONALITY

地缘政治学是对地理、土地和自然位置对全球权力结构影响的认知。地缘政治理性这个概念是更具分析性的,它被用来指全球化作为一种途径使我们意识到解读、书写及实践政治空间的方式——想象一下这个世界如何促成了某些政治可能性和行动同时又排除另外的可能性并使之归于沉静。地缘政治理性是从被称之为地缘政治学学科演化出来的。西蒙·多尔比(Simon Dalby, 2000)解释道,在1990年代,一群地理学家利用批判性地缘政治(critical geopolitical)这个概念去回击不同领域的学者对传统书写、解读和实践政治空间方式的挑战(Ótuathail and Dallby, 1998)。这些著作挑战了我们的常识和某些"现代"假设——民族认同以及管辖全体居民的国家是政策讨论和学术分析的必要起点。(Lewis and Wigen, 1997)

地缘政治理性这个术语的价值在于它能够表达这一论断,即全球化并不是一种我们必须回应的"就在那里"那样的自然现象,而是我们想象这个促进特别种类政治可能性和行动的世界的一种特别的方式(如全球资本的自由流动及以全球民主为理由发动的正义战争)。使用地缘政治理性这一术语突出了地缘推理特殊形式中固有的过度简单化的倾向,并且将我们的注意力转移到地缘政治理性效果和抵制地缘政治理性的微妙的地方环境上来。这个术语使全球化变得"相对化",且鼓励我们不将全球化视为一种表面现象。全球化并不是主导和包围我们的一种当代条件,或我们身处的某个时代,我们最好将其视为一种"特殊—普遍"模式(Larner and Walters, 2004b)。地缘政治理性使得我们可以用一种方式去质疑"全球化"的存在及其细节,即隐藏在被愈加关注的"全球化"背后的利益和动机。

参见：反叙事（counter-narratives），谱系（全球化的）(genealogies [of globalization])，风险理性（rationalities of risk），地域化（territorialization, [de & re]）

延伸阅读：Larner and Walters, 2004b；Ótuathail and Dallby, 1998

全球资本主义
GLOBAL CAPITALISM

全球资本主义是一种理念，认为当代正在见证一个单一体化的全球经济体系的出现，这一体系以资本主义逻辑为基础，并在覆盖其他所有国家及地区经济体。资本（生产性的和金融性的）被认为正逐渐摆脱国家领土边界的限制。这样，**民族国家**被认为失去了作为唯一管理世界经济的合法代理人地位，不得不不断地适应全球资本主义市场力量的条件和指令。现在，多国公司（许多人将其视为全球市场扩张与合并的先锋力量）是正在出现的全球经济秩序的主要玩家。多国公司移动运营的能力使其拥有巨大的讨价还价的权力，因此是多国公司而不是国家"对当代全球经济权力和资源的组织、位置及分配施加决定性的影响"（Held and McGrew, 2002: 53—54）。使现阶段与历史其他时段所不同的是其无可比拟的经济整合规模及力度，国家和地区的经济命运比历史上其他任何阶段都更紧密地联系在一起了。

然而，这种视角也受到不少分析家的强烈质疑。资本已经变得"自由自在"这种观念严重低估了民族国家（以及国家间区域组织，如**欧盟**）持续的将其领土范围内的公司置于司法管制之下的权力。此外，很多学者认为国际资本主义经济的存在并不新奇，这种体制早在现代社会开始之初就以这样或那样的形式出现了，甚至有可能比很多人所认为的美好时代（*belle époque*, 1890—1914）还要早——美好时代是国际贸易达到最高峰且世界市场最完整的时期。阿布-卢格霍德（Abu Lughod, 1991）

把全球资本主义及其相关背景追溯至13世纪。阿瑞基（Arrighi, 1994）也认为当前世界**霸权**的循环既类似于从前，又同以往国家主宰世界的情形有所不同。

参见：资本主义（capitalism），民族国家（衰落的）（nation-state [decline of]），跨国公司（Transnational Corpation [TNC]）

延伸阅读：Gray, 1999; Hirst and Thompson, 1996; Scholte, 1997

HB

全球城市
GLOBAL CITIES

见：世界城市 / 全球城市（world cities/global cities）

全球商品链
GLOBAL COMMODITY CHAIN (GCC)

全球商品链分析集中于商品生产（主要是实物产品，但也包括服务）在不同阶段的投入和产出以及公司、国家与消费者在此过程中的特定关系。盖尔菲（Gereffi）是这种分析方法的一个重要倡导者，他确定了全球商品链的四种维度：投入－产出结构、地理覆盖、管理结构和制度框架。

商品链在商业研究中的狭义概念指"供应链"或"价值链"，主要关注生产过程中的投入与产出。

全球商品链自身比较关注管理结构和制度框架，因为二者是进入全球商品链的主要决定因素，且定义了全球商品链的等级及合作形式。这方面的重要区别在于生产驱动型及购买驱动型商品链之间的差异。前者需要大量资金和技术的投入，其准入门槛较高，因此大型制造商（如汽车制造业和航空业）通过供货商获得了主导地位。购买型驱动链的特征是产品（如纺织、农业产品）准入较为容易，其主导权掌握在那些注重设计、市场、品牌和零售的机构中。

商品链中的层级意味着具有较高增值性的产品位于商品链上端。公司和企业可以通过知识和工业的升级换代上升至商品链上端。商品链分析方法所关注的是工业不平衡模式和等级上升－下降的动力，同时关注其在全球范围商品链中的位置。

参见：商品链（commodity chain），商品化（commodification），世界体系理论（world systems theory）

延伸阅读：Gereffi and Korzeniewicz，1994；Kaplinksy and Morris，2001；Raikes *et al.*，2000

全球精英
GLOBAL ELITE

见：全球治理阶层／全球精英（global managerial/global elite）

全球英语
GLOBAL ENGLISH

全球英语既指各种英语变体的集合（通常称全球英语或国际英语），也指一种现象（英语的全球普及）。"全球英语"这个术语也可以指一种新的在全球通用的英语形态，尽管这种变体尚未存在。

英语在使用上的逐渐普及引发了各种争论，其中最重要的是关于语言权利（如少数族裔语言的维系、官方语言、语言教育等）和文化的丧失。由于把英语视为第一语言或辅助语言的人逐渐增加，很多人认为英语获取了霸权(或语言的文化帝国主义)地位。正如这种论断所言,当越来越多的人学习/使用英语时,学习/使用其他语言的人就会越来越少。关于**英语霸权**的讨论时常发生,英语似乎已成为公敌。重要的是,我们应看到当前英语语言地位的上升源于英语使用群体政治、经济地位的上升,而非英语本身。我们应当监管语言政策、教育方式和态度,以阻止其他语言被边缘化,但是更为重要的是防止讲其他语言的群体被边缘化。

是否会出现一种成为"全球标准英语"的变体?这是一个复杂且不易回答的问题,因为这取决于这种变体的认知状态及其被使用的目的。我们可以放心地说,某些英语变体因某种目的而受到青睐(见 Evans, 2005),但是这并非源自其内在优越性,而是因为使用它的人所赋予它的价值。由于世界上存在多种英语变体(见 Crystal, 1997),因此我们不可能断言其中某一种是"标准"的全球性变体。

另外,人们普遍认为英语使用人数的激增与各种媒体的普及造成了英语语言的**同质化**。但当下的语言学研究对这种观点几乎没有提供任何佐证(Bauer and Trudgill, 1998)。

参见:文化帝国主义(cultural imperialism)

延伸阅读:Crystal, 1988, 1997; Graddol, 1997; Kachru, 1992; McArhtur, 1992, 2001; Milroy and Milroy, 1999

全球流体
GLOBAL FLUIDS

约翰·厄里(John Urry, 2000)在论及全球空间时使用的一个隐喻,另有两个隐喻分别是网络和地区。全球流体的概念描述了人、事物、图像、风险和实践在全世界范围内移动的方式。一旦被解域化,它们则在其他空间特别是因特网、机场及国际旅馆这些阈限空间中变动并互相影响。它们的运动及影响是复杂而混沌的；其运动没有终点，也没有固定的"速度"。在这种意义上，全球流体是在循环而非漫游。全球流体会产生异质化的结果，而区域和网络则更易同质化。

参见：混沌理论（chaos theory），复杂性理论（complexity theory），同质化（homogenization），网络社会（network society），地域化（territorialization，[de & re]）

延伸阅读：Castells, 1996, 2000a, 2000b, 2000c, 2000d；Urry, 2002a

全球治理
GLOBAL GOVERNANCE

全球治理是一个描述性的术语，主要有两个方面的含义。第一个含义指全球治理的实际机构（如**联合国**、**世贸组织**等）；第二个含义指在缺乏直接负责机构的情况下，某些组织和事件是如何产生的。因此，全球治理在很多方面是一个领域而不是一个研究客体。一个人若想建议决策应该怎样做出，描述并解释该决策是如何制订出来的是一个基本步骤。因此，全球治理包括从**民族国家**到公民和共同体（**公民社会**）在内的众多行为体，使用权利以及全球化这样的话语（Weiss and Gordenker, 1996）。介入全球治理的机构包括联合国、世贸组织、**世界卫生组织（WHO）** 和国际货币基金组织。

在论及全球治理时，必须强调指出公民社会在实际上和修辞中都非常重要。在政治修辞中，公民社会经常被要求承担职责，而在实际中它也注定如此，原因在于公民社会的特性。同时，在政治修辞中把"公民社会"包括进来常常为其他全球机构及国内政府提供民主赤字。

参见：全球亚政治（global sub-politics），全球工会联盟（Global Union

Federations [GUF])

延伸阅读：Diehl, 2000; Kennedy *et al.*, 2002; Weiss and Gordenker, 1996

全球卫生政策
GLOBAL HEALTH POLICY

全球卫生政策试图重新设定公共健康政策的范围，将其从国家层面扩大至全球层面，原因在于国家公共卫生政策已无法有效应对因全球人口及疾病流动而带来的卫生风险。**世界卫生组织**在发展和推进全球卫生政策方面起了领导作用，尽管其角色饱受争议并处于不断变换之中。全球卫生政策出现的一个关键节点是 1978 年《阿拉木图宣言》（*Alma-Ata Declaration*）的诞生。参加初级卫生保健（Primary Health Care）会议的代表们认为全球有数百万人的卫生状况是让人无法接受的，而达到合理的卫生目标需要社会、经济以及卫生各部门的行动，提出以医疗为中心的初级卫生保健是达到这些目标的关键所在。此次会议使卫生领域有了实质性发展，并把预防保健医疗纳入卫生领域。"我们的目的是在医疗和预防方面获得更好的平衡，并训练专业人员来关注、追踪导致疾病的社会和环境因素。"（Crombie 等，2003）近来生效的《21 世纪全民均健》（*Health for all in the 21st century*）设定了全球卫生领域的优先项目和 2020 年所要达成的目标。该目标旨在使全世界的人民尽可能达到最高健康水平。社会学家则带着批评的眼光解读全球卫生政策，他们认为关注**风险**是一种理解和管理卫生的方式，这种方式既是与向一个全球化世界迈进联系在一起的双重**反思性**的象征（Giddens, 1991; Beck, 1992），也是先进的自由治理的理性（Dean, 1999b）。

参见：选择（话语的）（choice [discourse of]），风险理性（rationalities of risk），世界卫生组织（WHO）

延伸阅读：Beaglehole，2003；Petersen，1997

RM

全球劳动力市场
GLOBAL LABOR MARKET

全球劳动力市场这个概念抓住了劳动力市场（在其中需要劳动力的人与提供劳动力的人进行接触）在规模及边界上从地方到民族国家再到全球范围的重要转变。全球劳动力市场利用并培育了工人在全球范围的**流动性（mobility）**。不仅如此，流动性现在还成为工作的一个重要特征。尽管人们在不知多少年前就开始流动，但在当前人们比以往任何时代都更频繁地为工作而迁移，甚至终生居无定所。流动的劳动力对国内经济有重大影响，因为它不可预测且影响广泛。无论对国内劳动力市场还是对个人而言，全球劳动力市场既代表了巨大风险，又饱含无限机遇。全球劳动力市场在为国内经济带来风险的同时也带来了一定收益。具有高需求技术的人更为自由的迁移使得地方经济更有效地参与到全球市场之中，但也会导致可以长期聘用的技术工人的缺乏，增加获取和保留高技术工人的成本。此外，很多移民自身所带来的知识和技能无需东道国付出代价，而离开的人则带着他们在国内所获得公共资金支持的培训移居别国。由于劳动力的全球化趋势不断增强，对劳动规则的有效维护和对经济剥削增加的防止变得越来越难。就个人来说，工人受到的剥削不断加重且没有依靠，他们失去了和长期定居及长期工作相关的福利，如国家津贴和健康保险等。工人群体骤然经历了文化及个人意义上的损失，因为他们与远在天边的家人、朋友及伙伴的联系越来越难以维系。

参见：数字游牧民（digital nomads），知识社会（knowledge society），移民（migration），就业充裕/就业贫乏（work rich/work poor）

延伸阅读：Mehmet *et al*.，1999

全球治理阶层 / 全球精英
GLOBAL MANAGERIAL CLASS/GLOBAL ELITE

全球治理阶层也可以被称为"全球精英"或"跨国管理精英"(Hannerz, 1996)。这些人具有流动性,通常供职于商业和金融领域,但其居住空间已经全球化了。他们是厄里(Urry)所定义的**全球流体(globalfluids)**的一部分,因而具有较强影响力。汉纳兹(Hannerz, 1996: 129)认为,他们"代表了比其他人更好地将其栖居环境……拓展至其他地区的机会"。与超级富翁不同,他们不在地方层面进行交往或居住,而是聚集于"个人的微观-网络"(Beaverstock and Boardwell, 2000)这种大体上从地方(如国际旅馆)抽象出来的空间中。斯科尔特(Scholte)认为全球精英多少有些孤立于社会其他群体和部门。他也指出全球化精英的异质性并特别提到了三种群体,即官员(政府或准政府)、公司以及知识精英。"例如,在世界经济论坛(WEF)、**世贸组织**会议、美国电子商协会(AEA)以及各国银行协会的论坛上,这三种人群通常是互相交叉的。"(2005: 28)另外,全球化空间中的正式接触持续不断。"既带有目的性,同时又很微妙,这些持续的交流为新自由主义话语提供了一个强有力的社会基础。"(Scholte, 2005: 28)

全球治理者是"知识富翁","知识穷人"则服务于他们。卡斯特尔斯(Castells, 1989)尤其关注于这两种群体间在财富和机遇方面被不断拉大的差距。

参见:文化资本(cultural capital),数字游牧民(digital nomads),专家 / 专家体系(experts/expert systems),全球劳动力市场(global labor market),知识社会(knowledge society),符号分析(symbolic analyst),跨国资产阶级(Transnational Capitalist Class [TCC])

延伸阅读:Bulter and Savage, 1995;Daniels, 1991;van der Pijl, 1998;Sklair, 2002;Slaughter, 2000;Strange, 1994

全球媒体
GLOBAL MEDIA

第一个真正的全球媒体是新闻机构。它们是全球众多国际新闻的集散地。这些机构有着规模经济的优势。个人经营的报纸、广播则无力支付遍布世界各地甚至一个国家的新闻记者的费用。

第一批这样的机构出现在欧洲和美国，它们目前仍广泛分布于上述两地，并与国际金融以及银行界有紧密联系。第二次世界大战后，英国的路透社（Reuters）和美国的美联社（US Associated Press）达成协议，同意瓜分和分享全世界的新闻市场。在新千年开始之际，路透社在全世界拥有大约400个客户端网络，并支持约25分钟的卫星直播。这些节目会定时提供给地方新闻频道。较有财力的网络媒体也许只使用其中的一点内容，但对贫穷的非洲而言，电视台不得不循环播放其中的大部分节目。美联社和路透社因而在全世界的新闻业内享有极大的话语权。这种对全球新闻的垄断控制遭到了第三世界相关组织的抱怨。

全球媒体最明显的特征之一是美国电影在世界范围内的压倒性优势。无论你置身世界何地，人们都知道米奇、星球大战和兰博。电影继新闻机构之后，成为下一个媒体界重要的全球性力量。很多国家建立了自己的电影工业以对抗好莱坞。但是没有哪个电影制片厂具有像维亚康姆、时代华纳、迪斯尼和新闻集团等好莱坞大企业的实力。这些公司制作电影并在全世界发行，拥有全世界大部分电影院、录像带零售店及电影频道。这种经济规模是其他公司无法比拟的，只有少数几个国家能维持独立于好莱坞之外的本土电影产业。但它们也不得不效仿好莱坞的样式与风格。

电视也是一种全球媒体，其形式源于西方，尽管观众倾向于选择地方或地区性电视节目。在电视节目输出方面，好莱坞虽在全球居领先地位，但事实上人们更青睐"与自身文化相近"的节目。如辛克莱

（Sinclair）、杰卡（Jacka）与坎宁安（Cunningham）（1996）曾举例道，墨西哥的特莱维萨（Televisa）和巴西的环球（Globo）两家电视台垄断了拉美的电视节目制作。昂（Ang，1994）及其他一些学者认为这个事实挑战了"我们生活在由西方媒体垄断的世界"这种观念（1994：325）。

但辛克莱等人（1996）也承认"美国这种将自身打造为'最佳范例'的国际通用模式引发了其他国家的效仿"（p.13）。布彻（Butcher，2003）在提及星空卫视（Star TV）来到亚洲时，认为我们应该记住（其他地区的电视台）不仅接受了相关内容，"而且接受了西方传媒业的结构（商业化、管理结构、播放计划等）"（16）。广告的存在使得播放市场被开发出来。私有化市场对广告的需要对电视节目产生了巨大的影响，甚至国有电视台也不能免俗。雷（Ray）和杰卡（Jacka，1996）注意到印度娱乐实业有限公司电视台（Zee TV）的很多栏目为吸引广告商而单纯模仿西方节目。广告对媒体的全球化起着至关重要的作用。

与电影及新闻机构一样，广告业也逐渐集团化、国际化，且越来越集中在少数人手中。20世纪的最后几十年里，各公司为巩固其地位而在全球范围内出现了大规模控股性收购，并伴随着私有化浪潮打开了全世界尤其是亚洲地区广阔的新闻市场。那些在全世界不断拓展的制造业巨头，如宝洁（Protecter and Gamble）、可口可乐（Coke）、高露洁（Colgate-Palmolive）等大型公司都需要在全球树立品牌形象。由此带来了这样一种局面，即全世界四分之一的广告都掌握在美国和英国的三家广告集团中——总部设在纽约的全能通信公司（Omnicom）、大众联合集团（Interpublic）以及总部位于伦敦的 WPP 集团。

参见：美国有线电视新闻网效应（CNN effect），文化帝国主义（cultural imperialism），跨国公司（Transnational Corporation（[TNC]））

延伸阅读：Sinclair et al.，1996

DM

全球政治
GLOBAL POLITICS

全球政治指全球层面而非国家或地区级别的政治形式。尽管全球政治没有完全取代现存的国际政治形式，但已被认为与后者有着质量上的差别，至少在于全球政治的涵盖范围，而不在于复合性。依照赫尔德（Held）和麦格鲁（McGrew，2003）的看法，全球政治是全球化的一部分，即扩展、强化、加速并增加了世界范围内互联性的影响力，我们从当代政治生活构成的一系列关键变革中感受到全球政治的这种影响。这些变化包括"国家的国际化"，即日益增长的政府和政府间的跨国机构的政治协调，通过合作、制定和补充全球规则并在**世贸组织**和**联合国**等组织中具体实施以实现共同目标。还有"政治行为的跨国家化"，指的是在社团、社会运动、倡议网络和市民团体扩散中公民民主的激增，正在跨国界动员、组织和施行。在威斯特伐利亚体系中，个体国家在其政治边界内拥有自治权和权威性，而当前国际法的范畴和内容方面正在发生变革，趋向于限制上述政治权力。关于全球政治的发展程度和未来趋向存在众多讨论。有人认为全球政治的出现使国家间利益关系更为多样化。这标志着政治**多元主义**的发展及共同语言和共同价值的进步（如**民主**、权利等），当然其间的争议也非常明显（Shaw，1994）。全球政治在某些方面可以被视为国家间业已存在的国际和跨国关系的强化，但全球政治实体的出现，以及在全球层面而非各国层面所发生的国家间关系的改变则是一个新现象。

参见：全球亚政治（global sub-politics），时空压缩（time-space compression），联合国（UN），世贸组织（WTO）

延伸阅读：Hardt and Negri，2000；Held and McGrew，2003；Shaw，1994

RM

全球社会政策
GLOBAL SOCIAL POLICY

全球社会政策指在全球层面而非在国家层面实施的社会政策。全球社会政策涉及从国际角度而不是从国家角度出发的社会分配、社会调节、社会供给及授权等问题。全球资本主义破坏了**民族国家**保障并提供本国人民生活必需品（如卫生、食品及基础设施）的能力，而全球社会政策则是对这一消极后果的必要回应。全球经济和政治因素对民族国家提供福利标准的能力有着巨大影响，而国家社会政策无法有效地应对这些影响，这便使得全球社会政策走到了前台。像**世界卫生组织**这样的机构就体现了全球社会政策，它致力于确定全球健康和福利权利的标准。

参见：全球卫生政策（global health policy），全球劳动力市场（global labor market）

延伸阅读：Deacon et al., 1997；Mishra，1999

全球亚政治
GLOBAL SUB-POLITICS

贝克（Beck，1994）将全球亚政治描述为一种"自下而上"塑造社会的力量（23）。此术语与个体化相关，个体化的特征是**反思的现代性**及我们的**文化命运（cultural fate）**。贝克从两方面将政治和亚政治加以区分。第一，在亚政治中，"不属于政治或统合主义系统的动因可以出现在社会蓝图的舞台上"（22）。这包括民间以及不同专业人士之间的联合。第二，"在政治的权力塑造方面，不仅社会和集体的动因，且有个人动因，同时前者与后者相互竞争，个体之间也有竞争"（22）。事实上，亚政治意味着政治行为（广义解释）不仅限于政府、管理和法律制度，也包括其他许多方面。这种现象不仅发生在地方或国家层次上，而且也发生于全球层面。法律对**非政府组织**的承认及像**联合国**这样全球机构的认可是一种症候，同时构成了这种新型政治活动的组成部分。

参见：反全球化（antiglobaliztion），非政府组织（NGO），再嵌入（re-embedding）

全球工会联盟
GLOBAL UNION FEDERATIONS（GUFs）

全球工会联盟代表着国家工业或职业贸易工会在国际层面（与代表着国家工会中心和联盟的国际自由工会联合会［ICFTU］相区别）的利益。19世纪下半叶，工会合作不断增加，并出现了第一个国际工会秘书处（ITS），即成立于1889年的印刷排版工人国际联合会。20世纪，众多手工业和职业国际工会秘书处合并，结果产生了今天十大产业组织：国际教育组织（EI），国际建筑和木材工人联合会（IFBWW），国际化学、能源、矿井和一般工人联盟（ICEM），国际新闻工作者联合会（IFJ），国际钢铁工人联盟（IMF），国际纺织服装和皮革工人联合会（ITGLWF），国际运输工人联合会（ITF），食品、农业、旅馆、饭馆、饮食服务、烟草各行业及同业工人协会国际联合会（IUF），国际公务员协会（PSI），以及国际工会网络协会（UNI）。从历史上看，国际工会秘书处的主要目标是支持国际统一行动以及交换关于就业和缔约的信息。在20世纪的最后几十年里，国际工会秘书处已经从顶层官僚组织发展为资源与协调的中心，承担起更积极的大规模运动角色，尤其是与多国公司的相关活动。这种发展势头使国际工会秘书处在2002年重新更名为"全球工会"（"Global Unions"［http：//www.global_unions.org］，包括国际自由工会联合会（ICFTU）和贸易联盟顾问委员（TUAC），后者即为经济合作与开发组织（OECD）的国际工会联盟倡议委员会。

参见：全球劳动力市场（global labor market），国际框架协议（International Framework Agreements [IFA]），马克思/马克思主义（Marx/Marxism），世界劳资联合委员会（World Works Council）

延伸阅读：Carew et al., 2000；Fairbrother and Hammer, 2005；Harrod and O'Brien, 2002

NH

地球村
GLOBAL VILLAGE

"地球村"一词由马歇尔·麦克卢汉（Marshall McLuhan）在20世纪60年代提出后即成为流行语。麦克卢汉宣称，电子媒介的到来将会导致"地球村"的出现。麦克卢汉意指即时性的交流可以有效抵消距离；信息将以史无前例的速度跨越地理边界，世界因此而缩小了。麦克卢汉认为地球村会使人们的个性特征发生改变。他认为印刷制品（20世纪前主要的媒介）产生了理性的个人，即拥有自身观点的独立主体。与这种线性的理性个体相反，电子媒介会导致一种变动中的集体认同重新出现，在此个人与他人之间的界限是互相渗透且模糊的。因此，组成地球村的将不是个人而是集体或者部落。

麦克卢汉所预言的全球和平在彼时即将到来：由媒介和旅行所联系的世界将成为一个单一政体。但是，他强调全球媒介空间就像一个村庄一样，是一个谣言四起的地方；因为信息无障碍，媒介的迅捷性会导致一触即发的突发性冲突。

去除其猜测性的部分，麦克卢汉的地球村已成为通用术语，很多人认为**互联网**使地球村由幻想变为现实。

参见：时空压缩（time-space compression）

延伸阅读:McLuhan and Fiore,1967,1968

JH

全球主义
GLOBALISM

贝克(Beck)将全球主义定义为"世界市场排除或补充政治行为的一种视角——世界市场规则下的意识形态,即新自由主义意识形态"(2000:9)。贝克认为,全球主义将任何事物都看做由经济所决定,或可以被经济所决定。任何政治的、社会的或文化的事物都可纳入经济(尤其是新自由主义经济)范畴中。

参见:新自由主义(neoliberalism)

全球性
GLOBALITY

贝克曾写道,全球性"意味着很长时间以来我们已然生活在一个世界社会中了"(2000:10)。全球性概念和世界社会有关,即意识到我们生活在一个单一的世界中。全球性是一种立场,此种立场认为"世界社会是不可逆转的事实",其特性包括多维度、多中心、可变性以及政治性(Beck,2000:87—88)。贝克宣称,这种构想与另一种通过**民族国家**(即一种国际视角)来理解世界的观点是相对的,全球性和世界社会都需要被赋予反思性。确实,世界社会不存在我们习惯上所了解的国家(Beck,2000:103);全球性意味着"没有世界国家及世界政府(2000:117)"的世界社会。非国家社会意味着存在既非国家、机构也非公司的政治实体。这些新的政治实体的典型特征为跨国性,并通常被理解为**非政府组织**。

参见：无组织资本主义（disorganized capitalism），全球亚政治（global sub-politics），地球村（global village），反思的现代化／现代性（reflexive modernization/modernity）

自下而上的全球化
GLOBALIZATION FROM BELOW

这一术语既是口号，也是组织原则，意味着全球化现象是一个双向进程。与**全球精英**所推行的新自由主义经济和政治秩序相反，自下而上的全球化包容边缘化的社会共同体、社会和劳工运动、环境保护主义者及许多其他群体间交叉的一种政治争论及反抗——全球权力导致全球性反抗。

这种"运动之运动"经常是反制度（anti-institutional）性质的抗议，由于在世界贸易组织中没有一席之地，无政府主义的青年在世贸组织会议外进行示威。某些主要批评者则以此为靶子，攻击该运动只知反对什么，却不知赞同什么。确实，**反全球化（antiglobalization）**运动主要挑战统一的政治策略的发展以及把民族、文化和其他个体联合成为某一团体的统一性。

然而，随着惊人的新的全球政治构建和网络正在强调创建替代全球性传统的问题，这种批评已显得有点过时。目前最为成功的是世界社会论坛，以及不断涌现的地区性社会论坛。在这些论坛上，为数众多的草根活动家开始协调他们的思想，并在行动上体现为决策全球性替代。

参见：无政府主义（anarchism）

延伸阅读：Barlow and Clarke, 2001, Brecher *et al.*, 2000, Notes from Nowhere, 2003

RC

全球地方 / 全球地方化
GLOCAL/GLOCALIZATION

这一术语的意义十分广泛，其所有内涵都围绕着全球市场及其发展进程与地方需求及其结点之间的矛盾关系展开。全球地方是"全球"与"地方"的缩写，意指这两个领域的逐渐靠近。在一个层面上，全球地方指全球产品适应或改变自己以适合地方市场和敏感性的一种态度。另外，此术语亦描述在地方进行的全球服务或潜在的全球性服务，例如在地方协调会议的国际网络（例如确定日期），从而提供全球地方性服务。试图整合全球治理和地方特殊性的决策过程也可以用"全球地方化"这个术语来形容。另一个全球地方进程的例子包括民族和宗教认同的再次兴起，这是对全球化进程的直接回应。由远程通信相联系的**散居**（**diasporas**）群体通常具有这些根源于地方性和历史背景的认同。

因此，全球地方还有另一种表达方式，其中包含微观（个体、地方）和宏观（全球势力和实体）之间的互动，通常越过中观层次（国家及集体代表制的其他形式）。

参见：同质化（homogenization），杂糅性（hybridity）

JH

治理术
GOVERNMENTALITY

"治理术"（由福柯所提出，1991 [1982]）通常同时指特定的治理方式（*way*）和历史上与自由主义相关的治理形式（*form*）。作为治理方式的治理术特征体现于"治理艺术"的突出性，并通过关注"一般性治理的难题"来实现管理目标。这种治理方式关注的问题是"如何治理自己,如何被治理,如何治理他人,人民接受怎样的治理者[以及]如何成为最好的治理者。"这种治理的方法"有最主要的目标——人民,以及必要的机制——安全机构"(福柯,1991 [1982])。福柯认为,这种对治理的经常性反思是早期欧洲的特征,也是自由主义兴起及**民族国家**崛起的标志。自由主义的中心原则是:过度治理只会适得其反,治理以外的空间对确保有效统治至关重要,通过以关注治理问题为基础的治理理性建立自我治理的(企业家的)主体,这些治理问题包括我们所习惯的与自由主义相关联的历史时期以及代表治理术的主权民族国家崛起等问题。因此自由主义的治理不再仅限于国家。它通过权威与"治理主体的组织、团体及个体的个人计划"之间的"结盟"得以实现(Rose, 1999),并利用了他们"规划与治理理性,尤其是国家治理理性的构想"。这种对自由原则的阐释剔除了国家的中心地位。取而代之的是,国家"在一个多样的复杂的集合体中仅仅是一种成分——其作用随历史具体条件及背景而变化——在权力的多循环中与多种权威及势力产生联系"(Rose, 1999)。拉尼尔(Larner)和沃尔特斯(Walters, 2004a, 2004b)认为这种治理方式能够把全球化重塑为"治理的理性",因为通过这种方式人们可以问及某些具体的问题,例如:什么是全球化?全球化何时开始?全球化在哪里?什么是全球化政治?而其目的不是为全球化提供另一种更真实或更具体的阐释,或是关于理论术语的一个合集,相反,这种方法试图推翻全球化的定义,用另一种话语来进行讲述。它鼓励不要把全球化视为一种表面价值,并避免被全球化所淹没。

参见:反叙事(counter-narratives),去管制化(de-governmentalization),谱系(全球化)(genealogies [of globalization]),地缘政治理性(geopolitical rationality),个体化(individuation)

延伸阅读:Burchell *et al.*, 1991; Foucault, 1991 [1982]; Larner and Walters, 2004a, 2004b

RM

习性
HABITUS

习性是社会学家皮埃尔·布尔迪厄（Pierre Bourdieu，1977）著作中的一个理论概念。习性是思考影响人行为和思维方式的习惯、文化规则及意识形态条件的捷径。在理论上对这些影响加以关注是必要的，因为我们通常对其忽略。习性也指人的"生活世界"（life world），即他们存在的环境。习性的形式也许意味着一些实际上无法避免的选择，但习性与决定论不同。习性也许更近于对文化的理解；我们凭借习性不断创造我们的习惯，因此它是循环的。与文化一样，习性可以是个人的，也可以是集体的，即个人与群体都有一种习性。

通过自由意志我们可以表现出不可预测的行动方式，但是所有的事物都是平等的，人们看待世界及在其中的行动都依赖于有意识及无意识的知识、文化及文字。由于习性的无意识性，我们很难彻底对习性进行反思。

超全球化主义者认为全球化正在创造一种新的全球习性。该结论是否放之四海而皆准尚需实践检验。然而，主张时空坍塌的观点是理解全球化的关键，这种观念从根本上改变了世界和人类在其中的位置。

参见：全球地方/全球地方化（glocal/glocalization），超全球化论（hyperglobalist thesis），超现实（hyperreality），现代（modernity），反思性（reflexivity），结构化（structuration），时空压缩（time-space compression）

延伸阅读：Bourdieu, 1979; Bourdieu and Passeron, 1977; Norris and Jones, 2005

硬 / 软实力
HARD/SOFT POWER

硬实力指代一国凭借优越的军事和经济资源而超越另一个国家的实力。冷战时期的首要资源，其时的军备竞赛基本上就是军事和经济实力的竞赛。硬实力与强制、威胁和制裁等相关。软实力则与说服、外交和文化有紧密联系。软实力的重要性反映在**民族国家**对其文化、产品和语言推广及输出的密切关注。这不仅是为了从项目的贸易中获得经济利益，而且也是为了提高一国在全球文化市场中的威望。尤其在语言方面，如果一个国家的本土语言受到尊重，那么这将会成为他与其他国家打交道的资产。

参见：核心-边缘模式（core-periphery model），全球英语（global English）

延伸阅读：Hoffimann，2004；Mattern，2004

霸权
HEGEMONGY

霸权一词源于古希腊，但人们更经常提及葛兰西著作中（Gramsci，1971）的"霸权"概念。葛兰西的霸权多与权力及占统治地位的意识形态相联系，而非单指国家霸权。该术语涵盖**民族国家**及其政治，但霸权的意义更多的时候指其普遍意义，而不是它的政治意义。因此，在谈论美国霸权时，应包括其消费品、文化活动、政治以及经济等多个领域。

一个社会中统治集团的意识形态被认为具有霸权性质。依照葛兰西的观点，统治集团利用他们喜欢的意识形态来确保其他集团服从其统治。这种"自发的同意"（spontaneous consent）（Gramsci，1971：

12）也许是通过武力胁迫实施的，但更为隐蔽的方式是通过对作为常识的意识形态的不懈坚持而实现。霸权也大致上与主流文化与实践类似。因此，某些被认为出轨或"不得体"的事情不得作为占统治地位的意识形态的一部分。

要推翻霸权甚或取代它，人们需要进行"运动战"或"阵地战"。前者时间较短，往往体现为强大的中央政权和较虚弱的霸权。这种情形中的霸权是通过武力与胁迫而获得的。因此，军事独裁（非利益关系的）是这种运动战的潜在目的。阵地战的时间较长。这种情形通常是霸权被普遍接受，但国家可能并不强大。国家力量需要在霸权的背景下得以体现。在独裁统治中，国家以武力强行推行霸权。在"虚弱"国家中，霸权较为分散，并通常被视为"常识性存在"。

霸权通常为贬义。但是，至少在葛兰西的著作中，霸权的含义并不带有内在的贬义色彩。在这种意义上，理论上可能存在"好"的霸权，即权力的行使是有益的。

霸权不仅用于意识形态上，也通常用于国际关系中。因此，我们可以把在国际上拥有权力的国家或联盟简称为"世界霸权"。泰勒（Taylor）注意到"世界霸权被认为是一个整体系统，而非仅仅是霸权本身"（1996：25）。很多人认为现在是美国的霸权时代，但这种某个国家占据主导地位的现象并不罕见。例如阿瑞基（Arrighi, 1994）曾指出，在美国之前也出现过霸权国家。这至少意味着，一个国家的主导地位（在此指美国）并不是史无前例的。

参见：反叙事（counter-narrative），全球治理（global governance），意识形态国家机器（ideological state apparatus），马克思/马克思主义（Marx/Marxism）

延伸阅读：Herman and Chomsky, 1988; Mouffe, 1979; Taylor, 1996

遗产旅游
HERITAGE TOURISM

与**后现代**对真实性的追求相联(MacCannell,1999),遗产旅游把可以展现特定历史时期生活方式或生活群体的历史及文化地点视为旅游目的地。在某些地方,主人会穿着彼时的服装,重演上述历史时期的生活,或为游客献上文化表演。

参见:身体展示(bodily display),文化资本(cultural capital),文化帝国主义(cultural imperialism),文化工业(cultural industry),仿像(simulacrum)

SL

异质性
HETEROGENITY

此术语与同质性相对,但在全球化文献中,"异质性"并不是用来描述与同质性对立的唯一术语。相反,混合、拼贴(bricolage)、**杂糅**以及**全球地方化(glocalization)**出现的可能性更大。这些术语表明全球图景在现象和文化上的多样性,同时也表明全球化即全球"马赛克化"。至关重要的是,记住关于世界在任何领域(经济、人口、文化等)的同质化或多样性的观点都不得不以物质需求为基础。这种实质性的讨论一直限于某些领域如地理或其他领域。同质和异质之间在理论和实际中的推力或拉力对全球化的讨论是至关重要的。它们应当被理解为一种趋势,而并非绝对化。应该认识到通常情况下理论家(尤其是**怀疑论者(skeptics)**)认为**同质化**是消极的,而异质性是积极的。

参见:后现代性/后现代主义(postmodernity/postmodernism)

现代性盛期
HIGH MODERNITY

安东尼·吉登斯（Anthony Giddens）把**现代性**划分为早期与晚期两个阶段。晚期即所谓的"激进的现代性"（1990：150）或"现代性盛期"（1990：176），且与全球化密切相关。一些人认为我们现在处于**后现代性**（**postmodernity**）时期，吉登斯则指出我们现在仍然处于现代性时期，尽管是处于现代性晚期。吉登斯认为现代社会与传统相对立。从本质上说，传统社会有规则和传统去限制行为、实践和思考。传统社会不需要去问为何用某种方式处理某事。在吉登斯定义的现代社会中，我们发现问题和主题通常与全球化相关联。

现代社会思考的是为什么某些行为应该以这种方式而非其他方式表现，为什么我们的举止应该是这样而不是那样。这种思考的方式被认为具有反思性。就本质而言，**反思性**包括观察我们自己的行为及对此提出反问。反思性是区分现代社会和传统社会的关键特征之一。当人们开始反思时，制度和习惯就会发生改变。反思性指向现代特征，因此仍然是现代蓝图的一部分，而并非与之分裂。

参见：流动的现代性（liquid modernity），反思的现代化/现代性（reflexive modernization/modernity），结构化（structuration）

延伸阅读：Giddens，1991

同质化
HOMOGENIZATION

同质化一词是全球化研究中的关键术语。就其最基本的意义而言，同质意味着事物趋于相同。同质现象包括政治、文化实践、语言、消费产品、意识形态、媒体、娱乐等诸多方面。这种趋同现象可能前所未有（超级全球化主义者的观点），其原因主要在于技术（如**互联网**和移动通信）及旅游。同质化最明显的表现莫过于**资本主义**与新自由主义政治的传播。鉴于许多真正的全球机构（**国际货币基金组织、世界银行、世贸组织**）所关心的是商业和金融，而政治基础结构被认为是这些活动的必要条件，这种现象就不令人惊奇了。同质化主要反对的是反全球化者所利用的地缘政治势力。

很多人关注哪些实践占主导地位以及它们从何而来等问题。如汤姆林森（Tomlinson，1991）写道：其他人如何用**文化帝国主义**思考全球化？因此，同质化的中心问题是权力。同阶级术语一样，相关力量在地缘政治中被理论化了，尤其是核心边缘国家及群体理论。

另一些人认为全球景观并没有同质化至如此程度，而更多体现于**杂糅性**。与他者的接触意味着实践和产品脱离其原有的环境，并且**再嵌入**到新的地方，即**全球地方化**。

值得一提的是，我们应注意到同质化仅是全球化的一个方面。例如罗伯森（Robertson，1992）指出，当今世界存在两种力量推动全球化——"特殊性的普遍化"和"普遍性的特殊化"。

参见：美国化（Americanization），反全球化（antiglobalization），可口可乐化（Coca-colonization），趋同论（convergence thesis），全球媒介（global media），硬/软实力（hard/soft power），异质性（heterogeneity），超全球化论（hyperglobalist thesis），麦当劳化（McDonaldization），时空压缩（time-space compression），世界体系理论（world systems theory）

延伸阅读：Goldblatt and Perraton，1999；Hamelink，1983；Hannerz，1992；Howes，1996；Morley and Robins，1995；Schiller，1971；Sorkin，1992

人力资本
HUMAN CAPITAL

人力资本指人们所拥有的知识、技能、才干和能力。诺贝尔奖得主、经济学家加里·贝克尔（Gary Becker, 1994）把这个概念通俗化了，他宣称，正如在与制造业相关的物质领域（如工厂和设备）进行投资，在培训、教育等领域的投资即为人力资本投资，这种投资可以提升产量和收益。人力资本的积累有很多途径，包括劳动力教育、在职培训、工作经验、健康投资、拓展项目、生活体验、移民以及搜寻产品、服务、就业机会信息等。人力资本与全球化话语之间的联系是通过互动与交流技术（ICTs）的影响而实现的，其形式往往是计算机、**因特网（internet）**（和）万维网（World Wide Web）等。互动与交流技术的广泛传播意味着掌握上述技术变得尤为关键。互动与交流技术所扮演的角色——如可交易的商品以及全球贸易——意味着个人使用和编写互动与交流技术程序在今天的经济生活中变得极其重要。若要确保经济在全球市场的生存及运行得当，帮助公民掌握"关键知识"、提升一国的人力资本就成为许多国家必须关注的核心政策。**知识社会（knowledge society）**不仅需要利用互动与交流技术设施，同时也需要适应新的发展形势。终生学习成为一种必需。这也带来了政治上的争论：教育体系是由国家掏钱还是由雇员自身埋单？

参见：数字游牧民（digital nomads），知识社会（knowledge society），政策项目（policy programs），社会资本（social capital），符号资本（symbolic capital）

延伸阅读：Beck, 1992; Becker, 1994; Castells, 1996; Giddens, 1994; Putnam, 2000

RM

人权
HUMAN RIGHTS

尽管人权一直是哲学家和政治理论家关注的话题，但自第二次世界大战以来，人权被赋予了全球性意义。这主要归功于**联合国**的建立及其发布的《世界人权宣言》(1948)，以及有关公民权、政治权利、社会权利以及经济权利的决议、条约及种种协议的签订（综合起来即为《国际人权法案》）。我们主要关注的是法律上的人权，它同以宗教、自然法以及哲学为基础的人权是对立的。

关于人权主要有两个话题，即普遍性和强制性。一些**民族国家**，尤其是战后独立的那些国家通过了《权利法案》，这些法案通常反映了立宪主义的创始人所关注的诸方面，如《美国宪法》(1789)以及法国的《人权宣言》(1793)。南非的宪法就明确关注人权并建立了相应的机构履行监督和强制执行的职责。尽管联合国颁布了《世界人权宣言》——也许恰恰因为联合国的这个宣言——文化的多样性却意味着这些权利并不总是适应于某些宗教、文化和民众的需要。

与《世界人权宣言》相关联的是强制性问题。如果权利在国家法律和宪法中是神圣的，那么与之相关的法庭则常常被赋予评估、执行这些权利的职责，并对这些权利进行适当的修正以杜绝违法现象。例如美国最高法院可以使一些不符合宪法的法律获得通过，只要这些权利被宪法修正案中的条款所认可。

在地区层面，强制力具备了可能性。设在斯特拉斯堡（Strasbourg）的欧洲人权法院可以裁决违反《欧洲人权公约》的行为。但上诉至人权法院是尤为困难的，需要耗费上诉人的时间和金钱。而且，仅仅在上诉人为《世界人权宣言》认可的"受害者"的情况下，法院才有可能付诸行动。直到1998年，英国才在国内《人权法案》中包含了《宣言》的内容（1998年制定，1999年生效），尽管自1951年以来英国就是签约国。此外，某些权利也不是绝对的，或被贬或被搁置，即被暂停了。此外，法院赋予**民族国家**"可评估性边缘"的位置，这就意味着国家对某些权利享有自由裁量权——只要这种限制有一个合法目的，且限制的措施与该目的相吻合。

在全球层面，有时人们几乎无法采取任何有效措施强迫一个国家遵守人权。尽管有各种各样的机构可以起到监督人权实施的作用，但没有一个世界人权法院（Universal Court of Human Rights）可以评估践踏人权的行为并对其采取惩罚措施。这个角色通常由其他民族国家充当，由此存在政治与合法性困难。

国际法得到确认的一条原则是民族国家是主权实体，就以这种身份，其他国家不得干涉其事务。虽然有反人类和违反人权的定义及先例，但没有就此进行系统执法的规定。但这并不意味着国家从不干涉。然而，具有争议的是这种干涉仅仅是被国家关注所驱动（国家在地区及全球的安全和利益），或者是更为少见的一种情况，即屈服于媒体和公众的压力。

对于如何修补这种状况曾有过一些建议，其中最突出的是建立一支联合国常备军，而不是联合国在需要时（通常在严重的暴行发生后）不得不请求其成员国派出部队。安南在2001年道出了这种苦衷：

> 成员国不愿意考虑成立联合国常备军有几个原因。首先是预算问题。如何支付军费？其次，在哪里驻军？哪种合法政权可以包容它？此外，还存在其他一系列的问题（www.un.org）。

大国对此也持抵制态度，它们不愿意给予联合国或者安理会军事权力。这种抵制不仅来自大国，一些小国也不同意联合国拥有一支常备军，因为它们担心联合国可能出于人道主义的原因指责其压迫人民，或认为它们没有履行一个国家应尽的职责而利用常备军来讨伐自己。（http://www.un.org/apps/sg/offthecuff.asp?nid=158）

因此，尽管对违反人权的行为已经在国家和地区层面采取了一些有效行动,但在全球范围内强制实行人权还距离现实尚远。但人权这一雄辩之词已成为全球现象,即便它可能被用来标榜一些不那么令人愉快的战略目的。

参见:基本需求(basic needs),语言权利(language rights),普世人权(universal human rights)

延伸阅读:Alston and Robinson, 2005; Donnelly, 2003; Ignatieff, 2002; McCorquodale and Faribrogher, 1999; Moseley and Norman, 2002; O'Flaherty, 1996; Steiner and Alston, 1996

杂糅性/杂糅
HYBRIDITY/HYBRIDIZATION

杂糅一词源于后殖民时代的文学研究,尤其体现于霍米·巴巴(Homi Bhabha, 1994)的著作中。让·内德文·皮特斯(Jan Nederveen Pieterse, 1995)将杂糅性与全球化联系起来,这个概念被用来指代推翻全球/地方的二元性,其本身则抓住了同一全球化进程的多样性结果。例如,人们认为世界趋向同质化,因为在任何一个地方都能买到同一种产品,但同时人们也在以不同的方式使用产品。如今说唱音乐在全世界流行,而不同地方的变种则可以被认为是把"原创"音乐改造成为一种新的混合形式。

依照让·内德文·皮特斯的说法,没有"全球"与"地方",只有始终混合在一起的"杂糅"现象。全球化成为一种加速的混合进程,同时伴生了新的形式。因此,西方的"同化世界的文化、经济和政治形式——此处是新自由化概念的人与市场——本身就是杂糅产物,它们与'地方'的民族文化互相影响,在形式上也是杂糅的"(Kingfisher, 2002: 52)。让·内德文·皮特斯指出,杂糅性清除了权力关系。存在一种"杂糅性的连续体,一方面是同化杂糅,向中心倾斜,吸纳经典,模仿霸权;

另一方面是去稳定性的杂糅,模糊经典,反潮流,颠覆中心"(Nederveen Pieterse, 1995: 56—57)。杂糅性这个概念的问题是其需要假设最初有一种纯粹的存在,或至少有一种先于杂糅性的状态。这种假设显示出二元性,而这也恰是杂糅性概念所要超越的对象。罗兰·罗伯森(Roland Robertson)的"**全球地方化**"是寻求颠覆全球/地方界限的另一个概念(1995)。

参见:反叙事(counter-narratives),同质化(homogenization),再嵌入(re-embedding)

延伸阅读:Kingfisher, 2002; Nederveen Pieterse, 1995; Robertson, 1995

RM

超全球化论
HYPERGLOBALIST THESIS

赫尔德(Held, 1999: 10)从超全球化主义、**怀疑主义(skeptics)** 和变革主义各自的全球化理论角度出发,区分了这几种理论间的不同。超全球化主义者认为我们处于一个史无前例的全球化时代(这是一个全然不同的新时代,而非以往时代的延续)。在这个时代中,全球经济、全球治理和市民社会处于优势地位,而**民族国家**则日渐衰落。我们所面临的**资本主义**(尤其是消费主义)逻辑和科技成为新世界秩序的推动力。

参见:殖民主义(colonialism),传统主义者(traditionalist)
延伸阅读:Albrow, 1996; Ohmae, 1995

超男性气概
HYPERMASCULINITY

阿西斯·南蒂（Ashis Nandy，1988）把超男性气概定义为**殖民主义**的一种文化变异现象。超男性气概赞赏传统的男性身体力量。但是，南蒂划分了在维多利亚时代出现的两种相对的男性气概。第一种的典型特征是暴力，而第二种则主要代表着自我控制。上述两种类型都与力量紧密相关，前者与被殖民阶层有关，后者与殖民阶层有关。同时，女性特质如哺乳、看护和消费则受到压制。

超男性气概这一概念也被用于世界经济中，因此在全球化的著作里会出现这个术语。这里的超男性气概和经济权力有关。在这种脚本中，女性气质者是处于边缘化位置的人，她们依赖于那些鼓吹超男性气概合法性以及实践这种气概的群体（在国家、种族或地区的基础上）。

参见：殖民主义（colonialism），文化帝国主义（cultural imperialism），女权主义（feminism），贱民（subaltern）

延伸阅读：Ling，2000

超现实
HYPERREALITY

此概念与法国文化思想家让·鲍德里亚（Jean Baudrillard，1995）的联系最为密切。鲍德里亚清楚地阐释了在信息化资本主义背景下集体"现实"的地位。其基本观点是图像、符号或现实的表征已经达到了一个关键点，借此取代或者象征了"现实"。这意味着真实性的终结，也意味着对真实性的无尽追寻。因此，媒介表征更真实，或比其所描绘的事情更为重要，同时工厂制造或人工制品取代了自然物的位置。鲍德里亚将其视为**资本主义**的一个后果，资本主义把一切物体压缩至它们的**交换价值**（最初是它们的货币价值）。由于这种交换逐渐信息化，物与价值之间的关系颠倒了；物不是交换价值的源泉，而被价值所决定。

此外，资本主义希望把我们**生命世界**（life world）的新方面商品化，其结果是世界被越来越多地转化为交换符号。符号图像确实在重塑着我们的世界。像迪斯尼乐园和购物中心这样的空间常常被作为这种进程所产生的超现实空间的例证。发展至极端的超现实意味着一个类似《黑客帝国》（Matrix）的完全仿真的世界（这部电影直接引用了鲍德里亚的观点）。但是超现实并不简单地是仿象的胜利，仿佛这是图像无尽的倒退一样。相反，它只是一种条件，在这种条件下，表征和仿象决定了真实的事件。产生这种结果的条件是，我们可以精确地表征发生的事情，并认为仿象产品和图像控制同等重要。

鲍德里亚（1995）对第一次海湾战争（1991）有一个著名的论断，他认为海湾战争不会发生（战前），没有进行（战争期间），而且未曾发生（战后）。他没有论证海湾战争确实没有发生，而是提及了观众从电视上所看到的海湾战争。他认为，观众相信的战争并不是真实发生的战争。当战争的真实性来源于卷入其中的人们的身临其境感，那么，对于在电视前观看新闻的观众来说它也就成为"真实"的（尤其对观看即时新闻的观众而言）。战争的"真实性"不再统一，没有单一的"真理"或"现实"（或者"起源"）。众多现实可以和谐共存的事实解释了后现代主义者为什么要使用超现实这个术语。超现实在部分上消解了"重要意义"的存在。

参见：后现代/后现代主义（postmodernity/postmodernism），伪事件（pseudo events），仿像（simulacrum）

延伸阅读：Belk，1996；Eco，1985；Goldstein-Gidoni，2005；Kellner，1989；Norris，1992

身份政治
IDENTITY POLITICS

身份政治关注边缘化团体，这些团体在社会中寻求建立一个基于文化、社会、种族特征的共同体。随着1960年代美国黑人运动的兴起，这个术语日益引人注目。其他被认为参与到身份政治中的团体包括土著、男同性恋和女同性恋团体以及有色人种。身份政治关注的中心是边缘化的提法，它企图诉诸明确的身份（通常是不可剥夺的）特征，即某种与"主流"不同的特征来修正这种说法。

在全球化的背景下，我们需要思考两个方面。其一是**民族国家**内部的团体政治化，其很有可能反抗民族国家，因为国家是压迫的代名词。因此，一些人认为身份联系更为重要，例如，公民身份就没有身份联系具有突出性。群体和个人之间的这种联系部分地由于技术进步而成为可能，其中**互联网**尤其功不可没。

其二是某些团体在全球化的背景下开始重新评估其身份和政治。**女权主义（Feminism）**也许是最好的例子。但是，全球化并非导致这种重新评价的唯一动力。任何身份都可能变化；全球化以及相关的变化只是任何一个社团应当予以考虑的社会、政治和经济变化的因素之一。而且，身份政治已经发展至我们选择身份，而非被赋予身份，因此和意识形态更为近似。

最近有一种流行的说法，即身份具有绝对的变动性，因此个人有时能够完全建立自己的身份。这是由**现代（modern）**向**后现代**转型的一部分（或依照吉登斯的说法，由传统转向现代）。但这也并非没有限制，因为没有人能够保证这种"建构"的身份与其原意一致。

在全球化研究中，人们经常讨论的身份（与身份政治是相对的）并不像消费主义那样具有政治意义。**生活方式**是这种讨论所关注的中心。

参见：反全球化（antiglobalization），女权主义（feminism），原教旨主义（fundamentalism）

延伸阅读：Nicholson and Seidman, 1995; Thomas *et al.*, 2004; Whisman, 1996

身份思维
IDENTITY THINKING

这个短语有三种含义。第一个含义由普通语义学的创建者阿尔弗雷德·科日布斯基（Alfred Korzybski, 1958）提出，指一种描述所指意义的基本方法，即词汇描述或创造事物间的等值（身份）的词语。科日布斯基希望人们在语言中注意到身份思维存在疑义，因而超越仅从等值意义上所理解的思维。

第二，哲学家西奥多·W. 阿多诺（Theodor W. Adorno）用这个术语与自己的辩证思维相对照。"辩证思维寻求事物是什么，而身份思维考虑事物归于何类，它说明或代表了什么，其结论就相应成为'它并非自身'。"（1973：149）对阿多诺而言，后者是一种实施权力和控制的方式，因为身份思维不关注理解事物或人，而是考虑如何控制它们。

第三，身份思维在某些作者的文中仅表示对身份的思考。

意识形态国家机器
IDEOLOGICAL STATE APPARATUS

此词源自马克思主义者路易斯·阿尔都塞（Louis Althusser, 1977）的一个术语，与压制性的国家机器相对应。意识形态国家机器（ISA）指在严格意义上不属于**国家**控制的那部分机构，但其传递并灌输国家的价值观，尤其是资本主义模式和生产关系。教育是国家意识形态的主要部分，尽管此前教会是主要的、强有力的权力机构。国家意识形态的其他机构包括家庭单位和媒体，尽管所有这样的机构至少都享有一定的自治权，因为它们不受国家的直接控制（至少在民主制运行良好的社会中是如此）。

压制性的国家机器包括政府机构，其作用是直接确保秩序并与国家保持一致。

参见：霸权（hegemony），马克思/马克思主义（Marx/Marxism），民族国家（nation-state）

延伸阅读：Laclau and Mouffe，1985

NH

国际框架协议
IFA（INTERNATIONAL FRAMEWORK AGREEMENTS）

国际框架协议是指**全球工会联盟（Global Union Federations，GUFs）**和多国公司在基本人权和劳动权利的基础上所达成的协议，通常以1998年《国际劳工组织工作中的基本原则和权利宣言》确定的八条核心条款为中心。国际框架协议不仅鼓励多国公司，而且鼓励其供货商也保障上述核心劳动权利，同时督促工会实施这些条例并发挥监督作用，且给予它们投诉的权利。

参见：人权（human rights）

延伸阅读：Hammer，2005；Wills，2002

政府间组织
IGO (INTERGOVERNMENTAL ORGANIZATION)

见：欧盟（EU），民族国家（nation-state），非政府组织（NGO）

富于想象的享乐主义
IMAGINATIVE HEDONISM

此词由科林·坎佩尔（Colin Cambpell, 1997, 2003）所创造，指不停地创造我们无法满足的愿望。这个术语与消费主义关系密切，且是消费者想拥有他们未曾拥有的产品的先决条件。它的全称是"现代自主想象的享乐主义"。依照坎佩尔的意思，这种道德观在19世纪发展起来，并以一种浪漫主义伦理替代了清教的自我克制。

想象的共同体
IMAGINED COMMUNITIES

本尼迪克特·安德森（Benedict Anderson）在其著作《想象的共同体》（*Imagined Communities*, 1983）中试图指出什么构成了当代"自由主义"与"马克思主义"社会理论之间的鸿沟，解释了**民族主义**在**现代性**中压倒一切的力量及其在全球每个角落的扩散。安德森把民族主义定义为"想象的共同体"，即文化的产物，从而开始了对民族主义文化和象征性方面的广泛研究。但是，他的观点并不是把民族消解为"仅仅"是被发明出来的。相反，他强调真实性并不是评价人类共同体的有意义的标准，因为其间的关系并不是面对面的，人们必须想象并创造集体性的社会纽带。因此，安德森认为学者应该关注这种想象和（再）生产的途径、形式与媒介。

在其研究中，安德森强调**资本主义**和印刷出版业之间的互利关系——印刷出版导致标准的民族和行政语言的产生，因而造就了大众传播和民族意识产生的基础。在这种发展过程中，报纸、博物馆和其他"媒介"对集体的民族象征空间和经验的阐明及表征起了促进作用。安德森以东南亚近来的民族主义为例，证明人口普查和地图是如何印刻在人的想象里，从而在日常行政管理实践中促进了民族主义。南美洲新的**民族国家**的形成对其自身而言与克里奥尔精英具体的行政"职业"相关联，在这种过程中出现了代表一个明确的民族共同体意识。

参见：克里奥尔化（Creolizations），共同体（Gemeinschaft），马克思/马克思主义（Marx/Marxism），民族国家（nation-state）

延伸阅读：Pecora，2001

国际货币基金组织
IMF（INTERNATIONAL MONETARY FUND）

在全球化语境下，国际货币基金组织和其他全球性金融机构，如**世贸组织**和**世界银行**都为无可争议的全球化现象提供了例证。这些组织创建于第二次世界大战后，且都具有全球规模及影响力。它们对贸易和经济的关注使全球化**怀疑论者**也要承认全球景观至少在这些领域已经发生了改变。

国际货币基金组织是第二次世界大战后布雷顿森林会议的成果之一，它旨在通过监督和修正宏观经济运行而预防国家和全球性的金融危机。简而言之，其目的在于确保战后和后大萧条时代的经济稳定。国际货币基金组织希望控制和减少国际货币换算，促进国际贸易，监督国际收支平衡和外汇汇率。依照惯例，国际货币基金组织的总裁为欧洲籍人士。

国际货币基金组织成立之初被称为"最后贷款者",即为现金短缺的国家提供紧急贷款。英国经济学家梅纳德·凯恩斯(J. Maynard Keynes)希望国际货币基金组织成为一个国际收支清算联盟,自动向那些出现国际收支平衡问题的经济体给予帮助,并且无条件地提供资金,从根本上稳定经济(维持就业水平和生活水准等)。凯恩斯把国际货币基金组织视为公平的代理人,认为发展水平较高的国家应当帮助发展滞后的国家,以保持相对稳定。国际货币基金组织最终没有采取这种形式。相反,贷款的发放要依据特别提款权(Special Drawing Rights, SDRs)所计算的配额来操作。特别提款权则依据一个国家拥有多少资本进行计算,这种计算方法恰恰违背了凯恩斯的初衷。

国际货币基金组织的贷款利息低于商业利息,严格说来都是短期贷款且需在五年内还清。它在早期并不明确反对在今日似乎是通过游说得来的绝对的**自由贸易**,对于彻底清除关税壁垒也是含糊其辞——尽管给人的印象是应该逐渐清除关税壁垒。凯恩斯认为资本在全球不受阻碍的流动会导致大范围不平等与不稳定现象的发生。

目前,国际货币基金组织有一系列扶贫计划,包括减贫与增长贷款(Poverty Reduction and Growth Facility, PRGF)。直到1999年国际货币基金组织才建立了低息贷款给贫穷国家的制度,其准入条件依据国际货币基金组织对人均收入(per capita income)的评估。在决策时,国际货币基金组织也邀请世界银行的专家一起做出决定,因此这两个机构建有密切联系。世界银行与国际货币基金组织有一个联合的重债穷国倡议(Heavily Indebted Poor Countries Initiative, HIPC)项目。

国际货币基金组织最不光彩的一面莫过于结构性调整计划(Structural Adjustment Program, SAPs)和其他限制条件。本质上,国际货币基金组织给符合条件的国家提供有条件贷款,而这些国家通常出现了国际收支差额的亏空。包括世界银行首席经济学家约瑟夫·斯蒂格利茨(Joseph Stiglitz)在内的很多人都对这个计划提出批评。这些贷款条件通常包括削减福利和卫生等公共服务开支，以及将某些产业**私有化**，如供水和电力。供水的私有化在某些地区造成了灾难性的后果，水价高得令人们无法承受。此外，还有传言称在决定哪家财团中标时，国际货币基金组织表现出一定的偏袒。

参见：反全球化（antiglobalization），资本主义（capitalism），公民社会（civil society），全球资本主义（global capitalism）

延伸阅读：Killick，1995；Peet and Born，2003；Stiglitz，2002；Vines and Gilbert，2004；Vreeland，2003

帝国主义
IMPERIALISM

见：殖民主义（colonialism），文化帝国主义（cultural imperialism）

收入的两极分化
INCOME POLARIZATION

收入的两极分化与不同人群间逐渐加大的收入差距有关。这种差距的增加是全球化背景下劳动力市场的显著特征造成的——在劳动力市场上高技术、高工资和低技术、低收入的工资差距不断增大。我们发现这种区分在发达国家和南北半球的劳力市场中都普遍存在。就国家而言，这种差距往往与新自由主义强调市场自由、减少对工资管制等观念的兴起有关——这些观念使高收入人群的收入更高，低收入人群的收入更低。在澳大利亚和加拿大等国的国内劳力市场，人们的工作方式正在发生重大变化。这种变化通常被认为是倾向于更弹性的工作方式。但弹性的工作方式对不同劳动力的要求是有差别的。在顶层，高收入的信息工作者希望能够持续不断更新劳动技能，获得不同领域的资格证书，更换一家又一家公司并长时间工作以成为其领域的"开创者"。对低技术工人而言，弹性则意味着兼职和非正式岗位、不可预期的工作时间、最低工作安全保障和福利等。全球劳力市场的分化与我们在某些国家内部所看到的情况并无二致。富裕国家持续提供高价值服务，如管理、法律、金融、会计、设计和广告等。其公司则寻找类似东南亚这样的欠发达地区生产廉价的消费品，如运动鞋、计算机配件、汽车零部件等。为降低成本，产品通常在若干个国家中进行生产和装配，我们将这种过程美其名曰"全球装配线"。次发达国家则渴望外国投资，常常划出一些特别区域（**出口加工区 [Export Processing Zone]** 或经济特区 [Special Economic Zones]），在这些区域生产出口型商品无需缴纳关税，且实行低税政策以及宽松的劳动和环境标准。收入的两极分化也与**知识经济**（knowledge economy）有关：技能两极分化的加剧导致社会逐渐排外，并扩大了收入鸿沟。知识驱动的经济创造了更少的高收入工作岗位，这又进一步加大了收入的两极分化。收入的两极分化倾向于关注个人收入间的分化。这也涉及一个问题，即多数人不是单独生活的。对限制收入两极分化的研究与"**工作致富 / 工作致贫**"（**work rich/work poor**）这一概念有着密切联系。

参见：核心 – 边缘模式（core-periphery model），外国直接投资（foreign direct investment），全球劳动力市场（global labor market），知识社会（knowledge society），就业充裕 / 就业贫乏（work rich/work poor）

延伸阅读：Pusey，2003

RM

归并理论
INCORPORATION THEORY

归并理论源于新马克思主义法兰克福学派提到的工人阶级被纳入资本主义和消费文化体系中的方式。这种观点认为由于工人阶级渴望拥有消费文化的产品(见**虚假需求 [false needs]**),因此他们就接受了支持生产这些商品的社会结构。

参见:马克思/马克思主义(Marx/Marxism)
延伸阅读:Horkheimer and Adorno, 2002;Marcuse, 1972;Tomlinson, 1991

社会进步指数
INDEX OF SOCIAL PROGRESS

国际社会进步指数(ISP)和加权社会进步指数(WISP)由理查德·埃斯特(Richard Estes)提出。社会进步指数是多个衡量社会和经济发展方法中的一种。若想具体了解其参考要素及衡量发展的方法,参见埃斯特(Estes, 1988)。

本土化
INDIGENIZATION

在学术著作和大众作品中,该术语至少有三种不同的含义。"本土"的前两种含义都有"原初人"(the original people)的意味,并带有种族-文化的用法。第三种用法强调"地方的",是一种空间描述。

首先,这个术语在本土研究中用来形容本土居民重申其文化和地位的过程,即那些遭到西方帝国主义者侵略的"新世界"的原居民开始重新聚集起来,并宣布其合法权利及身份。因此,本土化这个术语指再生或改革,例如在学校设置关于介绍本土知识和价值的课程。

其次,本土化在文化及其他研究领域中意味着移居者的后代开始认同他们现在定居的土地,认为这是他们的家乡,同时开始认可这片土地上的原住民。这种行为通常可减轻这些定居者作为掠夺者的内疚感和疏离感。本土化在澳大利亚民族和解的过程中表明它能使定居者更好地理解历史，有助于加强与他们所属的居住地和环境的亲密关系。而很多土著将这种行为视为侵占和更严重的不公。

最后，本土化似乎频繁出现在经济和政治学著作中，用来描述类似进口替代的一种过程。也就是说，产业或国家，尤其是发展中国家，力图通过认同和提高地方商业与供货的竞争力来结束其对外部产品和服务的依赖。

参见：人权（human rights），身份政治（identity politics），本土文化（indigenous culture），民族国家（nation-state）

延伸阅读：Greer，2004

RC

本土文化
INDIGENOUS CULTURE

在全球化的语境中寻找"本土"文化的标准意义是一件十分困难的事情。最接近本土文化的含义被用来描述那些被帝国主义列强侵占地区居民的文化，殖民者在这些地区建立了定居殖民地，并构成了当地居民人口中的大多数。但是，边这些"第一民族"（First Nations）或土著居民内部或之间而言，其文化习俗和对"本土"的定义是极为多样的。

国际机构试图为"本土"确定一个规范——欧洲殖民地上的原住民——从而把进一步的定义留给了土著民自己，作为对几个世纪以来强加的分类和误传的一种道德回应。这种做法在亚洲和非洲都造成了困扰，因为帝国主义已经在这些地区造成了毁灭性的破坏，而现在绝大多数管理阶层都不是欧洲殖民者的后代，而是亚洲人和非洲人。在这种背景下，

"本土"人就包括了例如南部非洲的布须曼人（Bushmen）和印度的阿迪凡西斯（Adivasis）或"部落人"。这些人群发现他们陷入了发展中国家的困境，因为其传统的本土生活模式阻碍发展，而传统的土地正逐渐被进一步的发展所蚕食。这些群体与已经被接受为"土著"日趋团结在一起的一种解释是这样一种可能性：被剥夺的历史维度可能是理解本土文化的关键。

然而，越来越多的著作尤其是人类学著作开始研究土著的知识，作为更广泛的分类的部分，如传统（环境的）知识。尽管这种争论尚未达成共识，但在这些讨论中强调积极和恭敬地与环境、家庭和共同体相处却是一致的。

参见：殖民主义（colonialism），文化旅游（cultural tourism），人权（human rights），想象的共同体（imagined communities），本土化（indigenization）

延伸阅读：Addison Posey，2000

RC

个体化
INDIVIDUATION

"个体化"一词是关于命名的权力。作为一种个体化的实践，对全球化的命名使对全球化实体的关注转向权力／知识网络实验性追溯的关注，考察全球化如何显现为一种想象世界的方式。个体化关注于命名多种"全球化"现象方式的，使全球化现象显而易见，同时也渲染了那些视全球化现象为无形的方式。个体化关注于使全球化明晰可见的认识和知识体系，集中于真理和实践的条件，"在该条件下，全球化现象获得其积极意义。"（Larner and Walters，2004a：3）一个恰当的实例是，许多现在被当做全球化现象来研究的事物，先前曾被认为是其他事物，如"新的国际劳动分工"、"福利国家的重组"、"跨国相互依赖",等等。

参见:反叙事(counter-narratives),谱系(全球化)(genealogies [of globalization])

延伸阅读:Larner and Walters,2004b

RM

工业化
INDUSTRIALIZATION

工业化指社会由农业向工业技术转变中在经济和社会方面发生变化的过程。随着生产模式的工业化,人们的居住环境、工作方式以及利用时间的方式都发生了改变。这里,我们关注的不是众所周知的西方工业革命,而是在全球化背景下工业化的意义。

当发达国家在18和19世纪实现了工业化以后,一些发展中国家还处于转型过程中,这些国家通常被贴上新兴工业化国家(NICS)这一标签。工业化对人口密度有极大的影响,由于人们迁移到城市和工业中心,生活条件发生了巨大变化,包括家庭结构或其他传统的维持生活的单位等。那些落后于新兴工业国家的地区被视为最不发达国家。

当西方成为知识主导型的社会后,发展中国家承担了大部分全球产品的生产,包括纺织、汽车产品和电子设备。其原因在于这些国家拥有较为廉价的劳动力,以及对国外投资的热情。这也导致了某些地区成为**出口加工区**。

一个国家工业的相对发展对其能否承担其他义务也很重要,包括雇员的权利、开放的市场以及环境问题。工业化早期对化石燃料的依赖很大,要求羽翼未丰的发展中国家的工业能够达到西方工业的技术水平是不现实的(即使在西方工业技术也不总是发达的)。同样,在工业发展的早期阶段(早期阶段要持续几十年),要求这些国家和西方国家公平竞争而无需在国内市场上保护自己的产品也是不现实的。正如人们经常指出，西方也曾用这种方式保护它们自己的工业，进而将殖民地变为市场和廉价原材料供应地。

参见：全球劳动力市场（global labor market），人权（human rights），现代性（modernity），国有化（nationalization），外包（offshoring），私有化（privazation）

延伸阅读：Kaplinsky，1998；Thomas，1995；Weiss，2002

非正式经济
INFORMAL ECONOMIES

见：正规/非正规经济（Formal/informal economies）

信息时代
INFORMATION AGE

信息时代指自 20 世纪中期以来，由于**因特网**、数字的存储、交换和传播以及无线技术的发明，信息变得更可利用了。

参见：后信息时代（post-information age）

信息娱乐
INFOTAINMENT

信息娱乐混合了信息和娱乐的一种体裁，这类信息通常被认为适合于新闻记者。这是一个混合型产物，但事实上信息娱乐的某些方面甚至在硬新闻节目中也能见到，它们可能将一个符合大众兴趣的故事（软新闻）放在节目末尾，或者利用主持人的个人魅力及技术性手段来传递恰当的故事（硬新闻）。

有人认为娱乐新闻导致的结果是向广告主传递观众而不是提供信息。

参见：全球媒体（global media），大众传媒联合体（mass media conglomerates）

延伸阅读：Anderson，2004；Lewis，1991

国际非政府间组织
INGO（INTERNATIONAL NON-GOVERNMENTAL ORGANIZATION）

见：非政府组织（NGO）

非人混合体
INHUMAN HYBRIDS

英国社会学家约翰·厄里（John Urry，2000）用这个术语形容逐渐增多的人和技术系统的复杂融合。网络不仅仅是技术的，因为它们有助于人类流动，但是它们也并非纯粹的人类活动，因为所有在网络中执行的活动都是这些网络的结果。因此，它们成为一种难以简化的混合物。

参见：专家/专家系统（experts/expert systems），互联网（internet）
延伸阅读：Latour，1999

制度的反思性
INSTITUTIONAL REFLEXIVITY

见：反思的现代化/现代性（reflexive modernization/modernity）

国际金融机构
INTERNATIONAL FINANCIAL INSTITUTIONS

见：国际货币基金组织（IMF），世界银行（World Bank），世界贸易组织（WTO）

国际化
INTERNATIONALIZATION

国际化可以用来描述国家和机构的历程（在理论层面的），并就国家和机构之间的关系如何进行提出建议（更规范的层面）。国际化与严格的经济全球化、**民族主义**以及**世界主义**形成对照。

国际化作为一种历程把国家和其他机构之间的联系置于最突出的位置。从本质上说，全球化的**怀疑论者**认为世界上发生的诸种变化都可以用国际化来解释。他们认为超全球化者所坚持的典型的全球化实际上只是国际化的新形式。

国际主义也提倡各国平等，共同合作，承认并尊重差异，提倡互惠互利。最初社会学家使用这个术语，现在政治左派还继续沿用该词。例如，反全球化者认为国际主义不仅仅是经济方面的**自由贸易**——而这就是他们对全球化的解释。使全球化定义变得狭隘的经济整合与自由并不考虑文化和社会差异，也不把国家视为文化和社会实体，而仅将其视作经济实体。依照全球化的定义，国际主义者信奉**异质化**（heterogeneity）

而非**同质化**。但是，他们把差异视为一种财富，认为国家间可以相互合作而不被其他人利益支配。

参见：反全球化（antiglobilization），超全球化论（hyperglobalist thesis），个体化（individuation）

互联网
INTERNET

众所周知，互联网最初由美国国防部研究计划署（US Defense Department's Research Projects Agency）发明，旨在设计一个在核战争爆发后还能够保存完好的计算机化通讯系统。一个关键设计促成了该计划的成功，即信息的分散化。信息被分成大量的"包裹"，这些"包裹"可以在互联网上找到通道并到达目的地，然后再自行重组。这意味着系统可以携带大量数据而通行无阻，并且可以绕过缺失的节点，这样网络就不易瘫痪。这种"打包运输"的过程和合作协议是支持互联网工作的关键原则。因此，互联网的这种基本结构是分散的，其开放的结构直接带来了媒介大范围传播的效果。

互联网不断以不可预知的方式向前发展。这种趋向在阿帕网（ARPANET，互联网的第一个有效的节点）安装之初就有所显露，阿帕网从一开始就联结了众多美国大学。随着越来越多的计算机加入到网络中，电子邮件服务在网络上获得欣欣向荣的发展。20世纪80年代，互联网上出现了留言簿、论坛，使用者可以就设定的话题发布和交换信息。20世纪90年代早期，蒂姆·伯纳斯·李（Tim Berners Lee）发明了超文本（尽管这个观念并不新颖），该协议使得人们可以创造网页与链接方式并引用它们。超文本和网络浏览器（使读者能够阅读并连接超文本网页的识图软件）使得互联网拓展到机构以外的空间，并使其成为今天的媒介——

西方工作场所与家庭的自然组成部分。万维网（World Wide Web）是大多数人理解的互联网，自从其在20世纪90年代中期出现后便以不可预测的速度发展，成为一个我们既无法控制也无法加以概念化的系统。

互联网目前的困境体现于一系列试图决定互联网命运的意识形态和模型。在早期，互联网与某种信息学的**无政府主义**联系在一起，从**反文化**（counter-culture）中获得灵感的"黑客伦理"对一代程序设计者产生了重大影响。这种意识形态（简单地讲就是"信息希望获得自由"）抓住了互联网诞生之初即被激发的热情，将互联网变为一个民主论坛，人人皆是潜在的创造者。到20世纪90年代末，这个观点又被强大的商业利益所取代，网络百万富翁的第一波浪潮——那些除了"好"点子外一无所有的人聚集了大量财富——并且刺激了商业胃口。这种趋势在".com的繁荣"（dot-com boom）中达到高峰，却又在几年后随之"破灭"，大部分互联网商业空间落入少数公司之手。

但是，互联网的开放结构甚至对已经成熟的企业来说也是问题重重，音乐、电影和软件公司的遭遇便是例证。假如媒介的趋同是不可避免的（分离的媒体破产进入一个单一的数字化媒介），维护对内容的所有权的能力便成为这些企业的主要目标。但是，所有集中或规范互联网的企图都带有牺牲互联网作为一个独特媒介的风险，因此，就其可预见的未来而言互联网的技术很有可能是无法预期的。

作为全球实时信息系统，互联网是全球化不可分割的一部分，并且促生了**网络社会**的众多特点。互联网的分散化为边缘团体提供了发布自己观点、挑战传统媒介正统观念的平台。然而我们应该记住，世界上仍有很多人无法使用互联网，这导致了一种真正意义上的数字分化。

参见：全球媒体（global media），地球村（global village），知识社会（knowledge society），时空压缩（time-space compression）

JH

质询
INTERPELLATION

见：意识形态国家工具（Ideological State Apparatus）

亲族国家凝聚力
KIN COUNTRY RALLYING

亨廷顿**文明的冲突**（clash of civilization）范式中的一个词汇，尽管第一次使用这一术语的是格里纳韦（Greenaway，1992：19）。亨廷顿认为**民族国家**不是权力的唯一拥有者，其他一些文明意义上的实体也拥有投入。这些文化不是由国家的边界来划分的。假设文化是相似的，民族国家也许在国际舞台上会更多地从文化认同的角度，而非从其他实用的角度思考行动。亨廷顿认为每个文明都有一个"核心国家"，指导其亲族国的行动。"因为成员国视其为文化上的亲族。一种文明可以扩展成一个家庭，就像家庭中的长者，核心国家为其他亲族提供保障和准则。"（Huntington，1996：156）于是支持亲族国并非关于意识形态的平等，而是一种熟悉的亲族关系的意识。这也许可以解释那种长期性联盟或国家间友好关系。许多前英国殖民地和英国有一种亲族关系，并且在需要时便团结一致，对此我们不感惊讶了。亲族国家不一定必然是这样的殖民关系，它们只需分享同一种文明。

参见：殖民主义（colonialism），散居（diaspora），现实主义范式（realist paradigm）

延伸阅读：Bennett *et al.* forthcoming；Lepgold and Unger，1997；Nossal，1998；Ruggie，1998

庸俗艺术作品
KITSCH

见：后现代主义（postmodernism）

知识社会
KNOWLEDGE SOCIETY

　　知识社会是一个富有争议的概念，因为这个概念可以指向很多事物。尽管所有社会都是以知识为基础的，但通常知识社会指这样一种社会——在这个社会中，知识所导致的社会结构的转变被视为经济发展的核心资源并成为生产的一个要素。罗伯特·E. 莱恩（Robert E. Lane, 1966）首先认识到知识在当代社会中的位置，其解读与卡斯特尔斯（Castells, 1996）关于信息社会的理论息息相关。在这个概念体系中，知识社会被视为一种由通讯和信息技术发展所推动的新型社会。在**全球资本主义**下，经济领域的某些最重要进展都与这些技术的运用有关。曼纽尔·卡斯特尔斯（Manuel Castells, 1996）对知识社会的分析最为复杂，依照其观点，知识社会也是一个全球社会，因为它几乎不在民族国家定义的范畴内。获得"知识社会"的关键特征是国内和国际经济发展政策关注的重点，也是很多希望其经济能够在全球市场立足的国家最为关心的问题。知识社会这个概念指技术竞争，但它也影响**公民身份**（**citizenship**）以及政治参与。以知识为基础的社会的出现，一方面它刺激了公民间新关系的产生，另一方面也促进了公民和制度之间关系的改变。在过去二十年内，通讯与信息技术在社会中逐渐取得了显著位置。这种变化极大地影响了我们如何理解政治生活和公民身份的本质。一些观察家认为，技术正在引领民主原则的繁荣发展；另外一些人则认为这种构建正在培育领导和权力的全新模式。就参与而言，那些拥有公认的技术能力的人能够以一种没有这种能力的人不能够参与的方式，参与到知识社会中来。

参见：专家/专家系统（Experts/expert systems），人力资本（human capital），收入的两极分化（income polarization），网络社会（network society），风险（risk）

延伸阅读：Beck，1992；Castells，1996；Giddens，1994；Stehr，1994

RM

京都
KYOTO

京都是日本的一个城市，目前已成为对《京都议定书》的简称。《京都议定书》是对《联合国气候变化框架公约》（UNFCCC）的补充，该协议倡导控制并预防全球变暖。1997年12月11日，联合国在京都召开大会，邀请所有成员国自愿签署该协议。京都议定书于2005年2月16日生效。141个成员国都加入了该协议，只有美国和澳大利亚拒绝加入，且无意付诸行动。

人们对于支撑温室气体、全球变暖假设的科学的合理性以及协议本身的有效性仍存在很多争议，并大多集中在环境关注（具体的效果和可持续性）和经济关注（协议是否会对发达国家的经济产生消极影响，使其经济迅速衰退）上。

《京都议定书》强调许多正在发生的问题与全球化密切相关。其一，该协议鲜明地体现了**民族国家**的持久权力，甚至在通常被认为是全球机构（**联合国**）以及**公民社会**和**非政府组织**面前仍然如此。其二，该协议也表明，对很多民族国家而言，经济问题压倒环境问题。尽管经济关注肯定是全球话语的一部分，但是经济决策依然顽固地根植于国家关注，尽管国家反过来也会对全球情势加以考虑。相对于经济问题而言，环境问题更体现为一种全球问题，并且是我们考虑**地球村**概念的主要角度。其三，这种情形清楚表明，民族国家在世界上不是完全平等的。当然，议定书区别对待不同国家是公平的，但也让人注意到其间分歧（历史的和当代的）的持续。其四，《京都议定书》突出强调了给予环境以关注的需要和应对我们作为人类所面临的种种**风险**的需要。

参见：均势（balance of power），霸权（hegemony），民族国家（nation-state），现实主义范式（realist paradigm）

延伸阅读：Daly，1989；Gupta，2002；Houghton，2004；Legett，2001；Stokke *et al.*，2005

语言权利
LANGUAGE RIGHTS

同其他权利一样，语言权利与多种论述相关联，如国家地位、**公民身份**、**人权**和自然正义、身份认同和多元化等。一种语言是否占主导权或是否为官方语言一般取决于**民族国家**，并且通常是一个国家文化意识形态的一部分。这种语言的主导权也可能表现为立法及类似的国家行为。例如，最近在英国，英语测试已经成为获取公民资格的必要程序。

许多人将全球化视为对少数族裔语言的威胁；简单来说，这是**同质化**的效果，特别是一种被感知到的英语的主导地位。其后果则是差异的**边缘化（marginalization）**、文化与历史的丧失和对少数族裔语言使用者的压迫。人们认为全球化培育并广泛传播了多样性，但这种多样性是否包括外语学习则值得怀疑。

语言权利逐渐被人们用人权的范式进行解读。这是有益处的，因为人权概念有着制度性支持（例如通过**联合国**）。有多种途径可以证明语言是人权的一种。语言通常与文化相联系，乃至等同于文化。因此，语言的丧失也被认为是文化的丧失。另一些人则把语言与政治代议制和政治认同联系起来。在两种情况下，语言都表明了差别的存在。任何被冠以"语言"称谓的语言种类都有其政治含义。

在一个抽象的高度，或从自然正义的角度看，我们可以认为任何人都有权使用他们自己的语言（母语），而如果没有相关资源或辅助设施（如翻译员或语言辅助），这项权利就有可能无法实现。从现实而言，语言权利和语言政策如影随形。如果放在人权的背景下，语言权利的问题必须在政治上可行。人权在法律和国际关系学上的阐述是清晰的，但执行机制在内容和应用上却并不一致。而且语言权利问题不能孤立于其他的人权及文化歧视话题。语言可以是一种文化认同的代表，如果某一特定的文化被边缘化了，主导语言中的简单流畅将并不完全消除歧视的。

如果一种语言的**文化资本**是负面的，它有可能"濒临灭绝"。"语言死亡"和"濒临灭绝的"语言引起了环境主义者和生态多样性者的关注。某些学者以此类推出了一种生态语言学的论述。这种以生态多样性为前提（自然生态系统为主要例证）的观点是有益的，所以多样性是好的。的确，一些人认为自然多样性和语言多样性之间有地域上的关联；也就是说，哪里有多样的自然生态系统，哪里就有多样的语言。这种论点的优势在于与被大众接受的环境保护的论述所结合。但是人们对这种论点是否是调动政治积极性，换言之，那些手握大权的人是否能被它动摇起来还存有疑问（见**京都 [Kyoto]**）。

参见：文化帝国主义（cultural imperialism），全球英语（global English），全球劳动力市场（global labor market），本土文化（indigenous culture）

延伸阅读：Heller, 1988; Kontra, 1999; May, 2001; Phillipson, 1992, 2003; Skutnabb-Kangas and Phillipson, 1995

合法性危机
LEGITIMATION CRISIS

在历史进化论的大背景下,德国哲学家尤根·哈贝马斯(Jürgen Habermas)在《合法性危机》(*Legitimations probleme im Spätkapitalismus*,1975)一书中创造了"合法性危机"的概念,并逐渐流行开来。哈贝马斯认为,在早期"自由资本主义"(如**马克思**时代),市场竞争的动力促使危机产生,因此加剧了阶级冲突。在1970年代,尽管经济增速很快且失业率较低,但危机无处不在。哈贝马斯指出,由于对国家干预和参与再分配的要求持续上升,经济和政治领域之间的高度联系使得对合法性的关注置之次席。因此,已经不再是经济危机,而是政治危机成为"晚期资本主义"的驱动力。在哈贝马斯看来这些更具有威胁性,因为政治在很大程度上变成一种实用主义的产物。对传统和宗教的忠诚及合法性已经受到资本动力的腐蚀。人民大众对政治体制没有真正的信仰,并在期望无法实现时会随时将其背弃。

作为后见之明,我们无法不注意,特定时间和环境中"合法性危机"概念的趋势。今天,不同的挑战不断出现,而社会进化的一般理论已经失去了信誉。但是我们仍然能够从哈贝马斯的作品中发现与当代全球化话语相吻合的地方。哈贝马斯曾指出复杂社会的一般困境,即有效治理(对专业化和专门知识的需求)与超越技术需求的取向和认同之间的张力。换句话说,输出的合法性不能完全代替决策受众的积极认同感与决策制定机制所产生的价值观。从这个角度来看,西方的**反全球化**运动也可以被描述为一种"合法性危机"的症状,这是由于**全球治理**机制对公民正义和美好生活的观念缺乏响应而造成的。

参见:反全球化(antiglobalization),民主(democracy),民族国家(nation-state),福利国家(welfare state)

延伸阅读:Held,1980

自由民主
LIBERAL DEMOCRACY

自由民主首先并且最重要的是意味着对政府的限制和控制。我们能从"三权分立"(孟德斯鸠)或个人"自然权利"(约翰·洛克)的观念中找到它的起源。从历史上看,美国革命和法国革命标志着现代意义上民主的开始。自古代起,"民主"这个术语就蕴含着贬义,而直到现在它才开始其在全世界的扩张。但民主得以成功扩展有赖于其不断的再创造过程及适应领土广大的现代国家的实际情况。

今天,自由民主的定义有一系列标准,如对国家权力的分立和管理(司法审查、法治等)、公众问责与对政府的管理、公民通过选举或其他方式参政的可能性、能够表达并分配利益的多元化社会,以及对基本权益和少数族裔的保护,等等。因此,自由民主并非"激进"民主;人民主权也并非直接行使,而是通过代议制和一套"制衡"机制来限制、缓和并加以调解。在1819年本雅明·贡斯当(Benjamin Constant)的著名演说中,他认为"现代"民主的概念是古希腊民主的反面:在现代社会中,个体公民对集体决策只有微不足道的影响,因此集体行使政治权威是不现实的。如此一来,莫不如保障个体自由和自治,以保护公民免受政治压迫和集体主义、平等主义暴政。

当然,20世纪独裁政治的沉痛经历强有力地支持了自由民主的基本观点。另一方面,人们也体会到自由民主的弱点,并给出了各种批评。在整个19世纪,"社会问题"是招致人民不满的主要原因。正如卡尔·马克思所指出的,当大多数人由于物质财富的匮乏享受不到民主的好处时,个人自由则显得颇具讽刺意味。直到20世纪,随着福利国家的逐渐增加,诸如社会权利的"第二代"基本权利逐渐扩展后,这类矛盾才得到缓解,并出现了欧洲"阶级妥协"的制度化。

当代对自由民主的批判包括社会问题,但同时也包含其他方面的内容。例如,公民与政治的疏离已成为一个普遍话题,并与自由民主缺乏"真正的"**民主**的批评结合在一起。当缺乏其他有效政治参与的可能性时,选举就被自选政治阶层所霸占,沦为在大众媒体前的作秀。在全球化话语的背景下,我们当为之痛惜的与其说是经济的倒不如说是**国家**的**弱点**。德国哲学家黑格尔的观点依旧在人们耳边回响,即国家是有能力谋求共同利益的重要代理人,而全球化市场力量则是无政府的、非正义的且具有潜在危害性(对自然环境和社会环境皆然)。

面对当代的挑战,这种批判指出了自由主义和民主之间的不相宜。自由主义倾向于相信事物的和谐秩序,即一种摆脱了传统桎梏和政治压迫的个人间的"自然"平衡(如亚当·斯密的"看不见的手")。因此不存在社会或自然的"限制发展",而市场力量的全球动员被认为在其本质上是有益的。另一方面,民主的观念强调政治自治,因此需要集体定义一个公正的社会秩序,并设计能够贯彻这种秩序的政治机制。更明确地说:自由主义要求限制政治权力以便解放个体;民主希望加强公民的力量以便集体治理。从后者来看,既然人民的联合与团结被视为公民自治的先决条件,全球化背景下各地区不断增长的文化**异质性**则被视为一个主要挑战。

参见:普世民主(cosmopolitan democracy),民主(democracy),多元文化/主义(multicultural/ism),多元主义(pluralism)

FO

自由人本主义
LIBERAL HUMANISM

作为一种哲学传统的自由人本主义主要强调以下政治价值观:(1)**普世主义**;(2)本质的(共同的以及普遍的)人性;(3)个人自治。自由人本主义并不关心传统的权力模式（教会、国家及其他）。

强调人作为认识的主体是一种传统，因此理性主义和经验主义的价值观占据主流地位。自由人本主义思维模式的力量可以从上述两种价值观的持续衰落，甚至在面对**后现代主义**的知识性挑战中得以发现。应该强调的是，自由人本主义者对世界，尤其是对历史的看法很大程度上体现一种西方理想和观念。自由人本主义也带来一些积极的结果，例如它强调教育是人发展自身理性和观察能力的手段，以更好地安身立命。

自由人本主义观念与全球化的关联体现在西方以**人权**议程及人权机构等形式建构了其普遍价值。至少近年来建立在自由人本主义传统价值之上的全球机构（如**联合国**）便是这样的例子。

自由人本主义是一种传统，是为"资产阶级利益"（Belsey，1985：7）服务的一套价值观，并经常以"人"（男性）为标准。它也或多或少是一种世俗的传统。在创立和灌输普遍人类价值的过程中，精神和宗教传统通常被忽略。

参见：种族中心主义（ethnocentrism），马克思/马克思主义（Marx/Marxism），反思性（relexivity）

延伸阅读：Belsey，1985；Surber，1998；Tarnas，1991

自由化
LIBERALIZATION

自由化意味着在社会或经济政策方面减少**国家**/政府的干预。因此，既然自由化意味着国家在某种方式上减少对个人的控制，那么全球化背景下的自由化通常被用来说明对经济事务采取更为自由放任的管理方式和手段。比较典型的包括原国有企业（邮政服务、水电供应）的**私有化**，以及为促进贸易和吸引外资而实行开放式经济。这样的政策和行为也被称为**新自由主义**。开放市场（贸易和金融）被优先确定后，**国家**的经济基础结构并不一定会得到改善。的确，如果私有化和普遍的放松管制是自由化核心特征的话，那么国家会失去对金融和贸易流通的控制，且以税收等形式来稳定金融的手段也会受到削弱。

国际货币基金组织和**世贸组织**等全球金融机构很大程度上被看做体现了自由化的积极价值。

从现代社会的视角来看，自由化是一种具有威胁性质的社会价值，对社会凝聚力和共同体的危害尤甚。

参见：公平贸易（fair trade），外国直接投资（Foreign Direct Investment [FDI]）

延伸阅读：Rodrik，1997；Tornell and Westermann，2005

生活方式
LIFESTYLE

生活方式描述了一种以1970年代开始流行的市场理论为基础的新型社会组织。该术语讨论了在行为特征、消费习惯、意见和态度取向等方面具有特点的一类人。市场调研观察这些特征，其目的是能够给予产品合适的定位。我们可以将生活方式划分为个人方式和社会方式。"个人方式"意味着我们的行为取决于我们作为个体的自身。"社会方式"则意味着作为在诸如性别或社会阶层等社会群体中的我们的行为模式。在生活方式中，我们选择由经销商提供的适合我们自身风格的产品及观念。因此，一瓶啤酒或一份报纸的生产预示了某种态度和某种行为特征。钱尼（Chaney，1996）认为，生活方式从根本上来说是一种视觉现象，人们从中学习如何通过诸如饮用某一种啤酒、携带某一种报纸等外在消费行为来公开展示自己的风格。全球性的广告公司正在全世界范围内传播生活方式的市场化技巧。

参见：选择（话语的）（choice [discourse of]），消费主义（consumerism），文化资本（cultural capital），全球媒体（global media），生活方式飞地（lifestyle enclaves），本土化（localization），跨国公司（Transnational Corporations [TNC]）

延伸阅读：Chaney，1996；Machin and van Leeuwen，2005

生活方式飞地
LIFESTYLE ENCLAVES

今日的大众媒介及其他产品不像以前那样按照性别、年龄和社会阶层等对人群进行分类，而是按照**生活方式**来划分特定群体的需要。因此，这一模式中的社会成员并不按照营销术语被称作"工人阶级"或"女性"，而是按他们所对应的生活方式群体或集群来划分。生活方式是一种营销学概念，产生于1970年代末。其过程包括市场调查员收集消费者的行为、态度等信息，然后根据所得信息对特定生活方式群体或集群进行描述，并提供给广告客户。这样，他们就能使产品适应特定群体的态度和意见，从而方便推销。这种分类的过程十分重要，并可以借此使产品和某些核心价值联系起来。汽车、啤酒、报纸或杂志被仔细地进行分类，这样它们可以立刻反映出使用价值之外的、能够认同它们为某一生活方式标志的价值。一种生活方式飞地会被看做一种行为或态度的"星座"类型。由此带来的结果是：认同感不是通过一个人的所思所想，而是通过其消费行为所展现的一套价值观体现出来。当市场营销和广告将世界包围起来的时候，生活方式飞地也参与塑造了社会特征。

参见：消费主义（consumerism），全球媒体（global media）

DM

生活世界
LIFEWORLD

生活世界是哲学家哈贝马斯提出的概念，指生活中的日常经验。这是其更为宽泛的交往行为概念中的一部分——只有在生活世界中交往行为才有可能发生。我们之所以能够与他人互动，是因为拥有共同的信仰、价值观、文化习俗等。相应的，个人能够通过生活世界的资源来完成自我构建。

在某种程度上，生活世界是由其反面的"系统"来定义的，尽管生活世界和系统都是社会层面而非具体层面的认同。系统"按照行动结果之间的功能关系来运行，不考虑个人的行为取向"（Cooke，1994：5）。系统不关注生活世界的规范和价值观，而生活世界是由语言和文化（在最宽泛的意义上）所构建的。

在全球化的背景下，由于行政、政治和金融体系的侵入，我们的生活世界发生了极大变化。全球化时代的生活世界呈现一种**杂糅性**。进入生活世界对维持一种语言、文化以及共同体的认同感至关重要。然而，系统正在把生活世界"殖民化"——各类组织（如公司、大学和其他机构）并非由个人或团体的行为所驱使，而是由系统的逻辑、需求和外延观点所推动。

参见：反全球化（antiglobalization），全球亚政治（global sub-politics），习性（habitus），结构化（structuration）

延伸阅读：Bartlett，2001；Habermas，1987；Tomlinson，1999

阈限的 / 阈限性
LIMINAL/LIMINALITY

此术语由特纳（Turner，1974）提出。"阈限的"可以被用来指人或空间的不确定性、开放性和模糊性。阈限是外部稳定范畴，它是由外部空间,而非自身所占有的独立空间所定义的。阈限性的概念最早被用来描述个人通过某种仪式后的转型状态。因此在初始阶段,个人可以脱离社会去经历各种实践或过程,并最终以新的社会身份回归群体。简而言之,阈限是"非此非彼"的,即这些概念和事物不会落入概念性的、暂时的或空间的局限中,并且一定不会是二元对立的。因此,它们尤其常见于**后现代**和后结构作品中。

对于全球化研究来说,阈限性被应用于空间以及身份或人群。对后者来说,它是社会边缘化的同义词。

延伸阅读:Rampton,1999;Turner,1974

流动的现代性
LIQUID MODERNITY

在全球化研究领域,此术语较多为西格蒙特·鲍曼(Zygmunt Bauman,2000)所使用,借以强调当代生活与**现代性**之间的区别。流动的现代性需要新的方法来解释人类经验,原因在于身份等概念是变动而非静止的。其特征为"边界管理"(Beck et al.,2003),因为边界同以往相比不再是固定的了。简单说来,当传统模式和解释不再起作用时,流动的现代性试图从概念上抓住世界和身份变化的本质。

边界迁移方式的一个绝佳案例体现为当今权力运作的方式。鲍曼写道,我们已经"从全视景监狱式社会到了互相监控式社会"(2000:85)。一个转变发生了:当局的监督变成了全民的监视。鲍曼注意到,遵从规则与规范更像是"引诱而非强迫"(2000:85—86)。公共空间进而被私人空间所占据,同时随着私人生活在重要场合得以展示,公共和私人的分界被侵蚀(通过典型的流动方式)。真人秀和博客的诞生和流行正是这种迁移的症状。鲍曼认为公民不复存在,只有个体存在下来。因此,以群体成员为基础的集体性已经日渐式微。

流动的现代性与贝克关于第二现代性（2002）或吉登斯的现代性观念（1990）相似。流动的现代性特征意味其首先关注于**风险**。

参见：公民社会（civil society），主概念（master concepts），圆形监狱（panopticon），后现代性/后现代主义（postmodernity/postmodernism），再嵌入（re-embedding），反思性（reflexivity）

本土化
LOCALIZATION

本土化是全球化的一个关键概念，既指视角也指行为，主要关注特殊性和地方性而非全球性。从本土化的视角来看，当世界在某种程度上步入全球化并相互联系时，人们依旧生活在特定的地区，并因此有着特定的行为。这并不意味着本土不受外界（全球）的影响。**全球地方化**、**杂糅性**、**再嵌入（re-embedding）**等概念都在讲述地区和全球之间的流动。

就本土化的行为来讲，全球公司是一个很好的例子。微软公司会依据语言种类、市场和服务战略将其产品本土化。大众媒介，尤其是杂志和电影，同样也会将内容和外观做本土化处理。因此，尽管体裁和格式有可能全世界通用，但全球公司会根据地方市场对内容做出调整。流动和影响始终在做推拉式的运动。本土化也关注并研究全球化政策对地方的影响，尤其在可持续发展、**自由贸易**及**自由化（liberalization）**等领域。

参见：反全球化（antiglobalization），全球英语（global English），全球媒体（global media），跨国公司（Transnational Corporation [TNC]）

延伸阅读：Hines，2000；Tunstall and Maching，1999

宏观人类学
MACROANTHOROPOLOGY

由人类学家汉纳兹（Hannerz，1989）提出，其分析有别于人类学家通常使用的研究视角。他的研究方法不仅分析本土，而且能够分析其他方面如地方性、流动性、关系网与联系。用他的话说，宏观人类学的"观察视角比传统的人类学更为全面，在关注较大的社会和区域实体（相对的）的相关性和动因上更具优势"（1987：5）。很明显，这是对全球化视角和全球化现象挑战的回应。

参见：全球地方 / 全球本土化（glocal/glocalization），本土化（localization），网络社会（network society）

边缘化 / 中心化
MARGINALIZATION/CENTRALIZATION

在全球化话语中，边缘化通常被简化为经济的边缘化。发展的模式、商品流动和权力集中意味着部分行为体（如国家或公司）将会被排挤到生产、影响力和资本积累的边缘。

边缘化同样也可以用来指代国家和公司在地理上的边缘化，尤其是**南北分化**和**世界体系理论**上的**核心 – 边缘模式（core-periphery model）**。

它也被用做网络化（enmeshment）的对立面，即全球层面经济体间复杂关系的对立面。这正是全球转型主义者的典型看法，他们认为全球化预示着要在世界重组中带来新的秩序。（参见 Held and McGrew，2003）

市场划分
MARKET SEGMENTATION

市场划分描述了消费者根据习惯、兴趣和消费参数而进行的分类。乔治·戴伊（George Day，1980）区分了两种大的分类方法：自下而上的与自上而下的。前者选取一个消费者，进而围绕他构建一个群体；后者从全体人口开始，进而划分为若干群体。

鉴于很多企业在全球范围内进行活动，因此市场划分不仅仅局限于特定的一国人口范围，而是在全球的背景下进行。因而产品和营销活动的**本土化（localization）**变得至关重要。包括收入、国籍、教育和职业，以及如**生活方式**、价值观、品牌感情等上升的流动性身份标记也开始归入参数范围。

参见：消费主义（consumerism），互联网（internet）

马克思 / 马克思主义
MARX/MARXISM

卡尔·马克思（1818—1883）给社会科学研究留下了一种勾勒资本主义生产方式发展、内部工作机理及其衰落的百科全书式的理论。他的著作在两方面具有突破性的贡献。首先，马克思运用被称为辩证法的研究方法来揭示人类历史的发展进程。辩证法即探究事物的内在矛盾并解决这些矛盾的一种方式。知识通过正题—反题—合题的过程得到进化。正题包含一种理论，其反题是其内部的矛盾和问题所在。当一套解决方案被设计出来并整合进入新的观念体系中时，就实现了合题，并进而引发了下一个正题。在人类历史领域，马克思发现封建主义为第一个正题，并在其内部矛盾的作用下最终崩溃了。**资本主义**解决了封建主义的很多问题,但仍然制造了诸多矛盾,进而为共产主义的新的合题铺就了前进道路。

其次,马克思拒绝承认他所处时代的主导观念,即意识是历史的主导力量。相反,他认为生活的物质条件决定了历史面貌。不同时代的人们对基本物质的不同需求不仅是历史的动力,同样也是社会以及由此产生的其他社会生活的基础。因此,社会研究应该以普遍的社会经济关系为出发点。马克思将这两种思想融合在一起,形成了"辩证唯物主义",集中讨论物质世界的内在辩证关系。

在马克思的时代,资本主义已成为普遍盛行的新型生产方式。他目睹了资本主义所产生的不平等,并启发了他写下三卷本的对资本主义的批判性巨著《资本论》(*Capital*, 1972 [1867])。马克思宣称资本主义是不平等的,因为它把人划分为两大阶级:占有物质生产资料的人(资产阶级)和大多数不占有生产资料的人(无产阶级)。后者靠出卖劳动力获得工资收入,但他们所产出的产品归资产阶级所有。他们的工资价值和他们所生产产品的市场价值间的差额被称为**剩余价值(surplus value)**,即资本家所获得的利润。这种不平等,加之劳动者被迫从事无尊严且无意义的工作所导致的异化,促成阶级冲突的产生。马克思从理论上设想无产阶级将会起身反抗,通过大众革命推翻资本所有者,并建立一个生产方式为集体所有制的共产主义经济体制。

在全球化研究方面,当代马克思主义者主要关注世界经济体系中资本主义扩散到全球范围、产生"发达"和"不发达"区域这个问题。与被认可的关于"第三世界"国家不发达状态源于缺少北方国家发展所拥有的必备条件等思想相对,马克思主义者认为欠发达状态归咎于世界资本主义体系通过帝国主义和**殖民主义**掠夺南方的资源并损害其经济利益的做法。尽管至今大部分殖民地国家在政治上获得了独立,但它们的经济和工人仍然被其所不能左右的资本主义力量所控制。马克思主义者继续研究这些过程,希望这些研究会揭示阶级革命爆发的根源。

参见：资本主义（capitalism），殖民主义（colonialism），霸权（hegemony），世界体系理论（world systems theory）

延伸阅读：Gramsci，1971；Mandel，1969；Smith，1992

NC

大众传媒联合体
MASS MEDIA CONGLOMERATES

1980年代早期的24小时频道、录像带和全球媒体市场的去规则化极大提高了媒体收益。与此同时，一小部分**跨国公司**扩大了其媒体输出的全球所有权。

在今天的**全球媒体（global media）**市场，最大的传媒联合体（时代华纳、迪斯尼、贝塔斯曼、维亚康姆和新闻集团）掌握了全球大范围的公司业务。这些公司的发展趋于横向及纵向一体化。纵向一体化指跨国公司收购能够补充其初级产品的公司，电影制片公司（如维亚康姆）收购电影发行公司或录像出租店，以此来掌握电影的经销。横向一体化指公司为扩大产出而收购或发展其他公司，例如迪斯尼收购音乐公司、电视广播公司、漫画图书或体育团队以推销自己的产品。

全球传媒的集中化引发了公众的关注，如对公共舆论多元化的威胁、新闻栏目交叉所有权的影响和潜在的对新闻记者的自我审查制度等。其中大众最关切的一个方面是传媒产品趋同化所导致的多样性匮乏，尤其是美式节目在世界范围的主导性地位。

对传媒所有权的关注并非始于今日。早在20世纪初，英国出版界大亨诺斯克利夫勋爵和比弗布鲁克勋爵即对其所拥有的报纸有着重要影响力，在内容和版面设计上皆如此。

参见：美国化（Americanization），消费主义（consumerism），文化帝国

主义（cultural imperialism），全球媒体（global media），生活方式（lifestyle），传媒帝国主义（media imperialism）

延伸阅读：Herman and McChesney，1997；Williams，1998

主概念
MASTER CONCEPTS

传统上，一门学科在不同程度上总有一套稳定的核心理论，这套理论形成了该学科的范式并以此来观察并研究现象。主概念即是这些基础理论和研究模式（也被称作宏大叙事）的近义词。学术领域以外的主概念则以普遍信念的方式存在，如性别角色和文化习俗等。

存在争议的是，全球化挑战了这些概念的效用，正如汤姆林森（Tomlinson）所指出的，主概念"注定会歪曲全球化——失去复杂性就意味着失去现象"（1999：14）。因此，新概念应运而生以便更准确地捕捉复杂现象。这些新概念往往借用、扩展并综合了以往的方法。

考虑到我们是在全球化语境下对主概念进行再评估，这很容易使人们认为这种现象是前所未有的。实际上，主概念在它们的原学科领域里一直处于变化之中。如"阶级"（class）这一概念几乎在所有相关学科（经济学、社会学、语言学等）都充满了争议并被再诠释及再改造，因此主概念在全球化领域的"问题化"既是修辞性转向，也是理论性的转向。

参见：反叙事（counter-narratives），专家/专家系统（experts/expert systems），杂糅性/杂糅（hybridity/hybridization），后现代性/后现代主义（postmodernity/postmodernism），风险（risk）

延伸阅读：Blasco，2000

物质主义
MATERIALISM

物质主义经常被用做**消费主义**和消费者文化的同义词。除此之外，物质主义经常与**后物质主义**（**post-materialism**）联系在一起。

参见：消费习惯（consumption rituals），生活方式（lifestyle），流动的现代性（liquid modernity），后现代性/后现代主义（postmodernity/postmodernism）

麦当劳化
MCDONALDIZATION

此词源自乔治·里兹（George Ritzer）的《社会的麦当劳化》（*The McDonaldization of Society*，1993）一书。对里兹来说，麦当劳化是一种过程，即快餐店理念（效率、可计算性、可预测性和可控性）即将主导社会的诸多领域以及世界的某些部分。因此，这些工作方式（高度"理性"方式）的扩散使里兹对他的麦当劳化概念进行了研究和反思性批判。他认为这并非新鲜事物，事实上亨利·福特的生产线革命就是这种麦当劳式工作实践的早期例子。同时，里兹指出当前的问题是这些进程已经渗入了新的社会和文化领域。

工作的"理性"方式要求一项制造流程的所有任务被分解开来，每项任务都尽可能简单，并对任务的次序严加控制。这在一些方面是完全理性的，而且也排除了采用其他任何次序的可能性。麦当劳的生产任务被设计为"傻瓜式"。这种管理流程极为有效。它量化了特定时间内生产的产品数量（可计算性）、掌握产品的精确模型（可预测性）并保证变量极小和几乎不出差错（可控性）。

里兹对这种流程扩散进行了批判，认为它剥夺了个体控制、创造性和自主权。按他的话说，这种工作模式被用在没有那么"理性"的地点和时间上。然而值得牢记的是，这种工作方式是有效的（主要指消费），因为效率意味着收益以及价格承受力。在生活的某些方面，"理性"工作方式并非一定是负面的：一辆被精确组装、质量受到严格保证且价格适中的汽车是再好不过的事。同样，对政府福利体系而言，可预测性与较高的效率也是求之不得的。问题不在于这种高度"理性"方式本身是好是坏，而在于这种管理流程是否总是合适的。

麦当劳化并非仅仅对受到控制的部门有效力，同样也对与这些部门有联系的单位（如消费者）产生影响。

麦当劳化也经常与**同质化**混为一谈，我们一般也经常这样使用和理解该术语。麦当劳一词的前缀"Mc"也经常被用来表达同质化的概念（如McEnglish）。另外对于某些人来说，**麦当劳化（McDonaldization）**由于与美国的血缘联系而成为**美国化**和**可口可乐化**的同义词。

参见：美国化（Americanization），可口可乐化（Coca-colonization），文化帝国主义（cultural imperialism），同质化（homogenization）

延伸阅读：Ritzer，1997；Schlosser，2002

传媒帝国主义
MEDIA IMPERIALISM

在过去的一百年中，大众传媒从西方的发源地扩散到世界各个角落，在不同的时代以不同的方式产生影响。我们所知道的大众传媒起源于富有的西方殖民强国。这些国家通过对欠发达国家的剥削获取了巨额剩余价值，因此有能力资助各项产业的发展。其中一项即大众传媒的基础结构，它们被顺次传播到世界其他地区，或者说被这些地区以不同的方式所接受，具体情况在很大程度视不同国家的财富状况及其与西方列强的关系而定。世界各地人们所享受的新闻、电视、电影、杂志和广播都主要来源于美国模式。坦斯特尔（Tunstall，1977）认为传媒实际上由美国所有。各种媒体模式都最先开始于美国：电视、广播、杂志、报纸、太空卫星、广告，等等。他说："传媒是美国的，就如肉酱意面是意大利的或板球是英国的一样。"(13)

这种起源于美国的产物也已经产生了变化——或被本土化，或适应了不同社会的需要。这类似于前欧洲殖民地往往受到了公共服务广播理念的强大影响，至少在开始时是如此。二战后，其他国家的媒体采取美国商业私有化的运作模式。此外，中东国家主动要求得到美国的专业技术，尽管到目前为止本国控制依然占据主导地位。重要的是，上述这些国家媒体的基础都是西方模式。

好莱坞拥有在全世界传播其电影和电视节目的能力，因此被视为传媒帝国主义的典型。这导致很多国家呼吁发展建立监管保护机构，以避免被它们视为殖民化的美国价值观和生活方式所侵入。席勒（1971）等作家认为控制好莱坞电影生产和传播的大型跨国传媒联合体已成为西方传媒帝国主义的典型标志。

过去十年间，人们经历了大众传媒商业化的狂潮。国有媒体的终结被许多评论家看做媒体全球化的真实写照。这种趋势同样起源于美国，而且得到西方大国的支持，把这股去规范化和**私有化**的浪潮引向全世界，并正在改变传媒的面貌。这使得大型传媒联合体能够将权力的触角伸展至全球范围。

参见：文化帝国主义（cultural imperialism），互联网（internet），本土化（localization），大众传媒联合体（mass media conglomerates）

DM

元文化
METACULTURE

元文化涉及文化的表征与话语。对该概念最全面的论述来自厄尔班（Urban, 2001），但同时也被其他学者所使用。元文化反思与行动的目标是文化本身，因此作为一种现象的元文化在本质上是反思性的。与此同时，元文化也是文化的一部分，可被理解为文化的一个层次。

厄尔班涉及了认为文化客体间正进行交流、传递与转型的"叙事"和评论。元文化（自身文化的）概念解释了文化产品（文件、电影、产品等）是如何进行建构和传播的。简而言之，他认为如果我们无法为元文化定位一个新的目标（即考虑文化积淀），就难以对其有清醒的认识。

厄尔班认为，元文化加速了文化客体及其类型的流动和散播，尤其那些不仅作为简单的翻版（原始"α类型"的"β类型"），而且还有原创（"ω类型"）的元素。厄尔班试图从对元文化的理解中寻找对新型文化的验证。另外，文化创新对意识形态变革意义重大，因而与霸权形式产生了联系，至少在克服霸权形式的意义上如此（Urban, 2001: 26）。

参见：光韵（文化现象的）（aura [of cultural phenomenon]），习性（habitus），霸权（hegemony），生活世界（lifeworld），本土化（localization），后现代性/后现代主义（postmodernity/postmodernism），再嵌入（re-embedding），仿像（simulacrum）

延伸阅读：Johnson, 1997; Mulhern, 2000, 2002; Robertson, 1988, 1992

微观全球化
MICROGLOBALIZATION

一种理解全球化的视角,认为微观层面说明宏观层面,反之亦然。因此它是一种研究的形式和角度,也是观察全球化动因的一个思路。该视角有别于视地区行为主要受全球事件影响的自上而下的方法,也与视全球事件为地区行为所构成的自下而上的方法有所不同。

微观全球化最为人所知的也许是其与恐怖主义组织小组(cell)的理论化之间的联系。这样的小组是地方性的,但它们从真实或想象的全球性甚至更高的指令中得到提示(而非命令)。诺尔·塞蒂纳(Knorr Cetina)写道:"微观意味着宏观的实例化;微观原则促使并支持宏观拓展和宏观效应。"(2005:215)

参见:全球化(globalization),网络社会(network society),结构化(structuration)

延伸阅读:Eade,1997

微型国家
MICROSTATE

如梵蒂冈、列支敦士登、安道尔、摩纳哥等一些由很小的地理区域所组成的独立国家被称为微型国家。在经济全球化的压力下,微型国家有可能面临着威胁,除非它们拥有可观的金融或自然资源可供支配。在理论上,"微型国家"这个术语并不总与国际关系或政治经济学理论相吻合,因而对全球化理论构成了挑战。

参见:世界体系理论(world systems theory)

延伸阅读:d'Argemir and Pujadas,1999;Griffin,1994;Simpson,1990

移民
MIGRATION

移民并非新鲜事物,但在二战刚刚结束后的时段里,移民规模(强制的或其他形式的)达到了前所未有的程度。最开始是由东向西流动,目前主要为由南向北转移。很明显,这对**民族国家**和应对**多元文化主义**(**multiculturalism**)构成了挑战。我们应该认识到,移民可能是被强制的,也可能出于政治动荡、自然灾害、经济胁迫以及贩卖人口等不同原因。当全球化话语中人口和观念的流动及时空界限被打破时,人口的自由流动实际上局限于从事国际商务的全球精英们以及有能力随意安置必要资本(文化的或金融的)的群体。移民政策仍然保护民族国家,尽管**人权**法律和人权话语影响了移民政策的修辞,有时甚至对其产生实际影响。简而言之,即便生活在全球化的无国界世界中,移民对许多人来说也不具有随意选择性(Ohmae,1990)。发达国家的移民政策通常只欢迎有就业能力、金融价值、语言能力和文化资本的特殊移民。

参见:核心-边缘模式(core-periphery model),散居(diaspora),全球治理阶层/全球精英(global managerial class/global elite),人权(human rights),时空压缩(time-space compression)

延伸阅读:Featherstone,1990;Massey,1993;Richmond,1994

流动性
MOBILITY

流动性是全球化研究中的关键概念,它是一种总体性的观察和思考,而不是某种具体理论。对流动性的关注与全球化的核心宗旨有关,即人口、产品、观念和货币的流动性所达到的前所未有的速率。因此,全球化研究关注资本、人口、观念和工作（如**外包**）的流动。这种流动性因计算机技术（尤其在金融领域）、交通管理技术的进步以及阶级、社会地位重要性的下降（按吉登斯的说法，源自从传统到现代社会发生的转变）而成为可能。

但是，这样的流动性也可能有些被过于强调。应该注意的是，阻碍某些人流动的障碍仍然存在，并有可能增强。因此，尽管作为关键概念，流动性的原因和后果也不是它自身能够解释清楚的问题。

参见：数字游牧民（digital nomads），自由贸易（free trade），互联网（internet），自由化（liberalization），移民（migration），现代性（modernity），民族国家（nation-state），外包（offshoring），时空压缩（time-space compression）

延伸阅读：Marchand *et al.*, 1998；Wang, 2004

现代主义
MODERNISM

现代主义是观察世界的一种方式，它不仅应用于社会学和政治理论中（并可能体现于由此产生的行动上），也同样适用于艺术活动之中。它与**现代性**相联系，因为现代主义关注着现代性的表征及其时空变化经验。但是，现代主义与我们称为现代性的任一时段都并无关联性。

现代性
MODERNITY

现代性可指代历史上若干时期。一些人把现代性追溯到启蒙运动（18世纪中叶），因为这场运动见证了理性主义和经验主义的崛起。但仍有其他人用现代性指代**工业化（industrialization）**所带来的种种变革。

从这个意义上，现代性的特征表现在乡村生活到城市生活的转移、国家干预的增强（尤其涉及福利、就业和城市规划）、世俗化、个人主义、教育、社会流动性、**民族国家**的崛起以及**资本主义**和贸易重要性的增强等方面。在西方，这也是殖民化的时代，准确地说即是为满足生产和消费需求而获取劳动力、原材料以及扩大消费产品新市场的一个时代。这个阶段的现代性被贝克（Beck）称为"第一现代性"，特点为"*我们生存并活动在自我封闭的民族国家和各自的民族社会里*"（2000：20）。

从全球化的角度来说，许多学者用不同的方式使用"现代性"一词，因而必须考虑这些学者的历史观和理论背景。例如吉登斯（Giddens，1994a）称现阶段为现代性（或激进现代性、**反思的现代性**）。这是一个阶段，也是一种与我们所习惯的"传统社会"不同的生活和思维方式。吉登斯认为"现代"社会（即现代性）的特点为自我**反思性**以及与传统社会秩序的决裂。这意味着我们不再被诸如家庭、国家等传统角色和机制所束缚，而是能够自由选择我们的角色和身份。另一方面，鲍曼（Bauman）创造了**流动的现代性（liquid modernity）**这一术语来形容类似的转变。

一些人认为现代性阶段已经过去，并认为我们现在所处的时代应称之为**后现代**。与吉登斯的现代性概念一样，这种概念以对**主概念（master concepts）**的批判性再评估和自我反思性、**流动性**、**杂糅性**为特征。詹姆森（Jameson，1991）把现阶段看做将经济问题与更广范围的意识形态问题相联系的"晚期资本主义"时段。奥尔布罗（Albrow）认为我们正在步入"现代性下一个时代"的全球主义阶段（Albrow，1996：8）。如前文所述，贝克区分了第一和第二现代性，认为第二现代性的特点体现在民族国家重要性的衰落上。从政治上说，他把第一现代性作为规则治理政治的时代，第二现代性为规则改变政治的时代（2000：65）。

尽管现代性（与后现代性）表现为时间阶段，与之相关的现代主义

（及后现代主义）并非与时间段紧密挂钩。现代主义可以被理解为现代性的理论和实践，但并不需要用特定的时间坐标来衡量。对这些术语的使用及其含义始终充满了争议。

延伸阅读：Albrow，1996；Appadurai，1996；Gwynne and Kay，2004

货币化
MONETARIZATION

简而言之，货币化是指从货币概念出发来衡量事物。货币化是从货币单位上对事物的量化，并与**商品化（commodification）**概念共存。因此，工作的货币化意指工作由是否将货币作为报偿以及有多少货币报酬来定义。类似的，环境破坏也可以用货币化来衡量。这种概念不仅是理论上的，而且同样可以给社会和文化结构带来无法预测的冲击。

参见：资本主义（capitalism），交换价值（exchange value），全球劳动力市场（global labor market），马克思/马克思主义（Marx/Marxism）

延伸阅读：Carruthers *et al.*，1998；Michaud，1997；Reck，1993

蒙太奇
MONTAGE

蒙太奇意为"拼在一起"，经常用于世俗艺术的表现中，尤其是电影和音乐。它的静态形式被称为拼贴艺术。它与混杂（melange）有关，并且是典型的**后现代**概念，与拼接（bricolage）和混成作品（pastiche）相联系。这个术语的全称"知性蒙太奇"（intellectual montage）由电影制作人谢尔盖·爱森斯坦（Sergei Eisenstein）所创造，用来描述连续编辑的一次剪接。蒙太奇中不同片段的组合创造了崭新的概念并反映了意识流，因此被视为具有"知性"的特征。

参见：后现代性/后现代主义（postmodernity/postmodernism）
延伸阅读：Pryke，2002；Smart，2004

道德经济
MORAL ECONOMY

道德经济一词首先被汤普森（Thompson，1971）用来描述18世纪民众的行为。在当下，道德经济则涉及道德、社会习俗和司法影响力等一系列因素，如经济和法律程序等。

塞耶（Sayer，2004）从道德经济的一个用途对其做了定义，即道德在多大程度上影响并建构了经济活动。由此，他声称所有经济都可视为道德经济。

道德经济并非总是涉及经济的伦理方面。它同样可以被用来描述社会总体运转的方式。很明显，法律、金融和其他监管机构是社会组织的核心所在。同样，经济活动多少都带有伦理性质，而社会其他部分也是如此。因此，一个根据自然正义运作的社会可以说是一种完全的道德经济体。

但在今天，道德经济更多只是一种相对概念，或只是社会运作方式的一个方面。在西方，**福利国家**对某些契约的禁止（例如因其不道德而被定性为非法行为）组成了道德经济的一部分，这种道德经济与更"传统"的金融和物质交换的经济模式在社会中并行存在。

塞耶写道：

> 道德经济体现了责任、个人权利以及对他人表示尊重的制度所代表的规范和情感。这些规范和情感超越了正义与平等，并延伸至"善"的层面，如尊重经济活动的需求和最终目的。

它们也可扩展至善待环境的领域内。(2003)

因此,道德经济不仅指用道德替代金钱,而是涉及任何道德与正义驾驭市场行为的进程、规则或习俗。

本术语同样可以被用来指引此类行动,如鲍威尔逊(Powelson,1988)在他的同名著作中集中论证我们的经济应该是(更加)具有道德性质的。

"道德经济,"鲍威尔逊写道,"通过古典的自由主义,并使用制衡来阻止环境破坏、伦理和性别偏见以及财富分配不均,从而实现技术革新所带来的益处……在道德经济中,政府起到促进作用,而非强制性管理。"(1998:19)

参见:公民社会(civil society),人权(human rights)
延伸阅读:Heath,2005;Powelson,1998;Sayer,2000;Thompson,1991

多元文化/主义
MULTICULTURAL/ISM

多元文化指特定空间或**民族国家**内文化与种族的混合体。它可以说是理解多民族国家的另一种方式,但也与政府政策,尤其是移民政策紧密相关。在人口流动性巨大的今天,多元文化主义在教育、社会凝聚力和社会福利体系方面仍然是重要的议题。

多元文化主义通常与多数族裔文化如何认定和处理少数族裔文化相关联。从这个意义上讲,多元文化主义代表了一种种族融合政策,寻求对不同文化和种族的包容,因此与主张少数服从多数族裔文化的同化政策相对立。后者的政策包括强迫学习并只能使用**国家**官方语言,以及对宗教、服饰和社会关系等少数族裔文化表征的全面取缔。同化主义(单一文化）的做法得到了为寻求同一性和维护"真正"文化的所谓"民族主义"组织的支持。

一些人把多元文化主义视为"大熔炉"的同义词，另一些人则将之视为其反义词——在此"大熔炉"意味着新群体在没有国家干预的情况下主动融入主导文化之中。

多元文化主义政策遭到一系列批评，包括性别（Moller Okin et al., 1999）、"共同体"的建构和具体化、族群的**边缘化**和区块化（Bissondath, 1994）、对主导文化的"威胁"和团结统一意识的弱化，等等（Barry, 2001）。

参见：二元文化主义（biculturalism），文明的冲突（clash of civilizations），世界主义（cosmopolitanism），文化整合（cultural integration），散居（diaspora），语言权利（language rights）

延伸阅读：Alibhai-Brown, 2000；Miller, 1998

多国公司
MULTINATIONAL CORPORATION (MNC)

见：跨国公司（transnational corporation ［TNC］）

民族国家
NATION-STATE

拥有单一主权单位的民族政治组织。此概念由两点原则组成：一方面，**国家**作为一个权力组织对其领土拥有确定主权的原则；另一方面，国家代表了拥有共同历史、文化、语言和种族特性的民族。自19世纪以来，民族国家成为占据主导地位的政治组织形式，并成为国际体系中的主要单元。在**去殖民化**（decolonization）过程中，民族国家数量的激增令人印象深刻，且重塑了所有大洲的政治版图。

国家构建的进程包括一系列发展步骤：首先，国家权力在其领土上的渗透；其次，文化和语言的标准化与同化；再次，人民群众政治参与的扩大；最后，社会经济利益的分配与再分配。通过这些步骤，强大的集体认同感、统一感与**信任**随之产生。至此便为普遍合法性的产生做好了准备，社会对立转变为政治冲突并被制度化，大规模的再分配政策也逐渐被接受。在象征层面上，一种积极的归属感产生了，且政治权利被看做对价值观和生活方式的表达。最终，**积极公民身份**（active citizenship）和至关重要的**公民社会**得到培养并参与政治进程，在公共生活中发挥重要影响。

另一方面，在很多情况下，这种民族和政治的统一与整合脱胎于长期的、经常表现为暴力性质的对少数族裔的文化**同质化**、同化与压迫过程。此外，侵略性的民族帝国主义与对他者的蔑视是欧洲历史的长时段特征，民族国家之间的对抗最终导致了20世纪的灾难性战争。文明与对这种冲动的"驯服"是战后政治的主要课题，即国际法和**人权**机制。近来新的对民族国家积极形象的认同产生于对"失败国家"的讨论，谨慎的国家构建可以实现稳定与整合，而这种稳定与整合是任何长期政治进程的基础。

参见：积极公民（active citizens），去殖民化（decolonization），民主（democracy），民族主义（nationalism），国家（state）

延伸阅读：Montserrat，1996；Paul et al.，2003

FO

民族国家的衰落
NATION-STATE, DECLINE OF

传统上民族国家建立在领土国家的基础上,并对其拥有主权。然而,当代社会、经济和文化活动超越了国家边界的限制。贝克指出这种变化"体现在主权的每一根支柱上:税收、警察职责、外交政策和军事安全"(2000:4)。对此欧盟中体现最为明显的是合作国家间警察部门的关系。欧洲传统主权国家多服从于一个组织或至少被该组织所监管,**欧盟**即是这种组织的最好例证。

斯特兰奇(Strange,1996)认为尽管**国家**在以往是市场的主宰者,但现在主仆角色已发生倒置。"国家权威的衰落反映在其权力不断向其他机构、组织和地区扩散,而拥有结构性权力的大国和没有结构性权力的小国间的不对称关系也愈加明显。"(1996:4)与此同时,斯特兰奇注意到一些矛盾,例如国家对个人生活干涉的增加,以及部分不具有民族国家地位的社会对获得正式民族国家地位的欲望也在不断增强。斯特兰奇认为民族国家的确在衰落中,但这种衰落并无统一特征,其本身也存在着种种矛盾。

迈克尔·曼(Michael Mann)认为要研究民族国家衰落问题,一种历史性视角是必不可少的。曼指出了四种对传统民族国家的"威胁":资本主义转型、环境制约、**身份政治**(**identity politics**)和**跨国主义者**(**transnationalists**)。他认为这四种威胁中有一些实际上强化了民族国家。我们很难笼统概括民族国家的地位,因为"人类的互动网络已经通过数量、变量并以不平衡的方式渗透至全球每一个角落"(1997:495)。

延伸阅读:Mann,1986,1993a,1993b,Ohmae,1990;Strange,1998

民族主义
NATIONALISM

狭义上讲，民族主义通常被理解为一种明显的利己主义，即偏袒自己的民族。民族主义也可成为政治原则或活动的基础。从更广泛的意义上讲，民族主义指一种过程，即大规模集体认同和与之相关的情感、抱负、话语和想象的产生。通常来说，语言、领土、神话或共有的经验成为定义民族性的标准。

唯心历史学家有时认为民族主义仅是19世纪的意识形态现象，是德国哲学家赫尔德（Herder）和浪漫主义者的产物。但是，从人类学角度来说，集体的认同和统一、共同的象征性结构及对时空的相同理解似乎是人类社会普遍存在的一个问题。与此同时，我们也需重视民族主义的现代形式。例如，查尔斯·蒂利（Charles Tilly, 1990）和迈克尔·曼（Michael Mann, 1993a）曾解释民族主义是**国家**建构的意识形态补充。厄内斯特·盖尔纳（Ernest Gellner, 1983）和埃里克·霍布斯鲍姆（Eric Hobsbawm, 1990）则更多强调与**工业化**相关的某些政治及文化角色的变化。可以肯定地说，涉及数百万人的民族整合预先假定了一套强有力的媒介和机制的产生，如出版社和报纸、公共教育、行政、人口统计、地图等。另一方面，我们可以理解人类对社会团体的一种依附性和推动性，正如心理学中社会认同理论所解释的那样。

在人文科学中，人们曾围绕"建构主义"和"本质主义"或"原生主义"展开辩论。前者强调社会和历史进程，即民族是被"创造"和"制造"出来的。后者则坚称持久的传统和伦理纽带是自古有之且自然而然的，即在民族主义动员之前业已形成。具体研究中，在相关的历史和社会文化背景下重建一个广泛的群体（再）产生模式则超越了这种二分法。结果，"建构"的隐喻看上去起了误导作用：当社会生活如同一幅画卷始终在被创造时，它永远不是自主的、独立的"建构"。

在全球化话语中，对民族主义的看法好坏参半。一方面，"一个世界"的经验以及对人类生态共同体内部团结的号召看上去与民族主义世界观格格不入。国家和民族被视为过时的事物，且使人们不禁想起西方民族主义的传道士和帝国主义倾向，最近我们不难从美国身上找到这种倾向。另一方面，经济全球化的去人格化倾向、私人利益占据主导位置以及不透明的全球"无政府治理"状态使人们主张将（民族）自决作为反抗手段，以促进解放和社会公正。

为了缓解对民族主义看法的分歧，许多作者求助于对可接受的"西方式"（公民）民族主义和不受欢迎的"东方式"（伦理）民族主义的规范性区分。但是，这种概念两分法忽略了全球化转型所带来问题的复杂性。与其去寻找"正确的"民族主义形式，不如更多地去重新构造政治空间的结构并关注政治秩序、正义和合法性等更为根本的问题。考虑到这种重大的转型过程，群内和群外关系的社会心理学动态表现为一种重要变量，人们对此应该加以重视。

参见：殖民主义（colonialism），想象的共同体（imagined community），民族国家（nation-state），同一世界范式（one world paradigm）

延伸阅读：Smith，2001

FO

国有化 / 国有化工业
NATIONALIZATION/NATIONALIZED INDUSTRIES

指由**国家**所有的工业。二战后国有化现象非常普遍，并且与**福利国家**模式的政府相关联。但在1980年代，一些政府已将国家所有的某些服务职能如交通、能源和供水行业私有化。

当代潮流与国有化截然相反，即**私有化**。因此当前的工业国有化更类似于再国有化，即国家再次购回某一产业。例如，新西兰政府在曾在 2003 年购回新西兰航空公司的绝大部分（80%）产权。

现存的国有化工业仍处于私有化压力下，因为**民族国家**正面对着全球经济的刺激。英国的国民医疗保险制度（National Health Service, NHS，于 1948 年国有化）是国有化保健体系的一个范例，现在所承受的私有化压力越来越大（如采取 PPFI：公共私有金融方案的形式）。

参见：全球资本主义（global capitalism），自由主义（liberalism），民族主义（nationalism），新自由主义（neoliberalism）

延伸阅读：Coulmas, 2000；Pollock, 2004

新保守主义
NEOCONSERVATISM

人们对新保守主义的内涵充满争议。本术语由美国社会学家迈克尔·哈林顿（Michael Harrington）在 1970 年代提出，一般认为新保守主义政治运动在诞生之初是对动荡不安的 1960 年代的回应，而第一批新保守主义者并非原本就是非常"保守的"。与美国政治相联系，新保守主义者坚持公司**资本主义**，并认为大企业在让美国人民享受前所未有的自由和富裕方面获得了很大成功（Kristol, 1978）。但新保守主义者并非自由主义者，因为自由主义对文化的漠视让新保守主义者难以接受，同时新保守主义者也不相信资本主义应该自由行事，不受规则限定。文化的强大作用意味着新保守主义同样对社会福利主义持敌视态度。出于对家庭中心性的强烈信仰，新保守主义政治团体试图重新评估妇女，尤其是母亲在家庭中的地位，并把家庭视为国家所依赖的基础。新保守主义也可被视为一种运动，其基础表现在进攻性的外交政策、**自由贸易**、冷战中敌视共产主义，以及反对被他们视为追求恐怖主义并坚守反以色列政策的中东国家。

参见：新自由主义（neoliberalism），社会资本（social capital）

RM

新自由主义
NEOLIBERALISM

新自由主义主要关注经济政策和行动，而不像把个人自由看做最高取向的自由主义一样成为一种广义的政治意识形态。新自由主义意味着对基本权利以及法治的保护。新自由主义通常与贸易、资本及国家对它们的规则联系在一起。它的特点表现为开放市场、低程度国家干预、资本和商品的自由流通，以及将前**国有化产业**（nationalized industries）予以**私有化**等。**国家**仍然在提供国防和金融基础设施方面发挥作用，但更加倾向于自由放任而非干涉主义。

自由贸易和资本以及商品的自由流通使**跨国公司**发展壮大。新自由主义同样也是由全球主要金融机构即**国际货币基金组织**、**世界银行**和**世贸组织**所建构的宏观经济模型。因此自由主义价值观成为经济全球化的核心，并于二战结束后在西方政府中开始流行；1970年代，随着西方政府从**福利国家**模式、工会主义和凯恩斯经济学转向市场规律中的**信任**和强调个人责任（而非集体或国家责任），新自由主义愈发盛行。

新自由主义可以表现为多种形式，并强调优先使用多样化的经济手段。但与自由主义相对的是，经济行动和经济改革被视为通往发展的必要路径。这与强调优先发展政治的民主化形成鲜明对比。新自由主义和新自由主义化成为"经济全球化"和"全球化"的代名词。因此"新自由主义"与"全球化"一样成为人们争论的焦点。

参见：反全球化（antiglobalization），资本主义（capitalism），国际货

币基金组织（IMF），自由民主（liberal democracy），自由人本主义（liberal humanism），国际贸易组织（WTO）

延伸阅读：Clarke，2004；Coburn，2004；Pieterse，2004；Sassen，1999；Stiglitz，2002；Wade，2004

网络社会
NETWORK SOCIETY

网络社会这一概念由曼纽尔·卡斯特尔斯（Manuel Castells，1996）提出，用以概括他对**全球资本主义**富于开创性和全面性的研究。卡斯特尔斯相信信息及生产和传播它的技术是网络社会的中心。网络社会使全球经济得以产生，这种经济的特点在于它能够成为一个即时性的连贯单位。

网络社会的基础建立于 1970 和 1980 年代，下列条件对网络社会的诞生功不可没：信息技术（个人计算机及网络）的出现、市场去管制化、东方阵营解体、发达经济体从制造业向服务业的转型、发展中国家个人地位的提升以及发达经济体因公共领域逐渐收缩而日益凸显的将个人幸福置于集体之上的趋势。尽管这些因素起初是独立的，但在后来变得相互依赖，如此这般，我们现在便生活在一个前所未有的社会体系中。网络社会不仅仅是经济或科技问题那么简单；它具有社会性，同时涵盖文化和政治领域。因此，它的崛起与女性进入劳工阶层的运动和男权的总体终结、核心家庭的不稳定、共同体纽带的松动以及**国家**权力和影响力的逐渐弱化等在重要性上是旗鼓相当的。

网络社会是"平面"而非"纵向"整合的。这意味着它并非由中央控制或计划所决定，而是跨地区、机构和领土进行分布。这种逻辑反映在其一系列特征上。例如，作为其标志性技术的**互联网**去中心化性质排除了等级性，意味着它有足够的弹性来持续制造信息传播的新路径。类似的，在此新环境中的跨国公司展示出一种特殊的弹性，将其业务**外包**至劳动力廉价的发展中国家,并将商品卖给发达经济体。这种去中心化的事实使它们看起来仅仅是由一系列合同、商标和股东所拼凑而成的一样。

与之相关的一个特征是它的**杂糅性**,它是一个"极端性"得以共存的社会,而且看起来仍在积极强调差异。卡斯特尔斯认为网络社会是"围绕着网络和自身的两极对立而构造的"(1996:3)。因此,我们目睹了社会和**文化趋同**(cultural convergence)发生的过程,不同的民族和人群通过传媒技术和消费被集中到一种同质化的"非空间"中。同时地区和种族认同再次抬头,越来越多的人选择用他们排他性的种族、文化或宗教遗产来建构自我认同。通常这些团体在地理上是分散的,且通过电子通讯互相联系。

杂糅性和空间的不连续性可以从经济部门的分布中体现,例如地理上接近的地区可能在发展上相隔甚远,因为贫困地区相距生机勃勃的经济热点地区可能只有几米之遥。生产与消费中心通过技术与运输进行着不间断的交流,而全球的网络道路就铺设在极端贫困的地区周边。卡斯特尔斯称之为"流通的空间",在这里空间从属于商品、数据和信息的流通。这种流通重组了以往统一的领土,并经常整体性地绕过全体居民。在这一点上,卡斯特尔斯谈到了地理意义上的"第四世界",它由每个国家都存在的封闭社会区域所组成。

对那些被流通性排除在外的地区来说,网络社会的一系列特征使它们的处境尤其危险。这包括跨国主义者所要求的弹性,即不断重新安置自己的生产活动以减少开支、取消工会、减少国家补贴和福利。此外,这些人也在承受着因第一世界滥用资源而导致环境恶化的恶果。因此,网络社会也是不断增长的贫富分化的栖息地。

参见:公民社会(civil society),散居(diaspora),全球本土化(glocalization),跨国公司(Transnational Corporations [TNC])

延伸阅读:Castells, 1997, 1998

JH

新工党
NEW LABOUR

新工党是英国工党在 1990 年代中期用以说明自己身份（并进行描述）的名词。这包括从传统的左翼道路转向**中间路线（centrist）**政治，即**第三条道路**。

参见：新自由主义（neoliberalism），福利国家（welfare state）
延伸阅读：Fairclough, 2000; Monbiot, 2001

新公共管理
NEW PUBLIC MANAGEMENT

见：改革（政治的）（reform [political]）

非政府组织
NGO (NON-GOVERNMENTAL ORGANIZATION)

从技术上讲，非政府组织指任何独立于国家的、由非**国家**实体创建的组织。在这种意义上，公司也是非政府组织的一种。但这个术语被普遍用来指称非营利性组织。它们也许非常微小（被称为 CBO——Community Based Society [社区组织]），同时也可以是像**联合国**那样在全球层面运作的组织。这一术语首先出现在《联合国宪章》(1949) 中，其中非政府组织在联合国扮演咨询服务性质的角色。

世贸组织和国际货币基金组织也是非政府组织，但通常意义上非政府组织被认为是促进并关注人道主义和环境（而非经济）的行动团体。

非政府组织中存在着一系列缩略语以区分不同的团体。这些团体包括INGO（国际非政府组织）、BINGO（商业导向非政府组织）、RINGO（宗教国际政府组织）和ENGO（环境非政府组织）。并非完全独立于政府的包括**QUANGOs（半独立非政府组织）**和GONGOs（政府运作非政府组织）。同时还有一些"另类"非政府组织，包括：BRINGO（公文包非政府组织），它只存在于名称上，与正常的非政府组织相比没有实质功能；CRINGO（犯罪非政府组织），即从事非法活动的前线组织。这些"另类"非政府组织的术语并未被正式使用。但它们被创造出来的事实表明，非政府组织来自于政府、其他非政府组织、捐赠机构以及社会。

非政府组织可以获得一定的资助和支持，但其地位必须根据某一资助体（或捐赠机构，它也可能是非政府组织）设定的标准来认定。从联合国认定角度来说，它不能卷入经济（牟利）活动或暴力（或支持暴力）的活动中，它不能被某一政府所控制，也不能试图取代某一现存政府。的确，独立的非政府组织对于全球**公民社会**的发展至关重要，尤其是对危机或战争形势下的人道主义援助来说。尽管存在着这样的非政府组织，但这并不意味着它们一定不受国家或国际政治的影响。**民族国家**可以通过公开立法或增减获得资金的机会（例如立法决定非政府组织是否能够从国外捐赠人手中获得捐款）等手段规范非政府组织的行为。

非政府组织也存在着等级，正像国际非政府组织所体现的那样。规模大且资金充裕的非政府组织（如牛津饥荒救济委员会[OXFAM]或行动援助组织[ActionAid]）会向依照它们的政策指导而行动的小型非政府组织提供资助。非政府组织间也经常进行合作，尤其当一方资金充裕但缺乏地方专家时。出于反全球化的目的，非政府组织之间经常在非政府组织网络中进行正式合作。

有人认为非政府组织正在从提供救济（以需求为基础的工作）到提供发展，尤其是**可持续发展（sustainable development）**以及鼓励性措施的道路上进行转变。该假设是否属实要看我们讨论的是哪种非政府组织。例如，致力于游说和鼓动的非政府组织也许从不参与为社区提供基本需求的工作。

非政府组织领域有着自身不断演变的路径。和其他行业一样，它们也或多或少以流行的方式建构及承担工作。当下的趋势似乎转向了以**人权**为主的活动。这与其他全球话语一致，并试图在国家和全球层面上利用相关法律的基础建设。

参见：公民社会（civil society），全球治理（global governance）

延伸阅读：Clark，2001；Dichter，2003；Hilhorst，2003；Iriye，2004；Jordan and Tuijl，2000；Malhotra，2000；Pratt，2004

不结盟运动
NON-ALIGNED MOVEMENT（NAM）

不结盟运动是一种国家集团，其组成国在不愿与大国结盟的基础上，在国际舞台上拒绝与大国绑定在一起。这个组织首先由印度总理尼赫鲁在1954年进行倡导，并在稍后成立。它主要由南方国家和新近独立的国家组成，并在全球范围内避免与大国保持亲密关系。

这是一个关注发展（尤其在后殖民背景下）、互相尊重并互不侵犯的联盟。因此，该组织即非贸易联盟也非军事联盟。尽管这个组织试图拥有类似北约那样的凝聚力，但其在短期内很难达到这个目标。即便如此，它还是将一些问题提到全球议程上来，其中最引人注目的是号召建立新国际信息秩序（1955）以及由此而来的新国际经济秩序（1973）。这些议题都与资源的不平衡流动相关，而这种不平衡流动导致很多国家自认为遭遇了文化殖民（MacBride and Roach，1989）。但是，不结盟运动能够在全球性论坛（如**联合国**）上提出异议，主要不是通过提出自己的共识或政策，而在于能够吸引全球对其产生关注。随着印度、中国和巴西等发展中经济大国的实力逐渐增强，不结盟运动实现其目标的可能性也在随之增大。

参见：均势（balance of power），殖民主义（colonialism），核心－边缘模式（core-periphery model），文化帝国主义（cultural imperialism）

延伸阅读：Harris，2005；MacBride and Roach，1989；Roach，1997；Singham and Hune，1987

非现代
NON-MODERN

此词通常被用来描述与现代和**现代性**等观念相关的组织或国家，而不直接涉及前现代、**传统（traditional）**、**后现代**或超现代等概念。实际上，这个术语通常用来指称农业社会。因此，它描述的是"非传统"但同时又不能冠之以任何"现代"头衔的事物。这个术语最早出现在拉图尔（Latour，1993）的著作中，其含义并不直接和清晰，而是暗指关于当代社会的某个论点。

参见：杂糅性（hybridity），网络（networks），后现代性/后现代主义（postmodernity/postmodernism），风险（risk）

延伸阅读：Locink and Schultz，1997；Nolan and Lenski，1999；O'Brien *et al.*，1998

南/北鸿沟
NORTH/SOUTH DIVIDE

此词指南北半球国家在政治经济权力方面的不平衡分配。

参见：核心－边缘模式（core-periphery model），世界体系理论（world system theory）

经济合作与发展组织
OECD（ORGANIZATION FOR ECONOMIC CO-OPERATION AND DEVELOPMENT）

一个发达国家联盟，接受自由主义政治和经济政策，可被视为北方权力的制度化产物。也许更广为人知的是其发展、协商并起草了《多边投资协定》（Multilateral Agreement in Investment，MAI），该协议规定了公司等机构在国外投资的权利。这份协议是众多非政府组织协同游说的结果，但目前仍处于搁置状态。

该组织的直接来源是欧洲经济合作组织（OEEC），它是二战后美国主导实施的马歇尔计划的一部分。因此，尽管该组织在口头上谈及对发展话题和生活质量的关注，实际上其主要行动模式仍倾向于宏观经济。

经济合作与发展组织位于巴黎的总部负责提供全球经济和社会指数。这些信息为其组织成员及各自国内的商业政策规划提供了讨论的基础。上述研究功能是经济合作与发展组织的基础，其出版物、报告和数据被认为全面、可信且具有权威性。

该组织同时也是一个讨论各种议题的论坛，经常诞生各种非正式协议并进而演变为双边及多边协议。例如，1999年生效的一份反贿赂公约就是上述过程的结果。经济合作与发展组织视自身具备全球影响，并与**非政府组织**、**公民社会**和非成员国共同合作。

全球化怀疑论者（如赫斯特[Hirst]与汤普森[Tompson]，1996）认为与全球化相关的典型变革只发生在经济合作与发展组织国家内部。考虑到该组织对经济全球化和经济**自由化**等核心原则的承诺，这种看法并不让人感到奇怪。

经济合作与发展组织更像是召集并组织国家的一种方式，其30个成员国中有24个被认定为高收入国家（根据**世界银行**的标准）。

参见：超级全球化论（hyperglobalist thesis），自由人本主义（liberal

humanism), 第三条道路 (Third Way)

延伸阅读: Mittelman, 2000; OECD, 2005

外包
OFFSHORING

指将业务流程转移至海外,其途径或者是第三方进行转包,或者是本方保留控制权。产品外包伴随着贸易**自由化**的增长而发展,服务外包则是近年出现的新事物。本术语尤其适用于客户服务的迁移及IT领域。有预测显示,至2015年美国和英国会因此失去五百万个工作岗位。

2000年,技术进步使全球分散业务流程的整合成为可能。只要进行充分沟通并拥有合格的劳动力供给,客服中心和"后勤部门"就能够发挥功效。由于国内竞争的驱动,公司将工作转移到印度等劳动力价格较低(且劳动权益保障较差)的国家。

起初外包表现为金融服务的特征,到2005年外包案例已经涵盖了包括国有部门在内的整个经济领域。其早期发展主要归因于英美公司,它们利用了英语全球主导地位的优势。最后,市场压力迫使其他欧洲经济体纷纷仿效。

国际上对于外包可否享有优先权的问题争论不休。在倡导者看来,外包体现了一种双赢的方案:一方节省了资金,另一方得到了更多可持续的工作机会。而批评者认为,不规范的**流动性**意味着"触底竞赛"。工会对这个问题的反应已被国际上的共同声音所缓和。低成本经济体的竞争会使大家重新评估外包。

参见: 数字游牧民 (digital nomads), 全球英语 (global English), 互联网 (internet)

延伸阅读: United Nations Conference on Trade and Development, 2004

GW

同一世界范式
ONE WORLD PARADIGM

在全球化话语中,"同一世界"这一短语可用于诸多方面。亨廷顿(Huntington)在其《**文明的冲突**》(*Clash of Civilizations*)一书中宣称,同一世界范式在普世文化意义上是一种"不真实的选择"(1993:23)。"同一世界"同样可以指代全球性的**同质化**这一论点。从"同一世界"所暗示的互联性的角度上讲,这一短语涉及生活在**地球村**所带来的责任。它与哲学家彼得·辛格(Peter Singer)对不平等的全球景观的伦理思考(2004)更为相近。

参见:命运共同体(community of fate),风险(risk)
延伸阅读:Singer, 2004

开放社会
OPEN SOCIETY

此概念由哲学家伯格森(Bergson, 1935)提出,指一个灵活、透明、对变革持开放态度且能容纳多样性和不同政见的政府。在这个意义上,它处于威权国家的对立面。我们经常使用的是哲学家卡尔·波普尔(Karl Popper, 1945)对该术语的定义,其意义与前者的差别不是很大。它建立在波普尔的科学和一般认识论基础上,宣称我们无法接近真理;一个开放社会应是对变革持开放态度的社会。因此,政府的更迭并不一定要采取革命手段(而威权主义封闭社会里往往如此)。

开放社会能够用适当的人道、公民权利等基本权利保护文化和种族的多样性。在全球时代,人口的流动,尤其是移民(出于经济、不可抗力或其他原因)给开放社会的宽容度和多样性压力下的社会基础设施带来了挑战。一个开放社会需充分意识到变化中的现状以保持开放，因此需要采取自我**反思**（reflexivity）的策略。

参见：自由民主（liberal democracy），移民（migration），多元文化主义（multiculturalism）

延伸阅读：Fuller，1999；Soros，2000

石油输出国组织（欧佩克）
ORGANIZATION OF PETROLEUM EXPORTING COUNTRIES（OPEC）

欧佩克是一个经济联盟，一个石油生产和出口国的联合组织。它协同制定政策并维持石油价格稳定，以保证产油国的利益。鉴于石油需求具有持久性，欧佩克具有不可忽视的政治经济权力。石油多来自于南方国家，因此它们可以通过限制产量、提高油价或禁止向某国出口等措施平衡北方国家的主导地位。欧佩克的影响同样也是**民族国家**权力转移的一部分。值得注意的是，尽管欧佩克是一个联盟，其成员国仍可以独立行动。但由于全球石油贸易是以美元进行结算的，因此石油交易仍要依赖于美国的经济表现。伊拉克是唯一坚持以欧元为结算货币的国家，除此之外石油产业仍在很大程度上与美国紧密相连。

鉴于**工业化**的不断深化，对石油的需求不会因某种干涉而减退。而在全球层面，出于对环境问题的考虑，减少使用化石燃料的呼声愈加强烈。在这个问题上，北方国家又一次占据上风。原因在于北方国家的工业并不极度依赖化石燃料，此外它们拥有资本和技术用于投资替代能源的开发项目。欧佩克所提出的倡议之一就曾包括将高新技术从北方国家向南方国家转移。目前南方国家仍越来越依赖于化石燃料，因此更容易受到价格和供给波动的打击。

石油生产和供给储备的地理分布同样重要，因为物流运输需花费大量资金和燃料。

关于化石燃料减产的全球性谈判离结束尚远，其中一个重要原因即美国迟迟不肯签署《京都议定书》。

参见：均势（balance of power），核心－边缘模式（core-periphery model），全球资本主义（global capitalism），民族国家（nation-state）

延伸阅读：Buchan et al., 2004; Deffeyes, 2003; Roberts, 2005; Singh, 2002; Stevens, 2005

东方主义
ORIENTALISM

在《东方主义》（*Orientalism*, 1978）一书中，爱德华·萨义德（Edward Said）研究了"东方"如何体现于殖民时代西方国家的文献、学术、政治和畅销书籍中。他的中心论点是，西方思想数个世纪以来的发展将东方（the East）和西方（the West）置于激烈的对立之中。萨义德认为东方主义使"东方劣于欧洲、东方需要欧洲对其进行'改进'"的观点变得天经地义。他在此描述了东方主义的三种内在联系。

首先，学术上的东方主义是由一批研究东方的学者和政府专家所创造的知识。萨义德坚持认为知识无法与产生知识的权力关系相分离。因此，东方学的知识掺杂了帝国主义权力关系。

其次，想象中的东方主义是由公众对东方的一般印象和想象所构成的。任何在东方和西方之间进行根本性和等级性区分的文化表述都具有东方主义的色彩。这种自我和他者的区分使欧洲人发展出共同的机制来描述、评判、解决以及统治"低等的东方"。这就是制度化了的东方主义。欧洲人采取**帝国主义（imperialism）**和**殖民主义**的手段来主宰、重塑东方，并获得对东方的权威性压迫。

最近的研究显示，东方主义的话语在我们表面上的后殖民时代的世界仍然十分突出，且正进一步在建构"东方"和"西方"的不平等关系。因此，为了实现更加公正的全球社会秩序，人们必须努力消除东方主义的影响。

参见：种族中心主义（ethnocentrism），人权（human rights），世界体系理论（world system theory）

延伸阅读：Butz，1995；Young，1990

NC

圆形监狱
PANOPTICON

圆形监狱是哲学家杰里米·边沁（Jeremy Bentham，1995）提出的一种监狱名称，指因犯处于被监视中却始终见不到监视者。这是一种有效的监控模式，监视者无需一直坚守岗位。这一术语启发了福柯所著（Foucault，1977b）的《规训与惩罚》（Discipline and Punish）一书，他使用本术语比喻任何等级结构的（或以意识形态为基础的）运动、组织或社会。由于人们并不知道他们是否正在被监视，因此人们假设自己被监视着并在此心态下活动。人们根据共同体（内化的）价值来规范自己的行为。在理论上这经常被称之为"自我审查"。

从全球化角度看，一些人认为国家拥有闭路电视摄像头和身份识别软件等技术工具，从而使民众实际上生活于圆形监狱之中。

参见：意识形态国家机器（ideological state apparatus），流动的现代性（liquid modernity）

特殊主义
PARTICULARISM

指对某一群体具有特殊意义的实践及价值观的认同与拥护。在种族和文化的意义上,它与**多元文化主义**相关,与**普世主义**直接对立。它经常与"道德"和"伦理"或宗教相关的词汇一起使用,以便为特定的背景下发生的"善"行(并非普世的"善")进行辩护。

参见:相对主义(relativism),多元文化主义(multiculturalism),道德经济(moral economy),多元主义(pluralism)

延伸阅读:Hooker and Little,2000

完全知识
PERFECT KNOWLEDGE

此概念与完全知识的问题(the problem of perfect knowledge)相关。经济学家哈耶克(Hayek)将其表述为"对没人能掌握的总体知识的利用问题"(1945:520)。该问题并不局限于经济学,而是与任何试图总结这个世界的理论尤其是那些建立在理论基础上的行动相关。换句话说,想在任何设定的环境中获取完全知识是不可能的。这导致关于是否有可能依赖理论(尤其在经济学领域)的辩论。

在全球化领域,完全知识与**风险**、**专家系统**和**知识社会**的概念有关。在风险谈判的专家系统解释中,哈耶克写道:"我们一直在使用其含义不被我们所理解的公式、符号和规则,我们使用它们并从中获益,但实际上个人并未掌握这些知识。"(1945:528)

参见:现代主义(modernism)

延伸阅读:Downs,1957;Peukert,2004

表现式公民身份
PERFORMATIVE CITIZENSHIP

此术语由社会学家奥尔布罗(Albrow)提出,用来强调**公民身份**是一种成就,而不是国家所授予的一种地位,人们行使、扮演并履行这种公民身份。奥尔布罗指出,公民身份与国籍并非同义词。人们作为个体或者群体不只是简单地对中央政府的决策和行动做出回应,而更应该行使公民身份并构建出一个有可能具备公民性的空间。

当"公民成为一个高度复杂、多样且具有流动性的身份"(Werbner and Yuval-Davis, 1999: 23)时,公民身份将注意力转移到经常在**民族国家**的理论化中含糊其辞的部分,尤其是社会契约论的表述:在国家为其成员谋利时,个人将其个体利益的一部分让渡给**国家**。然而,在奥尔布罗模式中,公民行为更强调互动性、背景性和非革命性,正如一些社会契约事实所证明的那样。

参见:反全球化(antiglobalization),公民身份(citizenship),公民社会(civil society),国际都市(cosmopolis),自下而上的全球化(globalization from below),身份思维(identity thinking),结构化(structuration)

延伸阅读:Boudreau, 2000; Butler, 1988, 1990; Sheil, 2001

无地方性地理
PLACELESS GEOGRAPHY

也被称为无地方性、平面景观、薄地和麦当劳性世界。

无地方性"描述了没有特别景观的环境以及一种无需承认某地方特殊性的态度"(Relph, 1976: 143),意指对于使用它们的人们来说无关紧要的地方和空间。无地方性地理与"地方"的**同质化**相关,这种过程与文化或产品的同质化相似。机场、豪华商业会馆、跨国零售店、主题公园和其他旅游地成为无地方性空间的绝好例证。但同时它也是一个相对概念。无地方性（薄的）空间对某些人来说也许有很大的意义，并对其他人有使用价值（厚的），因为后者的确能够与其进行互动。因此，某一城市中心的广场对每天路过它上班的人来说是无关紧要的，但对滑板爱好者和其他将之用于娱乐和社交用途的人们来说则是十分重要的。无地方性地理并不仅仅关乎这样的空间，而且涉及人们与空间的关系。

参见：全球治理阶层/全球精英（global managerial class/global elite），想象的共同体（imagined community），麦当劳化（McDonaldization），后现代性/后现代主义（postmodernity/postmodernism），仿像（simulacrum），地域化（territorialization [de & re]）

延伸阅读：Arefi，1999；Chatterton and Holland，2003；Knopp，2004；Massey，1994；Merriman，2004

多元主义
PLURALISM

多元主义可以表示很多事物，但它主要指接受并鼓励差异性（通常是语言、文化或宗教）的社会政策或一个社会的真实面貌。在与全球化的关系中，多元主义与**公民身份**和**民主**，以及自我身份和自我建构有关。**自由民主**国家允许国内存在差异。因此，多元主义有时体现在**多元文化主义**、宗教和政治领域内。为了更好地理解多元主义，我们必须考察相对主义。相对主义是一种认识立场，即与认识论和我们如何认识事物相关。简单来说，相对主义认为绝对真理不存在，或即使其存在，我们从有限的人类观察视角也无法将其获取。因此，相对主义只接受某观点在特定背景下的相对真理性，不管它是文化的、政治的抑或意识形态的。相对主义同时与多元主义相关，原因在于它为多元主义提供了哲学基础。相对主义会导致对教条的宽容、接纳及疏离。一些人将相对主义看做"一切皆有可能"的立场，但这种看法忽视了背景的重要作用。相对主义者认为将无政府状态等同于相对主义的做法是对相对主义（以及**无政府主义**）的误解。

由于多元主义可以是一种事态（例如与一个社会的概况相关），因此它并不一定会产生宽容性。多元主义经常被当做相对主义的同义词，并与多元文化主义和多语言主义等概念相联系。后者经常被用来鼓励和支持多样性宽容政策的实施。

参见：语言权利（language rights），开放社会（open society），完全知识（perfect knowledge），相对主义（relativism）

延伸阅读：Hogan，2005

多元主义范式
PLURALIST PARADIGM

见：现实主义范式（Realist paradigm）

政策议程
POLICY AGENDAS

指政策在决策前所处的阶段。约翰·金顿（John Kington，1995）在其著作《议程、备选方案和公共政策》（*Agendas, Alternatives and Public Policies*）中展示了一种议程设定模式，其包括三种不同的流程，在操作上每一种流程都与其他相对独立。首先，问题流程指政府、传媒和公众认同的亟待解决的一套议题。他认为当社会信号出现转变的时候（如失业率上升）或者一焦点事件发生时（如火车相撞事故），问题才会凸显出来。其次，政策流程包括在任何时候都可以考虑和争论的一套预案。这一流程从更广义的"政策原生汤"而来,主要源自于自由专家、学者和智库所传播的流行或次流行的方案或意见。最后,金顿讨论了政治流程——其他人称之为政治机会结构——即决策者在多大程度上愿意接受新的观点和方案。金顿强调了"结合"的重要性,即当三组流程(问题、政策和政治)在把握机遇的政策经营者的帮助下进行合流的那一时刻。政策议程是全球化的中心问题,因为在历史上政策原则都由国家来制定用以保证其公民福利。由于许多人认为全球化对人类福祉有巨大的破坏作用,政策议程、计划及其结果便成为有效的干涉和改善手段之一(George and Wilding, 2002)。政策议程是全球化政治辩论的重要战场。辩论的核心集中在大型**非政府组织**所拥有的设定国家及国际机构议程的技巧和资源,以及由此所带来的对全球资本、劳动力流动和全球化进程的推进。

参见:全球社会政策(global social policy),政策周期(policy cycle),政策评估(policy evaluation),政策项目(policy program)

延伸阅读:Held and McGrew, 2003; Kingdon, 1995

RM

政策周期
POLICY CYCLE

政策周期的概念建立在这种理解之上:在正常条件下,政策制定过程可以划分为不同的阶段,也就是导向"政策"执行的决策过程(以法律、规章、方案或其他形式)。公众意识到某议题成为问题源自某些群体和社会主导价值观提出了相应要求,于是这个问题被认定为"待解决"(被称为"问题定义")。随后这个问题便进入政治决策议程并意味着人们必须做出决策,确定何时解决、由谁来解决以及用何种方式解决(被称为"议程设定")。伴随着游说和政治争论,在由个体政治体系及拥护者所建立的规则中便发生了塑造政治地位的过程。在一部法律、法规或一项方案所体现的权威价值建立之时（被称为"政策形成"），这个过程便宣告结束。在次级政治和行政参与者的实施过程中（被称为"实施"），这项政策获得其最终结构。这些政策和实施决策的结果将产生积极或者消极的政治反应，这些反应又反过来在政治上得到体现，最终导致政策的延续、改变或终结（被称为"政策重述"或"政策终结"）。

参见：全球社会政策（global social policy），知识社会（knowledge society），政策议程（policy agendas），政策评估（policy evaluation），政策项目（policy programs）

延伸阅读：Mishra，1999

RM

政策评估
POLICY EVALUATION

政策评估的定义由英国内阁于 2003 年 7 月提出："政策评估利用一系列研究方法对政策干预、实施及过程的有效性进行系统性的研究，并且从它们改善不同利益群体的社会和经济条件的角度确定其优点、意义和价值。"（内阁办公室，2003）政策评估探讨了全球化的政治影响。在某个层面上，它是政府识别特定政策在全球化时代所造成影响的关键手段。在另一层面上，许多非政府性政策评估尤其是比较性政策研究被用来概述不同政策的跨国效应，如贸易**自由化**对人类福祉的影响等（Mishra，1999；Kingfisher，2002）。

参见：政策议程（policy agendas），政策周期（policy cycle），政策项目（policy programs）

延伸阅读：Rossi *et al.*，1999；Scriven，1991

RM

政策项目
POLICY PROGRAMS

政策项目指一套财政支持的、有组织的、人为的干预计划,用来在一定时间内达成一个目标或一组目标。项目受到日程表和预算的限定。其目标被提前设定,并在接下来有条不紊地逐一实现这些目标。一个项目的周期被分为三个主要阶段:设计、实施以及事后评估审查。项目通常由一个决策者或分享决策权的若干决策者负责。项目周期和**政策周期(policy cycle)** 的形式是相同的,包括以下几个步骤:议程设定;计划/项目形成;项目实施;项目监管;评估与反馈。公共政策由政府设计并用来达成具体目的。**非政府组织**也有政策,但它们无法以同样的方式召集公共资源或诉诸法律强制力。

政策项目的概念在若干方面与全球化话语相关联。它逐渐兴起为一种媒介并以这种方法进行社会改革。通过技术手段解决政治危机的重要性的上升也与政策项目有关(Giddens,1998),如呼吁**民族国家**更有效且负责任地利用公共资源。对一些人来说,将以实证为基础(经验性的)的手段视为政策认定、发展、实施和评估的关键是对全球化效应理性、可行、恰当且务实反应的核心策略。政策项目逻辑和方法(如以实证为基础的计划、实施和评估)的扩张超越了民族国家的界限,缔造了如**世界卫生组织**那样的全球政策网络。对其他人来说,政策项目的扩散标志着治理手段从政治模式向技术模式的转变。

参见:全球社会政策(global social policy),知识社会(knowledge society),政策评估(policy evaluation),世界卫生组织(WHO [World Health Organization])

延伸阅读:George and Wilding,2002;Policy,Hub

政治全球化
POLITICAL GLOBALIZATION

　　此术语涉及全球化背景下的一种政治行为，并被认为是全球化的关键维度之一。政治全球化最为明显的案例是把**民族国家**集中在一起的**联合国**的成立。但是政治全球化并不局限于传统民族国家行为体。政治全球化的特点是民族国家只作为政治领域的行为体之一，须与公司、其他全球机构（主要是经济方面）以及**非政府组织**进行竞争。其他如**女权主义**、环境保护运动和**反全球化运动**等同样可作为政治全球化的例证。

　　这种局面的产生有着多样化的深层次原因。全球机制（如**联合国**、**国际货币基金组织和世贸组织**）的存在意味着游说者、活动家和利益集团正在适应这些现有的机构。通讯等领域获取技术的机会增加意味着全球范围的协同行动成为可能。最终，某些议题具有全球重要性并促使世界各地的人们和团体进行合作，以达到共同目的。这方面最好的例证也许体现在关注臭氧层变薄问题的环保团体中。

　　的确，富有争议的非政府组织是全球政治在某些方面最重要的参与者。我们有理由认为它们在某些领域内比民族国家更为可靠且更具代表性。由于民族国家正在被公司、全球机制和其他区域性联盟边缘化，政治全球化一定程度上对民族国家的中心地位提出了质疑。

　　参见：积极公民（active citizens），反全球化运动（antiglobalization），公民身份（citizenship），公民社会（civil society），女权主义（feminism），表现式公民身份（performative citizenship），世界体系理论（world systems theory）

　　延伸阅读：Ougaard，2003

后殖民主义
POSTCOLONIALISM

见：殖民主义（colonialism）

后福特主义
POST-FORDISM

在对生产过程、产业组织和整体经济领域的应用上，后福特主义意指与先前"福特主义"机制不同的资本主义的现行发展阶段。除了这个普遍的看法外，对导致转型的原因及其社会影响，以及人在指导或推进改革方面有多大能动性等问题上仍存在争议。

在生产层面上，"福特主义"指自1920年代以来在工业生产中扩散开来的集中化、自动化生产技术——其显著特征是装配线以及围绕着生产过程而发展的具体工作形式和工业关系。在经济层面上，福特主义指大规模生产和大众消费的结合，其结果促进了经济的持续性增长，尤以二战结束后三十年的经济表现最为突出。后福特主义则体现了与上述两个层面的分离。

福特主义生产方式在生产率上的下滑以及福特主义经济管理的失灵共同导致了福特主义危机。其主要因素包括生产和金融的全球化、国内市场趋于饱和以及不断变化的消费需求。批评家们的分歧集中于后福特主义能否成为解决危机的手段，但对新福特主义针对收益下降而采取的适应性变革则未有异议。

在更广泛的意义上，福特主义是一种"管理模式"，某种在生产体制中存在的社会经济结构。如果福特主义的生产无法与更广泛的福特主义国家包括凯恩斯式的需求管理以及工业关系的基本制度相分离，则后福特主义必定会为追求弹性而放弃众多管理原则。

1970年代意大利东北部是最早产生新型生产模式的地区之一。与旧式工业化区域相反，这里的小型企业组织更像是分包商的合作网络。被泰勒主义分割并简约化的工作程序似乎又得到了重新整合。而企业关注的重点也转向了以顾客需求为主导的"弹性专业化"。众多新型经营模式，如**外包**、即时生产以及增加外聘员工等成为更加流行的趋势。

后福特主义时代见证了新生产方式的应用、新型工业组织的方式及对工作和管理控制的全新定义。多样性市场为主体的市场主导型生产方式已经开始取代大规模标准化生产方式。巨型公司正在让位于去中心化且在纵向上趋于分散的生产结构。在某些方面上，这种新型消费主导的生产方式产生了具有自主性的多面手式的劳动力群体，以取代福特式的机械性工作的工人劳动力。

但这种模式在很多层面上也遭到了批评。人们认为这个概念断章取义，只是从一些个别案例中得到推断。现代生产方式看上去仍非常"福特主义"。当**商品链**断裂时，对生产能力的所有权也变得集中起来。当新技术依赖于**符号分析师（symbolic analysts）**时，这些技术也就与临时的、技术陈旧的且无代表权的劳动力共存。而当某一地区"后福特主义"变革发生时，我们对其应当在崛起中的"全球福特主义"的背景下进行观察。

更为根本的是，这种范式改变的概念可以被看做是推动了而非仅仅解释了新型组织方式。实际上，后福特主义并非一种理论，而更像是一个样板。

参见：消费主义（consumersim），全球资本主义（global capitalism），工业化（industrialization），麦当劳化（McDonalization），现代性（modernity）

延伸阅读：Agietta, 1987; Amin, 1994; Kumar, 1995; Piore and Sabel, 1984

GW

后信息时代
POST-INFORMATION AGE

后信息时代指计算机（信息时代的代名词）成为社会的普遍组成部分后以数字技术发展为标志的新时代。数字技术使信息个人化，使交流不再强调同步性，对全球化的价值体现在对空间和时间的影响。

参见：数字游牧民（digital nomads），信息时代（information age），互联网（internet），知识社会（knowledge society），时空压缩（time-space compression）

延伸阅读：Negroponte，1995

后物质主义
POST-MATERIALISM

后物质主义出自罗纳德·英格哈特（Ronald Inglehart，1977，1990）的相关著作。以他在1960年代关于**反文化**兴起的理论为基础，英格哈特认为先进的社会见证了从物质主义到后物质主义的转型。他宣称文化的主导价值由两个方面塑造：社会化和稀缺性。前者指的是文化的环境价值，对人们青春期阶段的影响最大。后者指的是特定社会文化背景中所缺失的东西。因此就后物质主义而言，他坚持认为战后的一代人成长于物质丰沛的时代（而非像他们的父辈一样经历过大萧条危机），因此稀缺性对这一代人的影响体现在"精神"或其他无形的方面。这一代人也是第一波提出了后物质主义需求（体现在对环境保护的关注、自我表达和自我实现等）的群体。英格哈特认为，当这一代人获得权力的接力棒后，其后物质主义价值很可能成为社会的普遍取向。批评者质疑这一论点的合理性，认为在西方社会中不存在后物质主义价值观盛行的现实证据。

在当代讨论中，后物质主义有时被用来泛指发达国家和发展中国家价值观的差异。

参见：消费主义（consumerism），道德经济（moral economy），后现代性/后现代主义（postmodernity/postmodernism）

JH

后现代性/后现代主义
POSTMODERNITY/POSTMODERNISM

后现代性和后现代主义是易变且富有争议的两个术语，经常被误导性混用。实际上它们指的是文化和政治行为能够被冠以后现代特点的一个时间范畴。严格而言，后现代性是一个历史性范畴，而后现代主义是一个艺术流派。因此我们可以经历后现代性，同时实践后现代主义，但反之则不能成立。这两个术语都清晰表现了与**现代性**的决裂，尽管学者们仍然在对现代性和后现代性的具体区别进行争论，有时甚至质疑是否有任何区别存在。

人们通常认为后现代性开始于 20 世纪后半期，且许多人认为它并未终结。后现代冲动当然是一种战后冲动，在这种意义上后现代性与后结构主义有着共同的根源。后结构主义是一种试图推翻西方思想中心支柱的哲学思路，而且经常打着后现代的旗号。与后结构主义一样，后现代性也对现代世界思维模式的特点提出了挑战。对德国后马克思主义哲学家西奥多·阿多诺（Theodor Adorno）来说，纳粹集中营揭示了全面反思现代世界的需要："希特勒的所作所为向自由人类提出了新的挑战——妥善对待人们的思想和行动以避免奥斯维辛集中营的悲剧再次上演。"（1973：465）

对现代工程的拒绝体现于后现代主义的核心文本——法国哲学家让－弗朗索瓦·利奥塔（Jean-François Lyotard）的《后现代的状况：一份知识报告》（*The Postmodern Conditions: A Report on Knowledge*）之中。

利奥塔将后现代性的特点归纳为"对元叙事的普遍怀疑"(1984：xxiv)。元叙事仅仅是一个"故事"或理论，试图寻找对人类经验或世界普遍性的根本性质的解释。例如，宗教也许是最为成功的元叙事，因为数千年来它成功地使人们对人类经验持某种信仰，而不管其有无任何证明。对后现代性来说，现代性的合法化话语，如**民族国家**、人类进步、理性主义和科学的公正性这些概念都与技术进步及其允许**全球资本主义**控制知识的能力无关。利奥塔认为，这种包含一切的概念被偶然的、地区的和实用的"小叙事"所取代。元叙事的崩溃必然导致对长久以来各种假设的挑战，并因此在文化和政治方面进行很多深层次的自我**反思**。它同时反对区分"高雅"与"大众"文化，并鼓励多样性（差异）与**杂糅性**。审美等级制解体的结果和自我反思的上升是后现代表达方式讽刺性的胜利。后现代讽刺必然带来客体与主体的分离，并借讽刺助长了后现代性与怀旧和媚俗的接近，这种接近对那些客体进行欢呼，但同时又在拒绝它们。人们经常说后现代性给所有事物都打上了引号。这些假设性引号再次强调了讽刺的距离，人们认为可以质疑任何事情，并认为后现代就是一个引用的时代，原创性本身已不可能存在。

对马克思主义理论家弗雷德里克·詹姆森（Fredric Jameson）来说，合法化话语的崩溃和讽刺的胜利是晚期资本主义令人遗憾的功能。在他看来，后现代性是政治行动（尤其是荒诞的批判力量）不可避免地遭受挫折的时期，因为它立刻被重新吸收进"社会准则的大范围扩散[……]和学科术语中"(1991：17)。詹姆森认为荒诞性已迷失在大量相互竞争的后现代话语中，并不过是众多无价值流派中的一个。对詹姆森来说，典型的后现代模式并非荒诞，而是他所说的混成作品，是一种丧失了自己讽刺立场的拾人牙慧的模仿，并且失去了质疑业已被公认的看法或意识形态立场的能力。法国文化理论家让·鲍德里亚（Jean Baudrillard）也同样悲观，其相关的**仿像**（**simulacrum**）和**超现实**（**hyperreality**）的理论认为后现代世界中的"现实"已经被替换为一系列空洞的符号。

参见：流动的现代性（liquid modernity），马克思／马克思主义（Marx/Marxism），现代性（modernity），反思现代化／现代性（reflexive modernization/modernity），跨国公司（Transnational Corporations ［TNC］）

延伸阅读：Featherstone，1995；Jencks，1989；Turner，1990

CM

后观光客
POST-TOURIST

后观光客由费福尔（Feifer）于 1985 年提出，此概念与**后现代主义**相关联并将旅游观光看做具有多个层面的游戏活动。后观光客不仅将任何地点都看做旅游的目的地，而且认为在任何地点都能得到旅游的体验，这不仅体现在旅游的目的地上，而且还可以通过例如媒体等方式来获取。后观光客承认甚至乐于去享受所有观光活动都难以避免存在的非真实性。

参见：幸福预期（anticipation of pleasures），反思性（reflexivity），仿像（simulacrum）

延伸阅读：Urry，2002

原始积累
PRIMITIVE ACCUMULATION

原始积累描述了**资本主义**经济兴起前为获取盈余价值和资源（如圈地运动或**殖民主义**）而采取的强行占用手段。这种对积累过程暴力性质的强调是经过深思熟虑后提出的；**马克思**在对原始积累的描述上与亚当·斯密的"初始"概念刻意保持距离，后者指的是某一阶级用渐进的、和平的手段对财富进行整合。与之相反，马克思把原始积累看做盗窃行为，指责其强迫大多数人放弃最初拥有的财产和土地。

马克思把原始积累定位在资本主义发展前的历史；一旦资本主义确立之后，就不需要再用明显的强制力来获取剩余价值，因为仅通过经济关系就可以达成目的。但一些人认为原始积累是资本主义始终不可分割的一部分，例如许多发展中国家为了谋求"发展"的利益，将当地人逐出他们的居住地。从这个角度看，只要有可供资本主义掠夺的资源存在，"原始"积累就将一直上演。

参见：消费主义（consumerism），马克思/马克思主义（Marx/Marxism）

JH

私有化
PRIVATIZATION

私有化指原先由**国家**所有或经营的产业和资产变卖给私有企业的过程。在最近几十年中，很多国家的交通运输、邮政、医疗保健、监狱、自来水和能源产业都经历了私有化转型。私有化的目的是改善政府的经济地位并提高服务的质量。改进的原因包括日趋激烈的竞争和因此带来的效率问题，但这些变化并不总是发生。当私有化意味着公共事业股份可以供所有人购买时，实际上这些产业已多半被那些公司或金融集团联合收购。

私有化是**新自由主义**经济学的核心特征，并经常被全球金融机构（如**国际货币基金组织**）推销作为金融援助的先决条件。它是一场大规模转型的有机组成部分，即国家职能由提供服务转型为最低限度的干预。

参见：依附论（dependency theory），自由化（liberalization），国有化（nationalization），民族国家（nation-state），跨国公司（Transnational Corporations［TNC］），世界银行（World Bank）

延伸阅读:Barnekov, 1989; Macarov, 2003; Mudambi, 2003; Strange, 1998

(经济的)保护主义
PROTECTIONISM(ECONOMIC)

经济保护主义指对国际商品和服务流通施加的障碍,其最早提倡者是15世纪欧洲的重商主义者。经济保护主义利用关税或配额制来限制对外国商品的进口,以此来保护民族工业。经济保护主义背后的逻辑是保护民族经济免受市场波动的影响。保护主义通过鼓励人们生产和消费本国产品而非进口产品(即便是廉价的)以促进和维护本国经济。这通常需要限制某一经济体的进口产品的种类和数量,从而使进口产品的价格变得极为昂贵。保护主义政策身披重商主义经济学的外衣,视政府干预为经济稳定的必要手段。保护主义也和充分就业政策以及公共支出有关。公共支出是一个重要杠杆,用以在萧条时刺激经济或在经济发展过快时抑制其发展速度。同时失业也并非一无是处。英国经济学家梅纳德·凯恩斯(Maynard Keynes)认为经济也许可以进行自我调节;但从长期来看,"我们都难免一死"(Keynes, 1971:65)。**国家对经济的干预**兴起于20世纪早期经济大萧条所引发的世界政治动荡,它经常被学者看做资方和劳方的历史性妥协(Castles, 1985:1)。

保护主义青睐国内而非全球商业网络,并始终站在**自由贸易**学说的对立面。例如,关贸总协定(GATT, General Agreement on Tariffs and Trade)议定书正是于凯恩斯福利主义处于鼎盛时期的1947年创造和签订的。

参见:共同农业政策(Common Agricultural Policy [CAP]),经济自由化(economic liberalization),公平贸易/自由贸易(Fair Trade/Free Trade),

雇佣劳动者福利国家（Wage-earner welfare states），世贸组织（WTO [World Trade Organization]）

延伸阅读：Keynes，1997；Overbeek，1999

伪事件
PSEUDO EVENT

一个伪事件经过包装和设计后在公众眼里即成为具有新闻价值的事件。在《形象》（The Image）一书的第一章中，丹尼尔·布尔斯廷（Daniel Boorstin，1961）提出了伪事件的四种特征。第一，它不是自发的；第二，它经过某种形式的包装后可以被媒体所报道；第三，布尔斯廷认为"情势的潜在真实性"中存在着模糊不清的东西；第四，该事件是一种"自我实现"的预言，因为它所展现和表演的意义及重要性使其宣称自身完全具有这样的重大意义。伪事件因此是营销和宣传的典型产物。为新产品造势、庆祝某个里程碑事件以及名人代言的产品宣传都属于伪事件。**互联网**和大众传媒使伪事件的生命力更强且更加方便制造。

伪事件在政治上的应用不可忽视，因为它们通常成为宣传政治的基础。新闻发布会、演讲、公共辩论都经过包装和操作，以期产生某种效应。某些事件通过经营自身传统而使之具有持久意义——英国女王的圣诞演说就被认为是这样的例子，尽管其尚存争议。对第一次海湾战争的冗长讨论及其作为伪事件的评述请参见鲍德里亚（Baudrillard，1995）的著作。他的论点不是说这次战争并没有发生过，而是指战争的观察者从"电视机里了解的海湾战争"事实上是伪事件，而非真实发生的战争本身。

参见：身体展示（bodily display），文化经济（cultural economy），随军记者（embedded journalists），全球媒体（global media），生活方式（lifestyle），后现代性/后现代主义（postmodernity/postmodernism），仿像（simulacrum）

延伸阅读：Clarke，2003；Goffman，1969；Merrin，2002

准非政府组织（半自治非政府组织）
QUANGO

QUANGO 是准非政府组织（Quasi-Autonomous Non-Governmental Organization）的缩写，并通常带有贬义色彩。本术语及其相应组织在英国尤为普遍，并在 1980 年代保守党执政时期发展较快。从技术上讲它们并不是**非政府组织**，而是政府权力转交的产物，在理论上独立于政府，但其任命、资助和权限都由政府决定。它们经常监督政府的行为，尤其监督政府在立法倡议上的表现。例如机会均等委员会就是这样的半自治非政府组织，其成员并非由直接选举产生，因此带来了关于"民主赤字"的担忧，有时还会招致有关"半官方机构统治"（quangocracy）的指责。本术语被认为是卡内基公司总裁阿兰·皮弗（Alan Pifer）和道格拉斯·海格爵士（Sir Douglas Hague）的发明。非政府部门公共机构（Non-Departmental Public Body, NDPB）现在经常被用来指代半官方非政府组织。目前存在着对尤其像准非政府组织之类机构进行监督的机构。在英国，诺兰委员会创立了英国公职事宜标准委员会和公职人员委任专员公署。

参见：全球治理（global governance）
延伸阅读：Gray，1994；Norris，1996；Ridley and Wilson，1995；Wilson，1995

种族化（政府过程的）
RACIALIZATION（OF GOVERNMENTAL PROCESS）

广义上指政府形式的**身份政治**，具体来讲即身份政治在重新建构治理方式中的角色。政府形式的种族化寻求对政府通过种族和民族等概念来进行统治的认可。例如，由同质性和普世主义等概念所驱动的政府模式在某种方式上表达了种族化的言论。用文化同质性和普世性来界定特定**民族国家**的人口区分了被认可的（白人、异性恋、西方的）以及不被认可的（非白人、非异性恋、非西方）身份。其结果之一即社会福利获取渠道和收益的种族化，以及贫困的种族化（以及女性化）。

政府过程的种族化同样有着更为具体的含义，这体现在政府形式重构中身份政治的角色上。这种解读指全球关系时代以及从同质性和普世主义向碎片化和**杂糅**的理论过渡。政府形式的种族化试图认可**异质性**和复杂性在当代先进自由主义政府形式中起到的关键作用。任何时候都存在着多组政府行为，因此不同统治话语的论述能够且的确产生了相互矛盾和断裂的结果。政府形式种族化观念关键的贡献之一是它承认并详尽阐释了新出现的悖论和逆向趋势。例如，作为国家外和国家间重组结果的不断增长的贫困种族化（Kingfischer，2002）及对本土权利的正式承认（Larner，2002）。

参见：劳动力女性化（feminization of the workforce），同质化（homogenization）

延伸阅读：Cohen and Shirin, 2000；Havemann, 2000

RM

激进的现代性
RADICAL MODERNITY

见：现代性（modernity），流动的现代性（liquid modernity），反思的现代化/现代性（reflexive modernization/modernity）

风险理性
RATIONALITIES OF RISK

与贝克(Beck,1992)和吉登斯(1990)相反,系谱学研究认为**风险**部分上是"某种特定思维……从风险的意义出发,对不幸事件采取了新的理解方式和行动"(Rose,1999:246)。风险理性关注于我们进行治理的行为、技术和理性的集合物。它是一种理性的方式,能使我们按照特定道路进行合理估算。这个概念和艾沃德(Ewald)的论述有关,他将风险定位为思考和描述事件的方式(Ewald,1991)。例如在保险领域,风险是一种建立在数据表格上的理性权衡,数据表现了事件发生的频率并估算其可能性,以预测事件发生的几率。风险理性是技术性的,它们依赖特殊的计算方法并有自身的技巧——风险无法从保险行为及令我们在这个依赖计算风险的世界中可进行合法干涉的技巧中剥离出来。风险理性是多样的,同时具有杂糅的特性。事故保险风险、流行病风险、临床风险、全面风险管理和其扩散都可以被放在一个框架下,以便对当前政府形式进行研究(Dean,1999b)。罗斯认为风险理性经历了几次转型。之前我们谈到在社会国家中存在着集体化风险,而这"正在被取代——个人、家庭、公司、组织、社区被政治家们要求自己负担财产、个人和家庭责任"(Rose,1999:247)。

贝克和吉登斯关于风险社会的观点是理解"全球化"恐惧和焦虑以及不受拘束的可能性的一种方式。风险理性概念指的是作为管理手段的风险全球化。风险理性提供了与贝克建立在风险社会叙事基础上的风险总体化、现实化的统一概念不同的选择和**反叙事**方法,由此与全球化建立了联系。这个概念的局限在于其无法解释风险理性怎样、何时以及在何种条件下会发生变化。

参见:治理术(governmentality),杂糅性(hybridity),风险(risk)

延伸阅读:Dean,1999b;Lupton,1999;Rose,1999

RM

现实主义范式
REALIST PARADIGM

现实主义范式声称理解国际关系的方式是关注**国家**间如何进行互动。其他国内和跨国集团没有或只有较小影响力,而国家的权力和地位主要体现在与他国的关系上。这与多元主义范式不同,其强调诸如宗教组织、跨国公司等行为体并非只是现实主义者眼中的旁观者,而应在国际领域对其予以理解和重视。

多元主义者并不认为国家都是同质的,而应更接近复杂的实体,因此与当下认为民族国家在全球背景下重要性愈加减弱的视角颇为接近。在最终范式的辩论中,建构主义认为社会、政治和经济结构也应该得到重视。大多数建构主义者在某些方面是马克思主义者,并因此主要关注经济结构。

参见:马克思/马克思主义(Marx/Marxism),民族国家(nation-state),多元主义(pluralism),政治全球化(political globalization)

延伸阅读:Snow,2004;Turner,1998

再嵌入
RE-EMBEDDING

脱域(dis-embedding)与再嵌入指资本、文化实践和产品以某种方式从一个环境中被抽出(抽离)并被置于另一个环境(再嵌入)的过程。其意义在于描述那些作为全球化特征的时空变化。这些术语主要见于吉登斯的著述:"由脱域唤起的图像能够更好地抓住时间和空间的转换组合,这种组合对社会变迁和现代性的内涵都是极为重要的。"(1990:22)而在典型的**后现代**思想(尽管吉登斯认为我们生活在**现代性**的时段内)中,原创和真实性都在嵌入的过程中受到质疑。

参见:后现代性/后现代主义(postmodernity/postmodernism),地域化(territorialization [de & re]),时空压缩(time-space compression)

反思的现代化/现代性
REFLEXIVE MODERNIZATION/MODERNITY

此术语被贝克、吉登斯和拉什(Lash, 1994)使用。以上三位理论家给予其不同的定义,并赋予其在全球化过程中不同程度的重要性。广义上讲,反思的现代化指的是我们生活在**现代性**时代并质疑现代性的根本基础。现代性包含众多时间段和理论方法。普遍的共识是世界已经跨越了第一个现代性(如贝克所言)并进入另一个现代性时段当中。尽管部分理论家将当下称为**后现代性**时代,其他人则明显关注着所谓的现代工程。在现代性的第二阶段,有人认为我们应该撕裂现代性的前提,并对其进行再构造。"'反思的现代化'意味着整个时代在工业社会中进行(自我)创造性毁灭的可能性。"(Beck *et al.*, 1994:2)

这三位理论家的分歧十分明显。贝克认为反思的现代化与过渡到**风险**社会有关。贝克的反思性更多是对过程的关注,而非对国家事务的理性反思。他写道:"这种'反思'现代化的媒介不是知识,而是非知识的存在。"(1994:75)因此他强调反思现代化的自发过程:"现代化依靠自主的现代化力量挖了现代化的墙角,这既非有意为之,也是不可见的,自反性由此获得自由。"(1994:176)贝克所确认的风险社会使新问题产生,同时又对其产生反作用性影响。的确,根本分歧之一在于现代基础断裂过程中连带的另一种风险,而这是一种新民族主义和新法西斯主义的威胁。在表面上看这些反应也许是反动的,但它们包含一种不确定性。

吉登斯反思的现代化概念更具有认知性。但是他把制度反思置于反思的现代化之前。他认为:"反思的现代化倾向于认为现代化的某种'完结',把之前蛰伏的关于社会生活和自然的视角重新带回视野之内。"(1994:185)这种观念"所认为的清晰的发展'方向'",在吉登斯看来并没有捕捉到当代生活的不确定性和困难。

拉什宣称反思的现代性超越了现代性和后现代性。对拉什来说,"支撑反思的……是一个互相连接的全球和地区的信息与交流结构网络"(1994a:120—21)。他集中关注反思的现代性中的"生活机遇",并认为成为"反思性赢家"或"反思性输家"这个问题"不取决于得到生产性资本或生产结构的机会,而是关于获取新信息和交流结构的问题"(1994a:121)。

全球化与反思的现代性相关,并且也被这个世界变化的互动本质所影响。如果**民族国家**仍然是主要参与者,或者说个人仍然主要被其民族国家所定义的话,那么国际话语就能够解释行动。全球化的研究者们认为情形并非如此。他们提到了包括公司(**跨国公司**)、**非政府组织**、**公民社会**和**网络社会**在内的跨国行为体及其行为。现代性带有**工业化**的特点,但这个世界(至少某些部分)处于后工业时代、甚至**后信息时代(post-information age)**中。此外,现代性核心观念的线性进化观已经不复存在了。吉登斯认为"根本不存在明显的通往全球化的'方向'"(1994:96)。

反思的现代性有时被称为第二现代性(贝克)、**晚期现代性(late modernity)**(吉登斯)或**流动的现代性**(Bauman, 2000)。后现代在理论上强调现代工程的问题时,并没有提出解决方案。不同的理论家强调反思的现代性的不同方面。贝克主要关注政治,吉登斯关注经济和社会结构,拉什的观点则更加抽象和理论化。

吉登斯警告道,反思的现代性不应被理解为某种解决现代主义或其内在危机的手段。现代性试图回答相关问题,而反思的现代性试图重新组织这些问题。

参见：专家/专家系统（experts/expert systems），原教旨主义（fundamentalism），全球亚政治（global sub-politics），民族主义（nationalism），反思性（reflexivity）

延伸阅读：Beck，1992；Beck，Giddens and Lash，2003；Giddens，1990；Lash，2002

反思性
REFLEXIVITY

反思性并非一个直白的概念，而是出于不同原因被用于不同的动因和事态中。例如，当布尔迪厄（Bourdieu）将反思性与社会学实践联系起来的时候，贝克、吉登斯和拉什（1994）明确地将他们的反思性置于全球化研究范围内并将**反思的现代性**理论化了。布尔迪厄（1992a）和贝克（1994）对反思性的使用是最广泛的。

布尔迪厄的反思性可以看做是对结构社会学的回应，尤其是对克劳德·列维-施特劳斯（Claude Lévi-Strauss，1994 [1969]）著作的回应。作为社会学家的反思意味着关注"思想的非思想范畴限制了思考，并预先设定了真实的想法"（1992a：40）。然而，这种反思性的模式并不仅局限于社会学家。

贝克、吉登斯和拉什采取了不同的研究手段探讨"反思的现代性"内涵及其影响。对贝克而言，反思性并非积极的思考或反思，而是自我**对抗**（self-confrontation）（1994：5）。反思性并不需要动因，贝克所言的反思性是自我发生的。贝克写道："让我们把从工业社会到风险社会这种自发的、非妄想的和无形的转变称为反思性。"（1994：6）这种自发的反思性与贝克的**风险**社会紧密相连，并成为其中一部分。

吉登斯的反思性也许更为人所知。它包括对选择的认知，并具有从传统社会到现代社会转移的特质。对吉登斯而言，反思性是带有认知性的，并与脱域、**结构化**（structuration）理论和必要的"自我规划"相关。对吉登斯而言，制度性的反思性比反思的现代化更为重要。吉登斯所谓的制度包括家庭、亲密关系、性别以及任何传统社会的组成部分。

拉什区分了结构反思性和自我反思性。对前者来说，"通过一种动力从社会结构中得到解放，之后对这种结构的'规则'和'资源'进行反思"（1994a：115）。在自我反思性中，动因进行了自我反思。拉什进而区分了反思性的三种模式：认知性的、审美的和解释学的。拉什认为贝克和吉登斯研究的是认知性的反思。尽管如此评价吉登斯的反思性并未有失公允，但贝克关于反思性的观点事实上并不涉及认知性的反思。反之，拉什强调审美反思的重要性。解释学的反思性与共同体及审美的反思性相关，而后两者与**后现代**理论的联系更为密切。

参见：融汇之爱（confluent love），习性（habitus），现代性（modernity），再嵌入（re-embedding）

改革（政治的）
REFORM（POLITICAL）

政治改革指变革政治体制的程序和策略。在全球化研究中，它涉及公共管理（政府管理其服务的方式）的广泛改革，并首先指向1980年代中期路易斯·耿德华（Louis Gunn）和克里斯托弗·胡德（Christopher Hood）所指称的**新公共管理**（New Public Management，NPM）。这种改革试图用以市场为基础、由竞争所推动的策略来取代以规则为基础、由权力所推动的程序。

新公共管理有时被用于指代全球性改革运动，原因在于许多国家在极短的时间里采取了极为相似的策略进行改革。新公共管理有六个基本特征：不断提升生产力；用市场机制来改变项目管理者的行为；把公民视为"客户"的服务导向型改革；去中心化的措施以降低政府级别；区分政策功能（政府的角色为服务的购买者）和服务投送功能（政府的角色在于提供服务）。最后，一种富于责任感的风气将会发扬光大：政府将试图改变从上到下的、以规则为基础的责任机制，而代之以从下到上的、以政绩为基准的体制，寻求结果和成效而非过程和结构。管理改革运动建立在全球化时代高效治理的观念之上，厘清职责、角色、能力和关系的治理是经济繁荣和社会稳定的必要条件，如果不是充分条件的话。这个概念与全球化话语相关，因为政府利用公共管理改革来重塑国家角色及其与公民的关系，而这些变革被视为全球化及与之同时兴起的**新自由主义**的深刻社会变革的一部分。

参见：经济自由化（economic liberalization），政策议程（policy agendas），政策周期（policy cycle），政策评估（policy programs），私有化（privatization）

延伸阅读：Common, 1998; Pollitt and Bouckaert, 2004

RM

相对主义
RELATIVISM

此术语经常在"文化相对主义"的背景下出现，而后者涉及对实践的评估。简而言之，相对主义认为真理、知识和美德只有在特定立场上才能成立，无论这种立场是关于个人、文化还是历史时段。相对主义涉及知识、如何能够理解事物以及能够理解何种事物。它认为我们被自己的观念所束缚，无论这种观念是文化的、科学的还是人文的，因此绝对真理是无法获取的。但是，相对主义站在**种族中心主义**（ethnocentric）言论的对立面，因此代表了一种宽容和理解的立场，尤其体现在制定社会政策的中心框架中。它经常被视为**反思的现代性**和**后现代主义**的典型，在其中绝对主义受到质疑。相对主义有着众多形式，在一定程度上意味着"兼容并包"，并认为真理和知识实质上都是偶然的、变化的且有条件的。以往关于认为相对主义意味着"无政府"的看法是对这个概念的某种误解。

参见：特殊主义（particularism），完全知识（perfect knowledge），多元主义（pluralism）

延伸阅读：Feyerabend，1975，1987

再本土化
RE-LOCALIZATION

见：本土化（localization），再嵌入（re-embedding）

复兴运动
REVITALIZATION MOVEMENT

此术语涉及政治和/或宗教运动，它们建立在清除所谓"外部"统治的议程上，即它们所认为的施加压迫、阻止其实现目标的他者。这种运动可能集中在政治、经济、文化或语言权利上。外部（由此产生的内部）观念的确立与这些领域相关。其通常发生在处于少数派地位且受压迫的本土民族、宗教或种族群体中。这些运动往往在政治、经济上处于边缘地位，并至少在修辞意义上利用传统文化或种族性来奠定自己的基础。

参见：文明的冲突（clash of civilizations），散居（diaspora），种族语言（ethnoliguistic），原教旨主义（fundamentalism），语言权利（language rights），多元文化/主义（multicultural/ism），社会运动（social movements）

延伸阅读：Carroll，1975；Lechner，1984；Ramet，2004

风险
RISK

风险在当代社会是个普遍话题。公众对风险的焦虑经常导致人们忽视对它的科学估算，即某个事件的概率与其严重性的乘积。因此，社会科学与自然科学经常采用不同的方式去研究和理解风险。

大众对风险理解的传统论述认为，自愿性风险比强迫性风险更易于接受。例如，公众对于吸烟这种"自愿"行为的风险关注较少，但更关注空气污染的风险，而后者是他们无论反对与否都无法控制的事情。

学者玛丽·道格拉斯（Mary Douglas）（Douglas and Wildavsky, 1982）从社会文化的角度研究风险，并重点分析风险被理解和处理的社会与文化背景。道格拉斯认为风险的概念存在于文化和公众的共同认知中，而非仅仅是个人知识和观察的产物。德国社会学家乌尔里希·贝克（Ulrich Beck）和英国社会学家安东尼·吉登斯的风险社会理论吸引了很多来自学术界的注意，在社会上也引起了包括政治家在内的广泛关注。吉登斯关于风险社会的论文（1990）集中于关注**信任**本质的变化上。他认为知识的形式在当代社会已经被抛弃了，社会的复杂化迫使大众更为依赖并信任他者，如专家、制度等，以便获取关于风险的信息。

贝克的《风险社会》首先于1986年在德国出版，在1992年被翻译为英文后受到了极大关注。贝克认为**工业化**的后果，如全球变暖和污染等"进步的黑暗面"在工业革命过程中并没有被预料到，但现在它们主导了社会讨论的内容。在风险社会中这种进步的效果产生了焦虑和担忧。贝克认为**反思性**或**反思的现代性**是风险社会所固有的。反思性只有在一个社会对发生在其身边的事情做出反思并以积极寻找原因和解决方案的行动作为回应时才会发生。这种反思的后果是，新的风险被发现，并且诞生了一种新的**现代性**形式，即风险社会。

贝克批评了科学的"理想化风险模式"，在那里科学家们宣称他们可以控制风险变量。在风险社会中，对风险的科学评估受到了政治集团、个人和政治家们（如英国关于孕产妇死亡率和美国关于全球变暖的辩论）的挑战。结果科学家们部分丧失了他们的权威性。

在贝克的理论中，风险是不可见的（如失业）并且很可能是灾难性和不可逆转的（如核事故）。他假设普通公众并不占有知识，而需要传统上知识的所有者如科学家和研究机构告知他们风险的存在。普通人因此依赖**专家**知识来告知并警告他们有关风险的问题，对此他乐观地认为这意味着公众可以逐渐掌握部分知识。因此，公众对知识和专门技能的依赖与贝克的"副作用"相关联。在其被多次引用的观点中，贝克视公众而非科学或其他机制为风险社会中可以依赖的"声音、面庞、眼睛和眼泪"，并看到"咳嗽的孩子……农场中的牛变黄"（1992：61）。学者们认为，副作用在收益上胜于科学创新的信念已深深根植于西方文化中。

许多传媒研究学者（如 Kitzinger, 1999）对贝克提出批评，认为其对传媒在风险社会中的角色挖掘不深且含糊不清，因为他的研究并非建立在实证的基础上，也没有考虑传媒的生产过程。

参见：专家/专家系统（experts/expert systems），知识社会（knowledge society），完全知识（perfect knowledge），后现代性/后现代主义（postmodernity/postmodernism），符号分析师（symbolic analysts）

延伸阅读：Giddens, 1990；Lupton, 1999a, 1999b；Mythen, 2004

TB

西雅图
SEATTLE

1999年11月30日发生于西雅图的**反全球化**运动首次引发了全世界的关注。估计当时有五万名参与者聚集到西雅图的街道上，抗议在此举行的**世贸组织**关于启动新千年贸易的新一轮谈判。抗议成功地使组织者取消了开幕式，该会议也没有达成推进贸易**自由化**的任何协议。西雅图因此经常被称为反全球化运动的"亮相派对"，并成为第一个反对大型峰会的示威活动的发生地，此后这类示威活动在布拉格、魁北克城和日内瓦等诸城市所召开的与经济全球化和**全球治理**（如世贸组织、**国际货币基金组织**、**世界银行**、**G8**）相关的高端峰会上如缕不绝。参与者（及抗议者）是由许多松散的、缺少领导层的、非等级制的国际联合组织以及**社会运动**团体组成。它们来自不同的背景，如环保组织、工会、宗教团体、原住民保护运动组织、学生团体和无政府主义者等。大多数媒体报道并不集中于团体的抗议内容，而关注一小撮无政府主义抗议者组织的被称为"黑色党团"**直接行动**的暴力手段上。这些抗议者攻击一些跨国公司具有象征意义的建筑物和资产，如麦当劳和星巴克。而大部分抗议者采取非暴力的抗议行动，使这种运动在总体上表现得较为平和。

参见：无政府主义（anarchism）

HB

半边缘国家
SEMI-PERIPHERY COUNTRIES

在**世界体系理论**中，国家被分为核心、边缘或半边缘国家。半边缘国家被认为是核心与边缘国家的缓冲区。它们通常是自然资源（如化石燃料）的生产国，并扮演核心国家资源供给地和商品市场的角色。

参见：核心－边缘模式（core-periphery model）

服务工作
SERVICE WORK

服务工作指与人打交道而非进行生产活动的工作类型,它们对资质的要求也是较低的,如酒店业、零售和个人服务业等。

在总体进入后工业时代、以知识经济为基础的发达国家中,制造业和其他体力劳动并非就业中的主流行业。服务工作通常缺乏组织,从业人员也主要来自社会边缘(如妇女、移民或非法打工者等)。另外,由于某些服务工作的特殊性(可以通过电话或计算机网络完成),公司会在劳动力廉价的其他国家建立办事处(如客户服务中心)。严格来说,这些工作部门的剥削是极为严酷的。

参见:出口加工区(export processing zone [EPZ]),劳动力女性化(feminization of the workforce),工业化(industrialization),知识社会(knowledge society),外包(offshoring)

延伸阅读:Hobson,1997

仿像
SIMULACRUM

此词是仿像(simulacra)的复数形式,被法国文化理论家让·鲍德里亚用以代指某种与本体或现实并无联系的复制品。鲍德里亚认为在**后现代**仿像(有时以数字媒介的形式出现)取代了原型(originals),以至于无法将"真实"与仿像区分开来。仿真与**超现实性**是相互关联的概念;在其论文"拟象与仿真"中,鲍德里亚将仿真描述为一种依靠真实的模型却与真实或原型无关的生产,即一种超真实性(1988:166)。超现实是一种由仿真过程产生的以仿象取代真实的状态。

延伸阅读：Baudrillard，1995

CM

怀疑论者
SKEPTICS

赫尔德（Held）与麦克格鲁（McGrew）在全球主义者和怀疑论者中定义了一种"粗略的"二元性。全球主义者"认为当代全球化是真实且意义重大的历史发展"，而怀疑论者"把（全球化）视为意识形态或神话的建构，其阐释价值微不足道"（2003：2）。值得注意的是，正如赫尔德和麦克格鲁的界定所暗示的那样，全球主义者和怀疑论者都有两种可能性的维度：首先，世界是否发生了实实在在的变化，这主要是个实证性的问题；其次，如果这个世界发生了变化，则全球化的话语和理论是否可作为最好的阐释。

参见：异质性（heterogeneity），超全球化论（hyperglobalist thesis），国际货币基金组织（IMF [International Monetary Fund]），国际化（internationalization），经济合作与发展组织（OECD [Organization for Economic Co-operation and Development]），传统主义者（traditionalist），跨国公司（Transnational Corporations [TNC]），阵地战（war of position）

延伸阅读：Bourdieu，1999；Hirst and Tompson，1996

社会资本
SOCIAL CAPITAL

该术语由**卡尔·马克思（Karl Marx）**在 19 世纪（1972：636）提出。此后，尤其是近三十年来有不少人依照自己的理解将其用于不同领域。广义来讲，在现代意义上，该术语主要指能为个人和社会带来利益的人际关系、社会联系、规范和隶属关系（如童子军、保龄球联盟等），而非指它们巩固和加强共同体社会结构的内在价值。

1980年代中期以来一些社会学文献在对社会网络的研究中使用了该概念，尽管数量很少，但仍可见于詹姆斯·科尔曼（James Coleman, 1988）的著作。然而该术语的权威论述体现在罗伯特·帕特南（Robert Putnam）的著作中（2000）。帕特南将社会资本定义为"**信任**、规范和网络等社会组织的特征，可以通过合作行为来提高社会的效率"（1993：167）。帕特南在意大利参与一个研究新区域政府发展的研究项目，并已持续20年之久。社会资本作为一个可供使用的概念有助于解释帕特南所看到的不同地区政府在质量间的根本差异。

帕特南指出，互惠与共同性和社会资本以及集体行动的可能性有关。帕特南区分了"结合型社会资本"和"沟通型社会资本"的差别。前者指的是集团的成员已经拥有共同利益，而沟通型社会资本指的是跨社会集团及不同社会集团之间的联系。社会资本不仅指个人可获取的资源，更为重要的是（至少对全球化研究来说）共同体所能发展和掌控的共同资源。因此一个社会的社会资本是可供讨论的。例如，海伦娜·肯尼迪（Helena Kennedy）指出："传统上英国在社会资本方面较为丰裕，有着高度发展的义务工作以及从妇女组织到青年团体和社会俱乐部等众多网络，这些都建立在共同性和信用的基础上。"（2005：19）帕特南认为最近三十年发生的（尤以美国为甚）社会变革导致了社会资本的衰落。

帕特南的著作在国际上吸引了包括学术圈和政府在内的众多关注。《使民主运转起来》（*Making Democracy Work*）是1990年代引用最为频繁的社会科学著作，他关于美国的论著为克林顿1995年的国情咨文提供了思路。他同样还拥有包括布什、布莱尔和布朗在内的众多读者。社会资本同样被**世界银行**所使用，影响了它的一些发展政策，并成为国家层面（包括英国一些地区政府）的政绩指标。

然而莫罗（Morrow）却担心社会资本（科尔曼和帕特南的论述）只

是另一种摒弃了弱势人群的手段，宣称他们没有社会资本且归咎于这些群体自身："存在着一种危险，即'社会资本'变成所谓'赤字理论综合征'的一部分，且是不成功的个人、家庭、集团和社区所缺少的'事物'或'资源'。"(1999：760) 帕特南的论述尤其符合**新自由主义**右翼的胃口，且这种观念可以被用来推脱**国家**对社会排挤的责任。

另一方面，草根团体运动把它用做共同体建设和获取自主权的战略。然而这种跨越政治光谱的诉求不仅表达了多样性，也显示了其理论上的模糊性。最后，帕特南对社会资本的研究所带来的问题和它所解答的一样多。

皮埃尔·布尔迪厄在论述社会不平等的再生产时同样使用了社会资本这一术语。社会资本是布尔迪厄多种资本形式中的一个，与帕特南的概念有着不同的性质。在"资本的形式"一文中，布尔迪厄明确了三种象征性的资本：经济的、文化的和社会的。

经济资本直接体现在货币价值上(1986：243)。**文化资本**则是无形的，尽管可以被还原为经济资本，但无法直接交换(1986：243)。最后，社会资本由"在特定条件下可以兑换为经济资本并可以由某种贵族头衔形式所制度化的社会义务（'关系'）"所构成(1986：243)。

尽管布尔迪厄对社会资本没有做过大量研究，但与帕特南不同，他将社会资本和不同层级的资源联系在一起。布尔迪厄将社会资本定义为：

> 实际或潜在资源的总和，它们与或多或少制度化的互助或互认关系的持久性网络有关。(1986：248—249)

尽管"关系"的数量十分重要，但更重要的是一个人与拥有大量经济与文化资本的人产生联系，并能够运用这些资本(1986：249)。波特(Porte)注意到对资源关注的重要性，并具体区分了"资源本身在不同社会结构中通过成员的优势而获得资源的能力"(1998：5)。重要的是，布尔迪厄明确地把社会资本和其他资本联系到一起。

布尔迪厄清晰地描述并界定了社会资本,而帕特南对社会资本的论述方法有着某种启发性的价值。我们可以认为它所产生的争论本身更为重要。另外,帕特南对社会资本的概念化对于隐喻和政策的应用显得比其他人更有价值。

参见:公民社会(civil society),文化资本(cultural capital),全球亚政治(global sub-politics),非政府组织(NGO [Non-governmental Governmental Organization]),符号资本(symbolic capital)

延伸阅读:Fukuyama,1995;Halpern,2001

AC

社会运动
SOCIAL MOVEMENTS

一系列有政治动机并旨在达到或抵制某种社会与文化变革的行动的复合体。社会运动的典型例证为劳工运动、女权运动、同性恋权益运动、环保运动以及最新兴起的**反全球化**运动。它们通常采取多样化手段来达到目的——从政治游说到直接行动这样更具对抗性、更加干扰社会的策略。随着**多国公司(multinational corporations)**和**世贸组织**、**国际货币基金组织**等全球治理机制影响力的不断提升,其权力在许多方面超越了当地政府或国家政府。这意味着社会运动在其组织形式和运作模式上经历了重大变革。在看待问题时,社会运动逐渐把注意力从当地及国家转移到全球层面上来。如此便形成了国际联合行动,它们在地方进行活动,同时又跨越了国界——这个过程可以用环保运动的口号"放眼于全球,行动于地方"来概括。全球通讯网络的发展对这些变革的发生起到了巨大作用,特别是**互联网**和可负担的旅行机会的增加。它们使社会运动能够高速高效地进行协调并动员国内及跨国行动。

参见：女权主义（feminism），全球治理（global governnance）

HB

控制社会
SOCIETY OF CONTROL

此概念由法国哲学家吉勒斯·德勒兹（Gilles Deleuze，1990）提出，最近被哈特（Hardt）与内格里（Negri）(2000) 和亚历克斯·盖洛威（Alex Galloway，2004）等人进一步发展。德勒兹的研究始于福柯对19世纪**生命权力**（bio-power）的"规训性"机制的分析，即通过一系列机制来规范个人身体和人口群体，继而指出这种形式在信息技术、大众传媒和全球化联合的压力下经历了根本性转变。它从制度调和的僵硬的规训性权力过渡到在个人认知过程中所操作的微妙的、内在的"控制"形式。因此控制社会产生的标志是规训性体制的全面危机。工厂、监狱、医院，甚至国家都被去管制化，其功能也被外包。这样，它们的边界变得模糊，失去了独立的存在形式。跨国主义者以弹性展示了这种控制的逻辑。与此同时，主体的思想过程也经历了权力的内在化，使自我与外界的边界也变得模糊。这样，自我与网络系统的相互作用被其他评论家认为是当代资本的特征，而控制权对其做出了回应。盖洛威（2004）认为**互联网**去中心化系统坐标数据传输协议是这种总体控制逻辑的另一个例证。

参见：霸权（hegemony），流动的现代性（liquid modernity），网络社会（network society），圆形监狱（panopticon）

延伸阅读：Deleuze, 1990; Galloway, 2004

JH

软实力
SOFT POWER

见：硬/软实力（hard/soft power）

主权
SOVEREIGNTY

唯一且至高无上的政治权威。作为政治秩序和哲学教义，主权是政治**现代性**开始的标志，即从欧洲中世纪体系步入集权领土国家，这种转变在1648年的《威斯特伐利亚和约》迎来高潮。在国际体系中，主权意味着**国家**对其内部事务的最高控制，而不干涉原则成为国际社会的基石。

16世纪法国思想家让·博丹（Jean Bodin）是第一位用主权概念来阐释政治权威合法性的学者，并彻底超越了早期对神权的或传统权力的合法化解释。他认为，国家无法再回到以任何宗教或自然为基石的时代，它已成为人类意志的产物，为服务于人的目的而存在，其首要目的是安全与内部和平。为确保安全，一个单一、最高且合法的权力来源——主权成为关键所在。

在宗教冲突的时代背景下，与一百年后的托马斯·霍布斯一样，博丹试图把政治权威的合法性与宗教分离开来。法律必须被遵守是因为它身为法律，而不是因为它是正确的或是公正的。法律来自权威而非真理（*Autoritas non veritas facit legem*），这是霍布斯的著名论断。主权因此成为一种关于正义的形式化概念（合法性即等于法律）。后来，对主权进行宪法性限制的成就，如基本权利等，成为重新把正义的重要概念植入法律和政治现实中的决定性力量。

现在，全球化的新发展削弱了国家对其领土的有效控制。但主权不应该与行动自由相混淆。另一方面，国际义务和机制的密度得到极大增加，政治空间和竞争互相重叠并混合在一起，政治忠诚也变得多元化。**欧盟**正是这种发展的最重要例证，并对主权的概念起到了实实在在的影响。一种权力的新型复杂结构取代了独立主权实体的观念。但是，主权的基本问题，即如何在多元化社会和共同信仰缺失的情况下确保安全与和合法秩序，成为人们现在最应关注的问题。

参见：人权（human rights），民族国家（nation-state），国家（state），国家主义范式（statist paradigm）

延伸阅读：Philpott，2001

FO

国家
STATE

以领土确定统治权的专门组织在历史上并非新现象，这些组织描述了从游牧到定居生活转型后人类关系的特点。尽管现代国家是从中世纪逐渐演变而来的独特的体系集合，它首先涉及的是权力的集中化、领土化和官僚化。在长达数百年的过程中，中世纪互相重叠的统领体系的模糊边界被抛弃了，而单一的、集权的及永久性的机制被建立起来以保证安全、公正以及稳定的行政结构。

现代国家的主要特征有：常备军、对居民的有效征税权及在广大区域内规范社会经济生活的能力、训练有素的公务员和集权的**官僚制**、常驻性的外交使团、数据收集和鉴定（人口普查、护照等）体制以及广泛的社会控制手段，如警察力量和学校等。然而，现代国家的形成并不仅仅带来国内和平、理性的治理和社会规训，同时也引起了全面的文化**同质化**（如语言）和同化过程。政治效忠的对象被集中在国家身上，国家并因此成为道德权威、认同和情感寄托（爱国主义）的一个来源。

由于**去殖民化**过程和领土广袤的多民族帝国的解体，国家的数目在20世纪激增。今天的国际秩序建立在作为国际法主体的国家之上，而争取政治自治权基本上等同于获取国家身份。因此对许多政治运动来说，国家代表了自由与自治的希望。而与此同时，新国家的成立往往伴随着对少数族裔的暴力压制和腐败精英对权力的独占。

对国家的科学研究主要集中在对其复杂异质性的内部构成及其与社会和社会利益集团的关系上。米歇尔·福柯开创的传统研究拓宽了对国家权力的"微观物理"研究，包括国家如何以特定的形式组织日常行为，以及如何塑造心态与主体。

全球化研究诞生之时，这种关注开始发生转变。自1980年代开始，国家危机与全球社会经济力量的比较研究开始受到重视，人们纷纷预测国家的终结和即将到来的世界国家。然而，国家形式的持续扩散、国家在国际政治中的中心角色以及国内无处不在的国家权力实际上驳斥了这种观点。但是，对国家作为封闭的"容器"或统合的整体幻想的确受到了冲击。国家逐渐成为众多行为体中的一员，和其他行为体一样处于相互依赖的复杂网络中，并不再是边界分明的实体。与此同时，人们的认同和忠诚发生了改变，公民也介入超越国家政治舞台的政治运动中。如马丁·奥尔布罗（Martin Albrow）1997年所讲的那样，社会关系与行政的跨国行为超越了国家边界的领域。因此，国家、人民、社会、政府、民族和文化间的现代熔合丧失了其可信性。

在这种趋势保持稳定的范围内，权力、合法性与公正性的问题也从很多方面摆在了超越国家界限的政治空间面前。例如，民众运动质疑新兴政治阶层对诸如**世贸组织**这样的"全球"机构进行管理和决策的合法性。与此同时，国家行为体的行动范围逐渐受到约束，且与就业、福利和安全保障的呼声发生了碰撞。很明显，这种趋势强调了当下国家事务的偶然性。当代观察家们意识到，现代国家的稳定与合法性建立在对一整套条件的满足上。因此，国家、社会和认同感的持续分裂将带来重大的冲突、不满和迷惘的隐患。

参见：民主（democracy），全球治理阶层/全球精英（global managerial class/global elite），民族主义（nationalism），民族国家（nation-state），国家主义范式（statist paradigm）

延伸阅读：Albrow，1996；Pierson，2004

FO

国家主义范式
STATIST PARADIGM

现代**国家**不仅是打破中世纪政治景观的历史现实，而且建立了一套纵向权力组织和独特机制。同时作为一种"范式"，它产生了特定的政治语言，影响了人们的想象力和认同感，并在现代法律或国家关系行为中成为现实。现代的人文科学也在很长时间内帮助进行组织、引进并推销"国家的世界"这种概念。

直到现在，我们的政治语言在其语法、句式和词库中的绝大部分都是现代产物，并与国家形影相随。主权、人民、法律、社会、民族、政府、宪法、**民主**建立起一个彼此紧密联系的网络，共享一种隐含的"逻辑"：国家被想象为一个在一定领土边界内拥有纵向权威的单一结构，其中法律表达了人民自治的意志，社会与国家人口重叠，在政治和文化上被理解为单一的主体，即民族。

可以说当代由不同颜色来标注领土的马赛克世界地图所带来的印象就是这种范式的"产物"。它催生了自1648年直至今天的国际法和外交的根本结构。国家是国际法的主体，同时国际法的结构复制了"国家主义"的概念和政治秩序。大多数时间内，人文科学重复着这种结构，它们将国家和民族作为研究参考和分类的基本框架。历史学家撰写民族历史，社会学家秉持领土范围内的社会概念并使用国家统计数据，经济学家把"民族经济"视为封闭的体系。而现在"国家主义世界"的"建构"特征被推向变革的最前沿。例如,旅游、政治的相互依赖、经济全球化、大众传媒等逐渐侵蚀着国家认同的自然性。而只有这样科学才能够指出杂乱无章的、叙述性的、社会的以及象征性过程的生产与再生产。但是对于社会和政治生活"建构性"的体察不能等同于这种结构的去合法化。相反,既然建构被认为是无处不在的并是人类存在的定义性特征,那么正如雅克·德里达(Jacques Derrida, 1994)所言,"没有重构的解构"是不负责任的。

参见:主权(sovereignty),国家(state)
延伸阅读:Philpott, 2001

结构调整计划
STRUCTURAL ADJUSTMENT PROGRAMS

见:国际货币基金组织(IMF)

结构化
STRUCTURATION

见于吉登斯的《社会的构成》(*The Constitution of Society*, 1984)一书,其理论试图在决定社会事件的动因与结构中寻找一条中间道路。例如,个人可以被理解为或多或少在社会背景中具备能动作用或受到其影响。结构化试图同时认可这两种力量,并提倡建立一个二元结构。吉登斯写道:"结构化最主要的主张之一是,社会行动的生产和再生产所带来的规则和资源同时也是体系再生产的手段(结构的二元性)。"(1984: 19)

吉登斯关于资源、结构与互动类型的理论中包含更多的关键词,包括能动作用和结构。结构可以被理解为个人能够获取，并通过它能够在某一体系中互动的规则与资源。资源可以是权威性的（试图控制人），也可以是配置性的（试图控制目标）。在此存在着三种结构，尽管它们更应该被看做结构的方面和特征，而并非类型学的分析。结构最重要的方面包括语言和其他符码。因此，某种特定语言、符号系统和交流方式在任何结构中都能为个人所用。合法化是结构中更为权威性的部分，因为其试图建立一种道德或社会秩序。最后，结构同样也有其支配性的方面。只要对客体有直接或间接的控制，它们（获取并重新配置资源的能力）就在结构内部拥有权力。显然，对重要事物拥有权力的群体本身也拥有重要的权力，由此他们可以操控用于互动的资源。

结构化有助于解释社会如何保持相对稳定性及持续性，以及如何发生变革，无论这种变革是以社会演变还是以革命方式进行。

吉登斯的结构化同样被用在技术领域中。这点并不奇怪，因为技术尤其数字技术是全球化背景下的关键资源所在。结构化的概念从根本上来说是解释社会结构和个人之间相互依赖关系的一种尝试。"社会只包含其形式，而这种形式只对人产生作用，结构只在人的活动范围内被生产或再生产。"（Giddens and Pierson，1998：77）

参见：现代性（modernity），反思性（reflexivity）
延伸阅读：Giddens，1990；Sewell，1992

贱民
SUBALTERN

在军队中此术语代指下级军官的军衔，但在**后殖民主义（post-colonialism）**研究中则指代被边缘化的人民（Gramsci，1971）。贱民近来被使用得更为频繁，尤其是斯皮瓦克（Spivak，1985）用其指一个因处于边缘地位而失去能动性的个人。应该注意的是，贱民并不被简单用做"被压迫者"的同义词。

斯皮瓦克指出，贱民有发言权，但因无人聆听而变得毫无意义。这种使他们被边缘化的体系逻辑意味着他们的声音无法被人听到。被压迫者和贱民之间的区别即在于此。被压迫者和压迫者使用同一种语言，他们被压迫是因为其没有时间或空间来发言，但这种空间的可能性是一直存在着的。对贱民来说，他们说出自己所想与所需也无人能够理解，因为他们与权力所有者的思维意识不处在同一个层面。

霍米·巴巴（Homi Bhabha）紧随葛兰西，强调权力的重要性并将贱民阶层描述为"受压迫的少数群体，他们的存在对多数群体的自我界定至关紧要。贱民群体同样处于颠覆霸权权威的位置上"（1996：210）。贱民的概念与巴巴的其他部分概念有所联系。例如，**杂糅性**是主流与贱民文化的混合体，而"拟态"则发生在贱民声音出现在（尽管并非其原始形态）主导话语中时。

参见：殖民主义（colonialism），文化帝国主义（cultural imperialism），霸权（hegemony），本土文化（indigenous culture）

延伸阅读：Bhabha，1996

生存视角
SUBSISTENCE PERSPECTIVE

此术语由社会学家玛利亚·米斯（Maria Mies）在1970年代提出。他认为当进行经济、政治和社会决策时应该把人类需求置于商品和生产之上。密斯很清楚这种视角不仅是研究经济学的新路径，而且适用于文化、性别关系和其他社会层面的问题。生存视角关注"生活的生产"而非"商品的生产"。

密斯同样指出女性未被偿付的家务劳动并没有体现在**资本主义**经济观当中。这种分析同样适用于农业等事关生存的产业。因此，生存视角号召人们开始从商品进行转向，转为（或回归）以需求为基础的、可持续发展的、合作性质的地区性产业。只有这样做，可持续发展的未来才会成为一种可能。

参见：反全球化（antiglobalization），基本需求（basic needs），消费主义（consumerism），女权主义（feminism），国际货币基金组织（IMF）

延伸阅读：Bennholdt-Thomsen *et al*., 2001；Mies and Bennholdt-Thomsen, 1999

超现代性
SUPERMODERNITY (OR HYPERMODERNITY)

超现代性被奥热（Augé，1995）用来区分不同于**后现代性**的一种**现代性**延续。其关键依据在于强调一种观念，即某些现代性的讨论至今仍然有着重要意义。奥热的超现代性是三种（超）维度的结果：(1) 时间的历史和事件；(2) 物理空间的概念；(3) 个人身份。谈到时间与历史，奥热认为，大量信息是通过诸如大众传媒和**互联网**等媒介出现的，使我们不可能完全理解这个世界或其表现形式。而关于空间则存在着两个互相联系的方面。首先，我们对自身栖居的空间有了新的理解。不再局限于我们周边可测的狭小环境，我们还能意识到世界其他地方发生的事情，以及它们对我们的生活有可能产生的影响。其次，奥热认为我们的周边环境和区域变得越来越类似于其他的区域空间。这种情况部分源自**无地方性**（placelessness）的扩散，奥热把它视为超现代性的症候。因此，对空间的关注同样也属于**全球地方化**、**同质化**和网络的一部分。奥热关于时间和空间描述的启示都与**时空压缩**概念有关。最后，与身份相关，奥热认为我们对个人身份的概念是既"过分"又"欠缺"——"过分"在于人们有着过多关于身份的选择,而"欠缺"是因为当身份制造者的消费(如服装、音乐)代表身份的时候,个人已沦为他们自身所消费的商品。

参见:选择(话语的)(choice [discourse of]),消费主义(consumerism),地球村(global village),想象的共同体(imagined communities),信息时代(information age),生活方式(lifestyle),流动的现代性(liquid modernity),现代性(modernity),无地方性地理(placeless geography),后现代性/后现代主义(postmodernity/postmodernism),反思的现代化/现代性(reflexive modernization/modernity),仿像(simulacrum)

延伸阅读:Augé, 1995;Merriman, 2004;Tomlinson, 1999

剩余价值
SURPLUS VALUE

剩余价值的概念是**马克思**研究**资本主义**的一个关键部分。马克思断言所有社会都牵涉生产的剩余(可以被理解为产品或财富的生产超出了其成员生存所需),因此阶级冲突即产生于对这些剩余部分的生产和分配之中。

剩余价值描述了资本主义生产方式中剩余部分的特点。资本家掌握生产方式和产品并购买工人劳动力,而工人并不占有生产工具或原料,因此被迫出卖自身劳动。为制造利润,资本家必须扩大劳动力、原材料和生产方式在成本与产品市场价值之间的差额。这种差额就是剩余价值。简单来说,在资本家眼中工人们工作越久越好、工资越低越好,以此来创造更多利润,而资本主义就是建立在这种体现剩余价值的生产之上,并以此不断积累资本。当这种资本转而投资于其他利润生产途径上(其他生产形式、股票、营销、银行等),作为资本的剩余价值即逐渐脱离了工人的劳动。但正如马克思所着重强调的,所有剩余价值都来自资本家对工人阶级的剥削,而资本家本身是劳动阶级的寄生虫。在马克思看来,这种关系只有通过生产方式的集体所有制才能够纠正,集体所有制本身就是对生产剩余价值需求的否定。

延伸阅读:Singer,2000

JH

可持续发展
SUSTAINABLE DEVELOPMENT

此术语描述了一种对其所需资源不会造成无法挽回伤害的、可以在一定程度上获得永久性生存的产业。布伦兰德委员会(Bruntland Commission)将其定义为:"符合当下发展的需求,同时保障后代满足自身需求的能力。"(Bruntland,1987)可持续发展在环境保护方面一个绝佳例子是只去砍伐相应数量的木材,而这种砍伐量可以通过生态系统或人工栽植进行补充。

这种发展方式被**联合国**1992年地球峰会所批准和倡导。而其是否能够为人们所真正执行取决于**民族国家**和全球共同体坚持对全球或地方非可持续发展进行惩罚或禁止的意愿。在很少或无人对其进行关注时,这种监管在操作上尤为困难。某国外公司对稀有金属和化石燃料的开采经常给当地(常常是土著的)被边缘化的民众带来灾难,但他们缺乏正式的抗议渠道或表达不满的公共机制。另一方面,一些国际网络(尤其是像绿色和平那样的非政府国际组织)在这种情况下起到了关键性的监督和宣传作用。

"可持续的"同样可以用于对市场、可用劳动力、城市环境或任何实体在生产中和生产后所必需的资源描述上。

参见:资本主义(capitalism),本土文化(indigenous culture),国际货币基金组织(IMF [International Monetary Fund]),京都(Kyoto),非政府

组织（NGO [Non-Governmental Organization]），贱民（subaltern），世界银行（World Bank）

延伸阅读：Elliott，1999；Gustav Speth，2003；Haas，2003；Timmons and Thanos，2003；World Commission on Environment and Developemtn，1987

血汗工厂
SWEATSHOP

见：出口加工区（Export Processing Zone [EPZ]），服务工作（service work）

符号分析师
SYMBOLIC ANALYSTS

政治经济学家罗伯特·赖克（Robert Reich，1992）将此术语理解为一种劳动职业或工作类别。汤普森（Thompson）和沃赫斯特（Warhurst）将其定义为：

> 符号分析师通过操作符号来解决、辨别和调解问题。他们把现实简化为抽象符号，以便与其他专家进行重组、运作、实验和交流，并在最后将其还原为现实。这种操作由分析工具完成，而借由经验将之改进。(1998：177—178)

咨询师（包含很多领域）是符号分析师的绝佳例子，但符号分析师几乎存在于所有产业之中。其关键特点在于他们并不参与生产。彼得·德鲁克（Peter Drucker，1969）关于"知识工人"的概念可以被理解为赖克符号分析师概念的前身。符号分析师在**专家系统**和**知识社会**中扮演了中心角色。

参见：全球治理阶层/全球精英（global managerial class/global elite），无地方性地理（placeless geography），风险（risk），服务工作（service work）

符号资本
SYMBOLIC CAPITAL

源自社会学家皮埃尔·布尔迪厄，指某些人的权力并非来自金钱，而是来自其他成就或特性。这种符号资本和经济资本（金钱）一样发挥作用，因为它可供交换并转化为具体的或抽象的东西。符号资本给予个人象征性的权力。但是，"符号性权力是一种不可见的权力，只有在不想了解自身受到其支配的人或本身操纵这种权力的人手中才有可能实现"（Bourdieu, 1992b：164）。应该注意的是，布尔迪厄在其作品中提到了许多不同种类的资本，而其中有一些资本是相互重叠的。

应该强调的是，在特定社会或地域中的符号资本取决于在该地具备非凡价值的事物类型。

参见：自主权（文化的）（autonomization [of culture]），文化资本（cultural capital），全球治理阶层/全球精英（global managerial class/global elite），霸权（hegemony），习性（habitus），社会资本（social capital），结构化（structuration），符号分析师（symbolic analysts）

延伸阅读：Bourdieu, 1985, 1989

地域化（去地域化及再地域化）
TERRITORIALIZATION (DE- & RE-)

地域化与这个世界想象空间的方式相关。罗伯森（Robertson, 2002）概括道，许多人认为全球化动力的一个关键特征类似于**资本主义**的特征，是一种关于规模和社会建构的概念。不同规模与不同层次的地域或者彼此争夺，或者不断开拓；空间需要通过新的话语和实践来进行管制和治理。1980 年代后关于规模变化的讨论越来越多，对此斯温格多夫（Swyngedouw，2004）曾评论道：

> 一种重要的表达方式的转变在过去的十年间真实发生了，它是不断强化的社会组织和公民地位中意识形态、社会经济和文化斗争的有机组成部分。在许多文献和模糊的政治言辞中，"全球"一词的突出地位使正在进行中的激烈的社会领域的争夺趋于边缘化并且逐渐销声匿迹，其中空间规模的重组是关键所在。

转变的规模包括出于治理目的而对领土的积极建构和重构。去地域化和再地域化等术语和后结构化建设的程度、空间和领土建构相关。去地域化/再地域化被用来指代一种过程，即现存的空间规模（如**民族国家**）逐渐破裂，新的规模构建正在崛起。

参见：counter-narratives（反叙事），个体化（individuation），时空压缩（time-space compression）

延伸阅读：Harvey，1990；Robertson，2002；Swyngedouw，1996，2004

RM

第三条道路
THIRD WAY

一种政治纲领和意识形态，试图在全球化影响下的世界重塑社会民主。所谓"第三条道路"指宣称超越"旧"左派和"新右派"的观念，提倡实用主义和非意识形态化的政策："实用主义的"，即它们不可避免地要对变化的环境做出反应；"非意识形态的"，即它们要超越现存的意识形态分野来追求国家利益。有关第三条道路的思想发展于 1990 年代，托尼·布莱尔（Tony Blair）、德国总理格哈德·施罗德（Gerhard Schröder）和安东尼·吉登斯（Giddens, 1998, 2001; Blair and Schröder, 1999; Finlayson, 1999）等众多中－左翼政治领袖和社会思想家都支持这种理论。

第三条道路概念的核心在于一种假设，即传统的左派和右派划分已经不再具有其原本内涵。全球化的后果带来了对旧式社会民主的否定，而像**国有化（nationalization）**等政策及对完全就业和结果平等（与机会平等相对）的承诺也被人斥为过时的事物。第三条道路理论家们开始于这样的假定，即"不存在**资本主义**之外的选项"（Giddens, 1998: 43）。但是，尽管市场一直作为积极的角色，第三条道路思想否定了**最低限度国家（mininal state）**的概念；"大政府无法发挥有效作用，但没有政府的话，什么都做不了"（Blair, 1998a）。由市场力量引入，并赢得新右派欢呼的所谓永久革命并不能同时保证经济增长和社会公正。第三条道路认为只要国家起到促进作用，上述两个目标便都能够达成。为了"保持处于竞争力的前列"，国家必须培养劳动力的适应力，并通过投资教育和基础设施来增强竞争力。这样一来，第三条道路理论相信干预行为和市场经济将并行不悖，前者不会阻止后者的正当运作。这种观念触及了第三条道路思想的深层主题，即"相悖主题的调和"。在全球化时代，市场与公共部门、个人主义与共同体，以及外交、商业、安全和民族等政策领域被视为是相互补充的，其对于目标的实现并非互相矛盾。

在一组左翼价值观或"目的"的指引下，这种道路宣称其本质为社会民主主义，其与传统社会民主的区别在于强调合适的"手段"而非"目的"；"怎么管用怎么做"（Blair, 1998a）。价值观和目的的协调在第三条道路理论家中存在争论。在布莱尔看来，那些永不过时的价值观和对社会民主的定义包括价值平等、机会均等、责任以及共同体等信念（Blair, 1998a）。其他人则强调结果的平等，部分人鼓吹凯恩斯主义的需求管理仍然有效（参见 White, 1998）。

第三条道路理论引发了诸多批判，其争论焦点大都集中在是否真的存在"第三条道路"（参见 Driver and Martell, 2002）。对此概念持批判态度的人拒绝承认其为社会民主，而是将其描述为"左派向右派靠拢的左右翼政治妥协的理性化产物"（Hall, 1998）。还有人认为第三条道路起到了经济全球化缓和剂的作用，是一种"撒切尔主义淡饮"（Hay, 1999）。尽管如此，第三条道路还是为社会民主是什么以及应该是什么的争论做出了些许贡献。借由通过促进增长和社会公正达到**国家**和市场间调和的视角，第三条道路理论提出了一种基于全球化时代可以达成何种目标的新方案。

参见：中间路线（centrism），新自由主义（neoliberalism）
延伸阅读：White, 1998；Fairclough, 2000

CW

第三次世界大战
THIRD WORLD WAR (WWIII)

第三次世界大战是否已发生，还是仅仅存在于想象层面，这在很大程度上取决于如何使用该术语。冷战被某些人认为是第三次世界大战；另一些人则把"反恐战争"当做第三次世界大战。在纯粹的想象层面上，第三次世界大战指的是蓄意的或偶发性的核战争，或更为形象地指类似于小行星撞击地球那样的末日灾难。

弗兰克（Frank, 2004）认为第三次世界大战开始的标志是美国对伊拉克的入侵。这可以被理解为更为广义的对抗第三世界的一部分。他写道：

> 它可以在两方面被称之为第三次世界大战。在一战和二战后，人们看如今到了对抗第三世界的战争。大战体现在对南斯拉夫的战争［被误称为科索沃战争］、对阿富汗的战争以及现在

对伊拉克的战争；谁知道下一个会是谁呢。(2004: 607—8)

萨帕塔民族解放军（EXLN）起义副总司令马科斯（Marcos）把冷战称为第三次世界大战。从他的视角来看，冷战后由全球化和**资本主义**扩张所带来的第四次世界大战已经爆发。从这个意义上讲，**反全球化**运动可以被理解为卷入第四次世界大战并对抗全球化的"代理人"。

参见：反全球化（antiglobalization），风险（risk）
延伸阅读：Frank, 1992; Neil, 2001

时空压缩
TIME-SPACE COMPRESSION

地理学家大卫·哈维（David Harvey, 1990）引入了时空压缩这一概念。该术语意味着在全球化世界中，得益于通讯和交通技术的进步，时间和空间不再像以前那样成为一种障碍。应该明确的是，哈维并没有认为时间和空间完全崩塌掉，而是被压缩了，其原因是旅行和通讯速度的提升，这相应地影响了人们对世界的体验。此外，哈维认为生活的速度也在加快，事件、交易和旅行都在提速。哈维的论点不仅建立在时间和空间的视角上，同样在于生产和消费市场的变化上。金钱本身被"去物质化"，而与商品相关的是即时性和可处置性"价值"的提升。

列文（Levine, 1997）在这方面的论述体现在他对社会节奏的比较研究上；节奏（或速度）与经济活动的层次有关。节奏的变化直接与世界范围内由制造业向服务产业和商品消费为基础的转型有关。

吉登斯创造了"时空伸延"这一术语，指的是"在某种条件下时间和空间被组织起来，并连接了本地和异地"（Giddens, 1990: 14）。时空伸延使**跨国**行为以及地区和全球、不同的环境和行为体之间的彼此交叉成为可能。

参见：全球地方/全球地方化(glocal/glocalization)，杂糅性(hybridity)，网络社会(network society)，无地方性地理(placeless geography)，后现代性/后现代主义(postmodernity/postmodernization)，再嵌入(re-embedding)，仿像(simulacrum)，地域化(territorialization [de- & re-])

延伸阅读：Roudometof, 1997

托宾税
TOBIN TAX

托宾税于1978年被提出，但尚未被执行。经济学家詹姆斯·托宾(James Tobin)(该税以其姓氏命名)建议对跨国交易征收小于半个百分点的小额税，以限制投机性交易。因此，若外汇等交易较快成交的话（一周以内）就需要支付这项税款。这意味着正常交易不会受其影响。它存在着两种显著的优点：第一，清除了投机者对货币价值潜在的破坏性效应，国民经济会更加安全，而国家也因此有能力阻止本国货币的大幅贬值；第二，尽管税率很小，仅在0.1%到0.25%之间，但贸易是项庞大产业，全球的税收总额每年将以数十亿计算。税款可以被用于专项发展或应对某些紧急事项，如对自然灾害的援助等。该项税收的立法架构可以在一国范围内建立，但只有达成多边协议后才能真正产生效果。

参见：金融化(financialization)，全球资本主义(global capitalism)

延伸阅读：ATTAC (Association for the Taxation of Financial Transactions for the Aid of Citizens), Tobin, 2000; Wachtel, 2000

传统主义者
TRADITIONALIST

在全球化讨论中,传统主义者是对**怀疑论者**的别称。与"全球论者"和"转型论者"相对,传统主义者对全球论学者所主张的世界性变化持怀疑态度。尽管无法抓住其论点的所有细节,但总的来说许多传统主义者认为当前的世界变化并非前所未有,用已有的帝国主义、国际主义、**民族国家**以及南北分裂这些术语对其进行描述将更为恰当。

参见:核心-边缘模式(core-periphery model),文化帝国主义(cultural imperialism),超全球化论(hyperglobalist thesis),国际化(internationalization)

延伸阅读:Introduction to Held and McGrew,2003;Robertson,1992

跨国的
TRANSNATIONAL

此术语由社会学家雷蒙·阿隆(Raymond Aron,1966)所开创。跨国的可以首先从它区别于什么来理解(例如"国际的"以及"多国的")。国际的和多国的着重强调民族(国家)的作用。在这种意义上,它们属于国际关系**现实主义范式**。在另一方面,跨国的概念试图从**民族国家**的作用之外来理解事件、人物和群体,而这只有在民族国家的影响被边缘化或完全消失时才能实现。斯克莱尔(Sklair)认为国家在很多领域仍然被认为有着重要影响力(2002:6)。

斯克莱尔写道,跨国研究"并非一种具体的理论,而更多的是督促人们对非政府实体给予更多关注,尤其在它们与政府进行互动的时候"(2002:6)。基欧汉(Keohane)和奈(Nye,1972)则把跨国研究引入更广义的全球化领域内。

跨国的研究路径可以帮助理解**非政府组织**、**公民社会**和一些更加地区性的问题，如内部**移民（migration）**等（Sassen，1996）。因此对经济、贸易、政治和国家关系等领域的研究是一个重要的关注点。我们所研究的世界不是国家的简单集合，而是由许多其他群体、机构和共同体所构成。这意味着**公民身份**、**民族主义**和国籍等传统上与民族国家相关联的概念应该在**反思的现代化（reflexive modernization）**过程中重新思考。

与此同时，由于科技、大众传媒、移民和流动性的存在，文化与物质的流动的确在跨国层面不断发生。因此跨国的概念是全球化研究的核心，尽管它体现于网络、**去地域化（de-territorialization）**、**杂糅性**和嵌入等术语中。应该注意的是，跨国的**社会运动**是塑造全球面貌的重要力量，因为它们未受国家束缚，并在如**联合国**等国际和全球场所占据越来越多的空间，发出强烈呼声，并体现于国家层面的政府和法律之中。

次概念同样被称为跨国关系、跨国行为（TNP，transnational practices）、跨国主义或跨国社会。

参见：反全球化（antiglobalization），世界主义（cosmopolitanism），散居（diaspora），再嵌入（re-embeding）

延伸阅读：Aron，1966；Moghadam，2005；Sassen，2002；Smith，2002

跨国公司
TRANSNATIONAL CORPORATION（TNC）

业务范围跨越至少两个国家的公司通常被称为跨国公司，但对于其定义仍存在着一些争议，尤其在它与多国公司联系到一起时。跨国公司与多国公司（MNC）两个术语经常被交换使用。尽管普遍认为多国公司的确存在，但人们对于跨国公司是否存在、以何种面貌存在却有一些争论。

多国公司可以从国际角度来理解，即"世界是由**民族国家**所组成"这一角度。而从全球角度理解跨国公司则更为恰当，因为其理想状态是绝对的流动,哪里竞争优势最大就流向哪里。在现实中,大部分公司尽管在国际上有着管理生产和产品流通的分支机构,但仍主要扎根于一个国家——该国家并不一定是公司的母国。这个总部所在的国家希望成为发达的北方的一分子。此类公司也许更应该被称为多国公司而非跨国公司。多国公司的特点使全球化**怀疑论者**认为,它们并非真正被全球化,而是北方/核心殖民化的例证,并且对南方/边缘采取了帝国主义手段(参见 Hirst and Thompson, 1996)。另一方面,跨国公司并没有母国:它是没有国家性质的,也无法在国家所组成的世界背景下被理解。作为对所谓"跨国公司事实上就是多国公司"的回应,斯克莱尔写道:"你不能简单假定'美国的'、'日本的'和其他'国家的'跨国公司代表了一个'国家利益'。它们并非如此。"(1999:147)实际上它所代表的是拥有者的利益,且**跨国资产阶级**(transnational capitalist class)的确认为它们具备全球化特征。

跨国公司的确存在,而且是全球化尤其是经济全球化的中心所在。出口加工区即为跨国公司而设立。政府关于**外国直接投资**和减税的政策目标也指向跨国公司。一个公司对一国的充足投资有助于稳定其国民经济,而撤资将会动摇其稳定性。尽管跨国公司需要从经济上进行解释,但它们对其他"类型"的全球化也十分关键。若没有在诸多地方设立配送、营销和零售分支机构,在全球范围内消费同一种产品是不可能的事情。全球消费产品的基础设施在经济和文化上都意义重大。并且跨国公司的文化触角并非止于产品和消费者,同时也影响着跨国公司的工作者。通常归因于西方的**文化帝国主义**也许应该被称为公司帝国主义更为合适(Girvan, 1976),因为帝国主义(如果的确存在的话)的代理者正是跨国公司(或多国公司。)

因此,跨国公司的意义需要从它们做什么以及它们是什么两方面来理解。特定产业内愈发强烈的公司合并趋势(并非一定是跨国公司)在其权力中起到很重要的作用。甚至在合并尚未发生时,一些学者仍将跨国公司与相似公司的合作行为与战略方式描述为导向"联盟资本主义"（Dunning, 1997; Sklair, 2002）。此外，**国家**层面（政府）对跨国公司的限制似乎相对较弱。这可以从诸多方面来解释。很明显，政府对投资和创造就业方面有更浓厚的兴趣，而跨国公司能够满足这些"兴趣"。国家受益可能要依靠跨国公司的收益。因此，跨国公司的权力非常重要，尤其当许多跨国公司的预算远远超出其所在国经济时。斯克莱尔（2002）认为跨国资产阶级（TCC）的作用不能被忽略。毕竟这个阶层（或某种人群的社会网络）通常使跨国公司与政府进行对话并就相关协议进行磋商成为可能。

参见：出口加工区（export processing zone [EPZ]），外国直接投资（FDI），跨国的（transnational），世界体系理论（world systems theory）

延伸阅读：Barnet and Muller, 1975; Coleman, 2003; Girvan, 1976; Kristensen and Zeitlin, 2004; Morriesy and Yogesh, 1995

跨国资产阶级
TRANSNATIONAL CAPITALIST CLASS (TCC)

罗宾逊（Robinson）和哈里斯（Harris）认为跨国资产阶级"是全球统治阶层，原因在于它控制着新兴的跨国国家机构和全球决策的杠杆"（2000: 11）。这个群体并非仅仅从他们的特定角色来定义，而更多从他们的意识形态出发。其意识形态是**资本主义**、尤其是**消费主义**的一种表现。斯克莱尔则将跨国资产阶级描述为这样一类人——其利益"与资本主义全球体系的利益最为一致"（2002: 9），尤其是**跨国公司**的利益。斯克莱尔认为，"跨国资产阶级的成员通常直接为跨国公司工作，且他们的生活方式正是消费主义扩张的体现"（2002: 85）。从很多方面上，斯克莱尔认为跨国资产阶级具有**跨国的**（2002: 98）特征，其至少包括四个群体：跨国公司员工、官僚和政治家、技术人员及消费主义者（商人与媒体)(2002:99)。跨国资产阶级不仅与商品生产,同时也与政府、媒体甚至地区行为相关。

参见:消费主义(consumerism),世界经济论坛(World Economic Forum),霸权(hegemony)

延伸阅读:Robinson,2004,2005

信任
TRUST

从全球化研究来看,当代世界的定义性特征之一是需要依赖于专家系统。我们或多或少被迫去信任**专家系统**,因为很多对我们生活造成影响的事实与环境我们尚且不知。吉登斯写道:"……现代制度的性质已经深深地和抽象系统的信任机制,尤其是对专家系统的信任捆绑在一起。"(1990:83)

我们同样必须信任个人(**符号分析师**),他们为我们与专家系统搭建桥梁,同时也是系统的外在表现,而这种关系及其群体只因信任以及与专家系统搭建桥梁的必要性而存在。

信任"变成了一个……需要各参与方'从事'的工程……[现代社会]必须有信任,做到这一点的办法就是直率、热情与开诚布公(1990:121)。鉴于过去的经验,我们更倾向于相信某些特定的专家系统。例如,与争取公正而言,政府必须更加努力去赢得信任。信任是**现代性**的症结,同时也是其本质表现之一。

参见:抽象系统(abstract systems),流动的现代性(liquid modernity),完全知识(perfect knowledge),风险(risk)

延伸阅读:Giddens,1991

联合国
UNITED NATIONS（UN）

联合国成立于 1945 年,已由最初 51 个发展至当前 191 个成员国。联合国建立在四项宗旨的基础上:维护和平与安全、发展国家间积极关系、解决矛盾并促进人权以及建设和平与和谐的中心(www.UN.org)。联合国的成立是对第二次世界大战的回应。因此,联合国由六部分组成:联合国大会(包括所有成员国);安全理事会;经济及社会理事会;托管理事会;秘书处;国际法院(主要处理侵犯人权案件)同样也是联合国机构,但其成员只是在自愿基础上执行决议。

联合国安理会对军事议题进行决策和宣告。如哈贝马斯所说,它"关注的是大国关系"(2001:106)。安理会的五个常任理事国(中国、法国、俄罗斯联邦、英国和美国)拥有特别的投票和否决权。依照联合国宪章的规定,安理会可以进行决策,而不仅仅是向大会提交建议。

联合国还包括许多有着特别目的的其他机构。对全球化来说,联合国开发计划署(UNDP, UN Development Program)是最为重要的机构之一。它监督全球发展,并优先对发展中国家及其政府和非政府组织提供援助。现在有大约 1 500 个非政府组织以某种方式与联合国保持联系(Sklair, 2002:97)。联合国环境规划署(UNEP, UN Environmental Program)在当前全球变暖和气候变化问题上的讨论也越来越为人们所熟知。

联合国在促进人权话语及具体行动方面发挥着重要作用。人权问题曾牵扯到前南斯拉夫和卢旺达难民等事项。联合国人权委员会(UN Commission on Human Rights)接受、审查以及调查(尽管过程是秘密的)侵犯人权的指控。政府和非政府组织同样可以在委员会会议上"点名批评"侵犯人权者(Sklair, 2002:306)。联合国还设有人权高级专员(High Commissioner for Human Rights,在科菲·安南时期设立)。尽管至少在口头上保持对人权的承诺,联合国在对国家的干预尤其是维和任务时面临着很多困难。这是因为国家**主权**（sovereignty）依然存在，且配置合适以及足够的资源和人员进行干预也存在诸多困难。但自 1990 年代以来，联合国越来越多地卷入国家事务中，包括选举监督和人道主义干涉（前者是被要求的，后者则是强制的）等（参见 Matthews，1997）。

尽管联合国看上去类似于全球性机构，但因其成员国的**民族国家**地位，其在某种意义上更像是国际性组织。然而在与**非政府组织**合作以及联合国机构工作中，我们更常看到的是一种跨国行为，因为其主要代理人并非民族国家。如果民族国家并不作为行为体存在，或者不牵扯到具体议题，那么联合国的确是相当具有全球性质的。但任何个别或联合起来对民族国家地位和主权构成直接威胁的议题都会遭到它的抵制。因此，只要不牵扯到对民族国家的谴责，联合国就可以发挥显著作用。有关艾滋病防治的问题可以在联合国下属机构联合国艾滋病规划署（UNAIDS）提交，而恐怖主义同样也可以作为议题被提出，因为恐怖分子（严格来说）并非代表着某一民族国家。

参见：人权（human rights），普世人权（universal human rights）

延伸阅读：Drori，2005；Felice，1999；Gareis and Varwick，2005；Robertson and Merrills，1996；Weiss，2004

普世文明
UNIVERSAL CIVILIZATION

普世文明的观念与全球化的同质化论题紧密相关。现在，人们似乎更反对普世文明，而非期待其实现。曾经的保守主义者约翰·格雷（John Gray）认为自由市场贸易是创建普世文明的最后尝试。他写道："世界市场无法阻挡的发展并未推动普世文明的产生。它使文化渗透成为不可逆转的全球态势"（1998：193）。这大概导致了亨廷顿所说的**"文明的冲突"**的产生。

参见：世界主义（cosmopolitanism），普世民主（cosmopolitan democracy）；同质化（homogenization），同一世界范式（one world paradigm），世界文化理论（world culture theory）

延伸阅读：Ricoeur, 1961; Riese, 1995

普世人权
UNIVERSAL HUMAN RIGHTS

有关普世人权的核心论述可参考**联合国**的《人权宣言》（*Declaration of Human Rights*）（1948）。但在宣言的内容和对权利的使用上还有许多重大问题需要阐明。很多人认为《联合国人权宣言》带有**种族中心主义**色彩，它只关注公民和政治权利而非经济社会权利。而拟写所谓"普世"的条款同样不应该忽视文化相对主义。且非常明显的是，如果制度化权利在文化上无法为人接受，那么它们的执行就近乎不可能。从某种意义上讲，普世人权面临的挑战是全球化领域辩论的中心议题，且与全球化本身的进展相关联。

如果全球化意味着世界和人民变得更为相似（**同质化**），那么可被接受的普世人权的内容问题即可自我化解。但如果同质化是种族中心主义的，即总体上是**西方化（westernization）**的，那么这种普世性能否为人所接受呢？另一方面，如果全球化因流动、网络以及文化物质互动泛滥而使本土文化变得更为复杂的话，那么人权本身也许应该被认为是一种演变的甚至杂糅性的概念。此外，在就普世人权的内容达成一致意见时，该由谁来捍卫并支持它们呢？传统上认为**民族国家**将担负起这个责任，但现在对此也存在着疑问，即民族国家自身的权威值得怀疑（如同某些版本的全球化）。

与此同时，对我们处于一个世界的理解有可能给我们提供一种正视权利的必要共性。在这个意义上，**公民社会**有可能扩大其角色范围，以便行使权利（以及**公民身份**）。

参见：世界主义（cosmopilitanism），文化抗辩权（cultural defense plea），原教旨主义（fundamentalism），人权（human rights），本土文化（indigenous culture），相对主义（relativism），联合国（UN）

延伸阅读：Alaug and Chase，2004；Clayton，2004；Markowitz，2004；Richards，2005；Woodiwiss，2002

普世主义
UNIVERSALISM

普世主义可指包容其他教派并与其寻求共同点而非分歧的宗教，也可以指道德普世主义，并与相对主义（坚持只存在一组可适用于一切场合的道德标准）对立。在全球化研究中，普世主义在**同质化**的意义上可以被用来表示普世化或**全球主义**（globalism）的概念。

跨国的都市生活
URBANISM, TRANSNATIONAL

全球化中城市的角色与一系列现象息息相关。**全球城市**（global cities）、**国际都市**（cosmopolis）、**网络社会**和许多**跨国的**行为和实践都发生在城市中（如贸易、金融商务和相关服务）。在**工业化**过程中，城市化提供了必要的劳动力；如今人们更多地卷入服务业，而其同样也主要集中于城市。

城市崛起的重要意义在于它挑战了**民族国家**在国际关系领域及作为个人身份标签的首要地位。城市也能够影响全球事务，因为它们对都市规划、决策和开支拥有控制权（经常是被下放的）。霍尔斯顿（Holston）

和阿帕杜莱（Appadurai）评注道："城市对国家构成了挑战，背离国家甚至取代国家成为重要的公民身份生存空间——不仅在于其不确定性，而且在于其新兴形式。"（1996：198）

参见：公民身份（citizenship），国际都市（cosmopolis），世界主义（cosmopolitanism），无地方性地理（placeless geography），服务工作（service work），世界城市/全球城市（world cities/global cities）

延伸阅读：Holston and Appadurai，1996；Sassen，2002；Smith，2001

雇佣劳动者福利国家
WAGE EARNER WELFARE STATES

此概念由弗朗西斯·卡斯尔思（Francis Castles，1985）提出，用于指代在澳大利亚和新西兰出现的一种"需求导向"型福利资本主义形式。卡斯尔思指出，澳大利亚和新西兰作为"社会实验室"的称号（源自不同阶段的快速改革及较贫乏的社会福利）更多的是发展方式被分类的结果，而非缘于"需求导向"型的福利制度。正如卡斯尔思在《工人阶级及福利》（*The Working Class and Welfare*，1985）一书中所阐释的那样，这种复杂的称号源自福利模式及类型学——从"普世主义"及"公民权利"角度对国家进行分类和排序并消减需求导向型的福利系统。需求导向型福利系统适用于凯恩斯逻辑：若外部机构（如政府）通过公共开销提高需求，则经济将会步入一个高需求与高就业率的循环。当社会福利通过高薪资进行分配而非提供针对贫困阶层的社会服务时，需求导向型经济体同样表现为雇佣劳动者福利国家。新西兰和澳大利亚政府通过贸易保护政策、集中化工资管制、产业仲裁及最低薪资标准等政策来保证高薪资及高雇佣率，这种福利系统在失业率较低时十分奏效。随着全球市场扩张所导致的高失业率等一系列社会、经济与技术变革，雇佣劳动者福利国家被视为全球化下的牺牲品。这推动了国家去支撑"家庭薪资"，并导致"雇佣劳动者"型福利供给体系的崩溃。

参见：家庭工资（衰落的）(family wage [decline of])，保护主义（经济的）(protectionism [economic])

延伸阅读：Castle，1985，1996；Tennant，2004

RM

阵地战
WAR OF POSITION

葛兰西（Gramsci，1971）倡议的一部分，**公民社会**中用以挑战国家权力、建立社会主义的一种方式。尽管这种阵地战通常与知识分子及学术界相联系，但在葛兰西看来最重要的区分在于**国家**和**公民社会**之间，而非在于那些自称知识分子的人和其他人之间。全球化背景下的阵地战正在全球主义者与反全球化者、全球主义者与**怀疑论者**和转型学派之间上演。

参见：反全球化（antiglobalization），反叙事（counter-narrative），霸权（hegemony），超全球化论（hyperglobalist thesis）

延伸阅读：Rose，1990

福利国家
WELFARE STATE

指国家为那些难以自我提供的人提供某些援助及安全网络的理论或实践，经常表现为高失业率形势下的经济补助，此外也可能包含健康保险、税收调整及收入监管等一系列政策。

在全球化背景下，福利国家概念通常受到**新自由主义**价值观的威胁和挑战。

参见：国有化（nationalization），私有化（privatization），雇佣劳动者福利国家（wage earner welfare states）

延伸阅读：Mishara, 1999；Pestieau, 2005

西方化
WESTERNIZATION

在全球化研究中，西方化通常作为**美国化**或**同质化**的变体而存在。此类术语在近年来不断涌现，包括**麦当劳化**与德里达（Derrida）的世界拉丁化（globalatinization，虽然这里特别指基督教价值观对其他文化和地区的影响）等等。詹姆斯（James, 2000）注意到，在伊朗有些人把西方化称为"西方毒化"（Westoxification）。将西方化等同于全球化是全球化研究中的一个特殊视角，并引发了人们的激烈争论——接受这种视角就意味着全球化成为**殖民主义**的延续。我们需要认识到，尽管很多人坚持认为全球化只是殖民主义的一个新标签，但两者并不完全等同。

延伸阅读：Derrida, 1998；Jameson, 2000；Latouche, 1996；Sen, 2002；Tomlinson, 1996

就业充裕 / 就业贫乏
WORK RICH/WORK POOR

指整个一家人工作的分布。当一个家庭的成员都拥有时工作即被称为"就业充裕"，而当一个家庭的成员很少或没有人工作则被称为"就业贫乏"。该术语被用来回应**收入两极分化**（income polarization）的描述性局限和集中于个人之间收入的分化，因为基于个人的劳动力市场转移的掩饰了整个家庭工作的分配。卡利斯特（Callister，2001：3）对此曾评论道：

> 海外研究机构注意到了长期以来两种家庭模式的同时增加——所有主要适龄劳动力都拥有有偿工作（工作充裕）与没有主要适龄劳动力被雇佣了（工作贫乏）。这就导致了有偿和无偿混合家庭的减少。一种已经实质性衰落的混合家庭是男性在外全职工作，他的异性伴侣全职在家照顾孩子。

就业充裕/就业贫乏的概念也使我们得以更为详细地考察全球性就业趋势下临时（兼职）就业水平愈益增长的影响，这种影响的对象主要是妇女群体。以新西兰为例，该国先前为**雇佣劳动者福利国家（wage earner welfare state）**，依赖于**家庭工资（family wage）**模式下劳动力的性别分工，大多数工作妇女从事非全职（part time）工作，但非全职性工作已经广泛分布于不同年龄段和生活条件下的男性和女性劳动力。因此，越来越多的家庭在收入上依赖于非全职工作，总体上成为"就业贫乏"的典型代表。

参见：劳动力女性化（Feminization of the workforce），全球劳动力市场（Global Labor Market）

延伸阅读：Borland and Sheehan，2011

RM

世界银行
WORLD BANK

1945年二战后建立的最为重要的全球性金融机构之一。事实上它并不是一个真正意义上的银行，而是**联合国**的部门之一，由五个成员机构组成，其中最重要的两个分别是国际复兴开发银行（International

Bank for Reconstraction and Development，IBRD）与国际开发协会（International Development Association，IDA）。世界银行的首要功能是提供低息贷款、无息信款和第三国家的赠款。这些援助被预期用来重点发展基础设施建设，如水坝、公路等交通设施以及发电和电力储存、医疗卫生、教育等领域。贷款及赠款的资金来自于各成员国（世界银行的"拥有者"）以及国际市场投资。一国必须首先加入**国际货币基金组织**以成为世界银行的一员，因此上述两机构被认为具有紧密联系。

鉴于借款国普遍存在的严峻财政状况，很显然有些贷款将难以被偿还。20 世纪 50 年代，国际开发协会成立，用于提供软贷款，即低息或无息贷款。

除国际复兴开发银行与国际开发协会外，世界银行还有三个联系紧密的成员机构。国际金融组织（International Finance Corporation，IFC）向世界银行批准项目中的私人投资领域提供支持。举例来说，某私营公司也许会投资电站作为盈利项目来经营。国际金融组织鼓励这种投资方式以支持高风险产业及相关领域的发展。多边投资担保机构（Multilateral Investment Guarantee Agency，MIGA）旨在向与世界银行一起工作的发展中国家获得的投资和贷款提供风险担保；而国际投资争端解决中心（International Center for Settlement of Investment Disputes，ICSID）则致力于解决东道国与外国投资者之间的矛盾纠纷。

尽管世界银行已成为全球范围内最大的艾滋病防治长期项目的财政支持者（www.worldbank.org），然而它还是遭到众多批评，尤其来自于反全球化者。世界银行各种各样的项目并非总是运转顺畅，奥特曼（Altman）对此曾评论道：

> 具有讽刺意味的是，当世界银行不断加大对诸如巴西和印度等国在艾滋病防治方面的资金投入时，世界银行自己的政策反而却削弱了这些国家原本已经帮助控制艾滋病蔓延的健康设施。(2002: 565)

这些批评在很大程度上源于世界银行的**新自由主义**政策，即减少国家开支，鼓励外国投资与贸易开放。

参见：反全球化（Antiglobalization），外国直接投资（Foreign Direct Investment），全球卫生政策（Global Health Policy）

延伸阅读：Bello，2004；Lawson，2003；Mallaby，2005；Owusu，2003；Peet and Born，2003；World Bank，2005

世界城市 / 全球城市
WORLD CITIES/GLOBAL CITIES

当以下因素中的全部或大部分出现在某一城市中时，该城即可被称为世界城市或全球城市：大型全球性机构（以总部或办事处等形式存在）；具有重要政治意义的机构，如联合国；在国际层面和地区层面都具有重要作用的交通枢纽；文化与教育机构；多样化的人口构成。

"全球城市"一词由萨斯基亚·萨森（Saskia Sassen）在2001年提出，用来与单纯意义上的大型城市作对比。她指出，空间意义上生产的去中心化（例如**外包**或分包）并没有导致所有权及控制权的分化。"世界城市"则源自弗里德曼（Friedman，1982），并有着更悠久的历史。

戴鲁德（Derudder，2006）认为"全球城市"、"世界城市"与"全球城市区域"互有区别并被应用于不同的语境下。"世界城市"的概念与**世界体系理论**相关，被用来指代系统网络中的一个结点。"全球城市区域"的概念由萨森提出，并被斯考特（Scott，2001）所借鉴。戴鲁德基于功能、动因、结构与领域基础等方面将上述三个概念作出区分，而三者的共同点在于都被后工业化机构赋予了特性。

正在出现一种世界城市的概念，有时被称为"世界级城市"。促使城市发生变化将其带入"世界级"地位是各国越来越热衷的事情，因为这将有助于该城在商业、机构组织以及旅游等方面宣传、营销自己。因此，

"世界级"设施在城市中的出现将为该城在体育、艺术以及商业（如大型礼堂和会展中心）活动方面提升影响力。很明显，某些城市将突显优于其他城市的设施以吸引特定的参观者，无论是以**外国直接投资**还是以旅游美元的形式受益。

萨森指出，全球化现象正改变着城市的面貌。这在很大程度上归因于资本、人口及生产的**流动性**。城市已成为重要的工业与生产据点，后者在很大程度上指的不是实物，而且像银行业、市场营销、金融机构等服务业以支持全球精英阶层的需求。"城市正成为密集的信息迴路的代名词。"（Sassen, 2001：XX）**跨国公司**和多国公司将其生产流程外包，因此需要当地提供相应服务。这并不意味着当地生产商理解这种发展，但在这个国家或地区的某处需有能力支持这些产业的管理。

全球城市为服务业及其雇员提供了具有吸引力的驻地。技术的发展，尤其是信息和通讯技术的发展，进一步推进了这一趋势。许多国家为使服务产业进驻其大型城市而提供刺激性政策，如税收优惠等。因此，一个国家或城市良好的法制形象将在其成为全球城市的道路上提供助推力。

萨森指出"士绅化"（gentrification）现象对理解全球城市基础结构变化具有重要作用：

> （1980年代）兴起的士绅化现象是（资本主义高级阶段）变革中一个较为明显的组成部分。它在滨海地区的重建、城市中心区酒店和复合式会议中心的崛起、大型豪华办公与住宅区以及时尚、高档商业街上都有着显著体现。(2001: 261)

与此同时，这些城市至少在商业职能上都是面向全球背景而非地方需求。然而，在全球城市中工作的并非都是全球精英阶层。参与全球城市建设的体力劳动者不应被遗忘。无家可归者（数目的上升）、包括使用非法移民等劳动的存在，说明这样的群被遗忘了。阿布－卢格霍德（Abu-Lughod, 1999）关注全球城市中出现的不公正现象，但她同时指出将该现象完全归咎于全球化的做法忽略了不同全球城市间的差异。也就是说，如果全球化是缔造全球城市的唯一因素，我们将不会看到不同区域的不同城市所呈现出来的多样性。

萨森对"全球城市"和"全球城市区域"进行了区分："全球城市更多地被理解为权力和不平等问题。全球城市区域的概念更多的是关于广义城市化模式的本质和特性问题。"（2001：351—52）

拉夫堡大学"全球化与世界城市研究小组及网络"（GaWC）的比弗斯托克（Beaverstock）及其同事发布了一个世界城市等级体系。他们基于对"会计、广告、银行、法律"四个领域的考察将城市划分为 Alpha 级、Beta 级与 Gamma 级。因此，全球城市与世界城市的含义取决于谁在使用这个用语及用于何目的。

参见：国际都市（cosmopolis），全球资本主义（global capitalism），全球治理阶层/全球精英（Global Managerial Class/Global Elite），全球媒体（global media），生活方式（lifestyle），移民（Migration），网络社会（network society），外包（offshoring），无地方性地理（Placeless Geography），符号分析师（Symbolic Analysts）

延伸阅读：Beaverstock Smith and Taylor，1999；Gugler，2004；Knox and Taylor，1995；Scott，2001；Taylor，2004

世界文化理论
WORLD CULTURE THEORY

世界文化理论由社会学家罗兰·罗伯森（Roland Robertson）提出，指对"我们生活在同一地方"这一愿景的实现。从本质上来说，它是对我们所居住星球的物质性与统一性的认识，不管人们的生活存在着怎样的差异。对罗伯特来说，全球化就是"浓缩的世界与世界作为一个整体的意识的强化"（1992：8）。全球化带来的变革不仅意味着我们意识到我们生活在一个单一世界这个事实，而且我们也可以在这样的思想下行动。信息通讯技术、交通、生产以及消费的最新进步已使越来越多的人感受到了**全球性**（**globality**）的真实。此外，我们也都面对着"生活在同一地方意味着什么"这一问题，即全球性这一既成事实所带来的特征与结果。

很明显人们对于上述问题并不会给出一个统一的答案，因此全球化带来的是"不同生活方式下的比较性互动"（Robertson, 1995：27）。

这种互动与比较带有其自身问题与冲突。面对不同的生活形式也许会带来**自反性**（**reflexivity**），或坚称对特殊生活方式的权利（例如宗教信仰或**民族主义**）。作为思考全球化的一种方式世界文化理论可与**世界体系理论**或**世界政体理论**（**world polity theory**）相对比。

参见：文明的冲突（clash of civilizations），文化命运（culture fate），全球性（globality），地球村（global village），全球地方化（glocalization），反思的现代化/现代性（Reflexive Modernization/Modernity），时空压缩（Time-Space Compression）

延伸阅读：Caldwell, 2004；Hannerz, 1990

世界卫生组织
WHO (WORLD HEALTH ORGANIZATION)

成立于1948年，世界卫生组织对自身描述如下：

> **联合国**的一个专门机构，以国际卫生问题与公共卫生为主要职责。世界卫生组织促进国际合作以解决卫生问题，实施以控制和根除疾病为目的项目。世界卫生组织有四个主要功能：在全世界的卫生领域给予引导；制定全球卫生标准；与政府合作推动国民卫生项目；发展并转让适当的卫生技术、信息及标准。世界卫生组织领导着"人人享有卫生保健"（Health For

All)世界联盟这一**全球卫生政策**(Global Health Policy),旨在努力创造条件,使人民有机会达到并维持可达到的最高健康标准这一基本**人权**。(WHO,2005)

就世界卫生组织角色和权威的不断变化存有争议。40年前,国际卫生事务的主要参与者是世界卫生组织、政府(基于双边协议)与**非政府组织**。然而在今天,新角色(如**世界银行**,特别是**世界贸易组织**)在国际卫生领域的影响力不断扩大。随着贸易和市场全球化落地生根,新的同盟和联盟正在形成以检验和处理卫生事务直接或间接的结果。尽管世界卫生组织在新的政治形势下极力维持其优先地位,但在全球化话语下,就其试图领导的正在形成的联盟而言,世界卫生组织的各种活动都是全球卫生政策的制度化体现;是识别卫生问题的工具,是动员、协调和评估成员国国家卫生议程和政策项目的工具。对于那些寻求鉴别和抵消全球化的严酷效果的国家来说,世界卫生组织是一个无可争议的政治组织,因为它宣称珍惜它们卫生领域的发展与改进,而不是这种发展可能带来的财务回报。

参见:全球卫生政策(Global Health Policy)
延伸阅读:Koop *et al.*, 2002

世界霸权
WORLD HEGEMONY

见:霸权(hegemony),世界体系理论(world system theory)

世界政体理论
WORLD POLITY THEORY

该理论（Meyer，1980，1997）关注我们所拥有的共性，而非差异。这些共性来自于共同的脚本或框架，即行动与思考的方式。它与同质化有别，因为它依然允许差异的存在。因此，同**世界文化理论（world culture theory）**一样，世界政体理论并不会带来同质化。它承认行为者之间的差异。并不存在"中心行为体，世界社会的文化将负责任的、权威的行为角色分发至各民族国家"（Meyer et al.，1997：169）。由此，世界政体理论类似于一种国际性路径（见**现实主义范式**）。然而，**国家**并不是唯一的行为体，它们并非那些使**民族国家**合法化的共同框架与脚本的唯一部署者（Meyer，1980）。其他行为体包括**非政府组织**、志愿者组织、专家乃至个人。行为体与政体之间的关系可用**结构化**理论进行解释，即这种关系是递归的。

民族国家范式、教育与卫生机构以及理性、科学价值观普遍的至高地位是全球化思维方式的范例，尽管存在着国家和区域重要性的差异。例如，采用民族国家模式带来的是对他国权力的尊重，其中最重要的是**主权**与领土权。这种模式在全球范围内被认可与采纳。认同这种共同的脚本与框架（理论上存在于认知层面）的优势是即便处于冲突中的双方也可以进行沟通并采取行动。

二战后建立的组织框架及其认同的行为体对于将世界政体理论理解为全球化理论而非**国际化（internationalization）**话题是至关重要的。"随着二战后中心性世界组织框架的建立，全球社会文化结构化的发展及影响大大增强了。"（Meyer，1980：163）在此基础上发展起来的组织机构在将行为体合法化的过程中发挥了重要作用。例如，联合国对何为多样性行为体（例如非政府组织）做出了定义。由此带来的最终结果是行为体在自身建设方面逐渐趋同。因为就像世界政体理论所揭示的那样，所有行为体都在向同一思考方式及合法化模式靠拢。与此同时，行为体的多样性及其在解读同一模型能力上的不同方式，例如对重要性先后顺序不同排法，意味着冲突、竞争与对话仍然存在。举例而言，一个非政府组织可以将环境保护视为一进步与可持续发展的优先考虑，而一个民族国家则从经济进步与发展的角度为一个特别的水坝辩护。

参见：全球治理（global governance），世界体系理论（world systems theory）

延伸阅读：Boli and Thmos, 1997; Jackson, 2001; Meyer et al., 1997

世界体系理论
WOLRD SYSTEMS THEORY

伊曼纽尔·沃勒斯坦（Immanuel Wallerstein）在其著作《现代世界体系》（*The Modern World-System*, 1974）中以世界体系理论的形式对社会学和全球化研究都做出了其最具重要意义的贡献。不同于其他大部分马克思主义历史研究中对资本主义经济不公正现象的分析，世界体系理论并不专注于社会阶级间或国家与工人间的关系，而是聚焦于不受社会政治边界所限制的大规模经济实体，沃勒斯坦将这种实体称之为"世界体系"。这个易变的体系的最突出的特点是不公平的劳动分工，这种不公平的分工制造了世界上不同地理区域之间不平等的交换关系。所以世界体系并不是通过协商一致，而是通过处于持续冲突出的社会力量来维持的，使体系面临崩溃的威胁。

沃勒斯坦指出现代资本主义世界经济是世界体系的当下类型。不同于以往体系对政治主导的依赖，世界体系通过全球不公正劳动力分工运行于经济剥削的基础之上。世界体系包含三个主要的地理区域：核心区、边缘区与半边缘区。核心区是主宰世界经济的区域，它不断剥削边缘区——后者为核心区提供原材料及廉价商品,并被迫从核心区进口高价工业制成品。半边缘区指在被核心区剥削的同时也对边缘区进行剥削的介于上述两者之间的区域。

随着向全球的逐渐扩张,世界体系向每个单独的国家施加压力以使其成为世界经济的一部分。只有融入"国家间"体系,民族才能保持作为国家的独立,否则将面临被已融入这种政治体系的国家接收的风险。一旦成为世界体系的一部分,这些国家必须采取一系列战略,包括对他者文化的诋毁,以保护本国经济免受外部影响。

就社会正义的议程而言,沃勒斯坦认为一个更加平等的交换关系可通过第三世界体系的形成来实现。他将这种体系称之为社会主义世界政府。一个基于对经济资源集体控制权和所有基础上的社会主义世界经济将把被资本主义所拆裂的政治与经济领域整合起来,并在全球范围内消灭不同区域及劳动者间的经济剥削。

参见:马克思/马克思主义(Marx/Marxism)
延伸阅读:Bergesen,1984;Wallerstein,1980,1989

NC

世界贸易组织
WTO(WORLD TRADE ORGANIZATION)

世界贸易组织成立于1995年,作为1986—1994年乌拉圭回合谈判的成果接替关税及贸易总协定(General Agreement on Tariffs and Trade,GATT)。世贸组织拥有149个成员国,这些国家承担了世界贸易份额的97%。目前仍有国家处于加入世贸组织的谈判阶段。加拿大、**欧盟**、日本、美国是世贸组织的四个最大成员,并被称为"四边形"(Quadrilatrals或Quad)。欧盟整体作为世贸组织的一份子,同时其成员国也是世贸组织的成员。

世贸组织有关新贸易协定的决议经由协商后的"共识"达成。然而，**反全球化者（antiglobalizers）**称许多初始会议只在大国或强国（多来自于北方国家）间进行，达成的协议使其他被排除在初始谈判以外的成员国几乎没有力量改变。这些初始会议是非正式和没有记录的。

世贸组织的最高权力机构是部长级会议，每两年召开一次，这些会议更多地因其举办地而为人熟知（如西雅图和多哈等）。总理事会在世贸组织总部驻地日内瓦每年召开一次会议。世贸组织由委员会、事务委员会和工作小组组成，以处理专项协议（如《与贸易有关的知识产权协议》[TRIPS]和《与贸易有关的投资措施协议》[TRIMS]）。工作组和专门委员会向理事会报告。

世界贸易组织进行全球和双边（两个国家之间）贸易规则的谈判，并对这些贸易规则的争议以及更为广泛的支撑全球贸易的原则提供解决方案，如"最惠国"概念。这个概念直接与这样的原则相联系，即**自由贸易**意味着贸易应该是无歧视的。最惠国原则表明所有国家应该享有同等待遇，也就是与"最惠"国享受同样待遇。进一步讲，成员国也给予"国民待遇"的权利。就是说，当进行贸易的时候，一个国家必须同等对待自己的国民和外国人。

世贸组织的权责覆盖商品、服务以及知识产权。应该注意的是，其协定允许发展中国家预留执行期，例如法律或行政设施需要一段时间就位以支持协议的执行。

与其成员国一样，世贸组织至少也间接受到其他角色如**跨国公司**和多国公司等的影响。公司会对其母国及业务覆盖国进行游说以把它们的利益考虑进去。从世贸组织根据政治和经济问题运作的意义上讲运作，它代表了全球化的一个重要方面。尽管**民族国家**（或相似的法人实体）是世贸组织的成员，但决议并不总是出于政治意识形态而是经济问题的考虑做出，不管其有利于国家（直接利益）还是有利于在这个国家内运营国家的公司(间接利益)。

世贸组织自称唯一"处理国家间贸易全球规则的国际组织"(www.WTO.org),并确保"贸易尽可能顺畅、可预期和自由地流动"(ibid.)。世界贸易组织是建立在自由贸易或至少平等贸易的价值观基础之上,而这也是民族国家意识形态的一部分。他们认为这本身就可以使生活更好地奉献于一个"更加繁荣、和平且负责任的经济世界"。

参见:反全球化(antiglobalization),公平贸易/自由贸易(fair trade/free trade),欧盟(Europe Union),全球资本主义(global capitalism)

延伸阅读:Guan,2001;Hoad,2002;Wheeler,2000

世界劳资联合委员会
WORLD WORKS COUNCIL

将某个**跨国公司**中的雇佣者与管理者代表聚集在一起讨论公司特别事务的论坛。

全球工会组织运动的首轮浪潮发生于1960—1970年代,当时有超过50个"世界公司理事"建立起来。这些理事会由工会产业联合会(后重新命名为**全球工会联盟**)组织起来,尽管最初是由美国工会发起的。在大多数情况下,这些组织没能成为具有建设性意义的谈判角色。近来世界劳资联合委员会的发展基于现存的欧洲劳资联合委员会的扩张,其中突出的表现发生在大众(Volkswagen)、德国SKG集团和达能集团(Danone)等。后面提到的这几个例子基于中心管理层之间的正式协议,包括对提供信息的承诺等。

世界劳资联合委员会有效运作的一个先决条件是相对稳定的、垂直整合的公司架构。在以外包**商品链**(Commodity chains)为特征的跨国公司中,谈判主要由全球工会联盟(GUFs)进行协调,并集中于发展权利本位的全球框架协议(Global Framework Agreements)。

世界劳资联合委员会的影响不应被夸大。很多会议难以经常召开，讨论的范围也十分有限。尽管它们提供了全球团结工会的基础，但其倾向于以欧洲为中心，还没有对贫穷国家的工人输送实质性援助。它们能否有能力把自己转变成作用更大的组织部分地取决于国家工会的意志。

参见：全球工会联盟（Global Union Federations，GUF），国际框架协议（International Framework Agreements，IFA）

延伸阅读：Rüb，2002

GW

主要撰稿人

AC 部分
安德鲁·柯蒂斯（Andrew Curtis）
英国洛翰普顿大学

CM 部分
克里斯托弗·马洛（Dr. Christopher Marlowe）
英国林肯大学，传媒与人文学部

CW 部分
克里斯托弗·怀特（Dr. Christopher White）
英国雷丁大学，政治学与国际关系学系

DM 部分
大卫·梅钦（Dr. David Machin）
英国卡迪夫大学，新闻、传媒与文化研究学院
（英国莱斯特大学，传媒系）

FO 部分
玛格·佛罗莱恩·奥格豪博（Dr. Mag. Florian Oberhuber）
奥地利维也纳大学，话语政治认同研究中心

GW 部分
格林·威廉姆斯（Dr. Glynne Williams）
英国莱斯特大学，人力与发展研究中心
（英国卡迪夫大学，社会科学学院）

HB 部分
海威尔·毕晓普（Hywel Bishop）
英国卡迪夫大学，语言与传播研究中心

JH 部分
简·哈里斯（Jan Harris）
英国斯旺西大学，人文学院传媒系

JJ 部分
约翰·朱厄尔（Dr. John Jewell）
英国卡迪夫大学，新闻、传媒与文化研究学院

MG 部分
马克斯·格尔曼（Max Gillman）
英国卡迪夫大学，商学院

NC 部分
南希·库克（Dr. Nancy Cook）
加拿大布鲁克大学，社会学系

NH 部分
尼古拉斯·海默尔（Dr. Nikolas Hammer）
英国莱斯特大学，管理学院劳动力市场研究中心

RC 部分
拉维·德科斯诺（Dr. Ravi de Costa）
加拿大麦克马斯特大学，全球化与人类环境研究所

RF 部分
拉斐尔·马尔凯蒂（Dr. Raffaele Marchetti）
意大利国际社会科学自由大学，政府学院政治学系
（罗马佛罗伦萨欧洲大学学院）

RM 部分
露丝·麦克马纳斯（Dr. Ruth McManus）
新西兰坎特伯雷大学，社会学与人类学学院

SL 部分
萨拉·劳森（Dr. Sarah Lawson）
伦敦洛克比校，少数族裔研究

TB 部分
塔米·博伊斯（Dr. Tammy Boyce）
英国卡迪夫大学，新闻、传媒与文化研究学院

参考文献

Abercrombie, N., Hill, S. and Turner, B. S. (1994) *The Penguin Dictionary of Sociology,* London: Penguin.

Abu-Lughod, J. L. (1991) *Before European Hegemony: The World System A.D. 1250–1350,* Oxford: Oxford University Press.

—— (1999) *New York, Chicago, Los Angeles: America's Global Cities,* Minneapolis, MN: University of Minnesota Press.

Addison Posey, D. (ed.) (2000) *Cultural and Spiritual Values of Biodiversity,* London: ITDG Publishing.

Adorno, T. W. (1973) *Negative Dialectics,* trans. E. B. Ashton, London: Routledge and Kegan Paul.

—— (1991) *The Culture Industry: Selected Essays on Mass Culture,* London: Routledge.

Aglietta, M. (1987) *A Theory of Capitalist Regulation: the US experience,* London: New Left Books.

Ahmed, S. (2003) 'The Politics of Fear in the Making of Worlds', *International Journal of Qualitative Studies in Education,* 16 (3), 377–98.

Alaug, A. K. and Chase, A. T. (2004) 'Health, human rights, and Islam: a focus on Yemen', *Health and Human Rights,* 8 (1), 115–37.

Albrow, M. (1970) *Bureaucracy,* London: McMillan.

—— (1996) The *Global Age, State and Society Beyond Modernity,* Cambridge: Polity Press.

Ali, T. (2003) *The Clash of Fundamentalisms: Crusades, Jihads and Modernity,* London: Verso.

Alibhai-Brown, Y. (2000) *After Multiculturalism,* London: Foreign Policy Centre.

Alleyne, M. D. (1995) *International Power and International Communication,* New York: St. Martin's Press.

Almond, G. A., Appleby, R. S. and Sivan, E. (2003) *Strong Religion: The Rise of Fundamentalisms Around the World,* Chicago, IL: University of Chicago Press.

Alston, P. and Robinson, M. (eds) (2005) *Human Rights and Development: Towards Mutual Reinforcement,* Oxford: Oxford University Press.

Althusser, L. (1977) *Lenin and Philosophy and Other Essays,* London: New Left Books.

Altman, D. (2002) *Global Sex,* Chicago, IL: University of Chicago Press.

Amin, A. (1994) *Post-Fordism: A Reader,* London: Blackwell.

Amin, A. and Hausner, J. (eds) (1997) *Beyond Market and Hierarchy: Interactive Governance and Social Complexity,* Cheltenham: Elgar.

Anderson, B. M. (2004) *News Flash: Journalism, Infotainment and the*

Bottomline Business of Broadcast News, San Francisco, CA: Jossey Bass.

Anderson, B. R. (1983) *Imagined Communities*, London: Verso.

Ang, I. (1994) 'Globalisation and Culture', *Continuum,* 8 (2), 323–25.

Appadurai, A. (ed.) (1986) *The Social Life of Things: Commodities in Cultural Perspective,* Cambridge: Cambridge University Press.

—— (1990) 'Disjuncture and Difference in the Global Cultural Economy', *Theory, Culture and Society,* 7, 295–310.

—— (1996) *Modernity at Large: Cultural Dimensions of Globalization,* Minneapolis, MN: University of Minnesota Press.

Archibugi, D. (ed.) (2003) *Debating Cosmopolitics*, London: Verso.

Archibugi, D. and Held, D. (eds) (1995) *Cosmopolitan Democracy: an Agenda for a New World Order,* Cambridge: Polity Press.

Archibugi, D., Held, D. and Kohler, M. (eds) (1998) *Re-Imagining Political Community: Studies in Cosmopolitan Democracy,* Cambridge: Polity.

Arefi, M. (1999) 'Non-place and placelessness as narratives of loss: rethinking the notion of place', *Journal of Urban Design;* 4 (2), 179–93.

Aron, R. (1966) *Peace and War: a Theory of International Relations,* trans. R. Howard and A. Baker Fox, London: Weidenfeld and Nicolson.

Arrighi, G. (1994) *The Long Twentieth Century: Money, Power, and the Origins of Our Times*, London: Verso.

ATTAC (Association for the Taxation of Financial Transactions for the Aid of Citizens). Available at: www.attac.org (accessed 27 March 2006).

Augé, M. (1995), *Non-places: Introduction to an Anthropology of Supermodernity,* trans. J. Howe, London: Verso.

Bangasser, P. E. (2000) 'The ILO and the informal sector: an institutional history', *Employment Paper* 9, Geneva: Publications of the International Labour Organisation.

Barber, B. R. (2001) *Jihad vs. McWorld,* New York: Random House.

Barlow, M. and Clarke, T. (2001) *Global Showdown: How the New Activists are Fighting Global Corporate Rule,* Toronto: Stoddart.

Barnekov, T, Boyle, R. and Rich, D. (1989) *Privatism and Urban Policy in Britain and the United States,* Oxford: Oxford University Press.

Barnet, R. J. and Muller, R. E. (1975) *Global Reach: The Power of the Multinational Corporations,* London: Jonathon Cape.

Barnett, M. (2003) *Eyewitness to a Genocide: The United Nations and Rwanda,* Ithaca, NY: Cornell University Press.

Barratt Brown, M. (1993) *Fair Trade: Reform and Realities in the International Trading System,* London: Zed Books.

Barrett, M. and Macintosh, M. (1982) *The Anti Social Family*, London: Verso.

Barry, A., Osbourne, T. and Rose, N. (1996) *Foucault and Political Reason: Liberalism, Neo-liberalism, and Rationalities of Government,* Chicago, IL: University of Chicago Press.

Barry, B. M. (2001) *Culture and Equality: an Egalitarian Critique of Multi-culturalism,* Cambridge, MA: Harvard University Press.

Bartlett T. (2001) 'Use the Road: The Appropriacy of Appropriation', *Language and Intercultural Communication,* 1 (1), 21–29.

Baudrillard, J. (1975) *The Mirror of Production,* St Louis, MO: Telos Press.

—— (1988) *Selected Writings,* ed. M. Poster, Stanford, CA: Stanford University Press, pp. 166–84.

—— (1994a) *The Illusion Of The End,* trans. C. Turner, Oxford: Polity Press.

—— (1994b) *Simulacra and Simulation,* trans. S. Faria Glaser, Ann Arbor, MI: University of Michigan Press.

—— (1995) *The Gulf War Did Not Take Place,* trans. P. Patton, Bloomington, IN: Indiana University Press.

—— (1996) *The System Of Objects,* trans. J. Benedict, London: Verso.

Bauer, L. and Trudgill, P. (1998) *Language Myths,* London: Pengnin.

Bauman, Z. (1993) *Postmodern Ethics,* Oxford: Blackwell.

—— (2000) *Liquid Modernity,* Cambridge: Polity.

Beaglehole, R. (2003) *Global Public Health,* Oxford: Oxford University Press.

Beasley-Murray, J. (2000) 'Value and Capital in Bourdieu and Marx', in N. Brown and I. Szeman (eds), *Pierre Bourdieu: Fieldwork in Art, Literature and Culture,* Lanham, MD: Rowman and Littlefield, pp. 100–19.

Beaverstock, J. V. and Boardwell, J. T. (2000) 'Negotiating Globalization, Transnational Corporations and Global City Financial Centres in Transient Migration Studies', *Applied Geography,* 20 (2), 227–304.

Beaverstock, J. V., Smith, R. G. and Taylor, P. J. (1999) 'A Roster of World Cities', *Cities,* 16 (6), 445–58.

Beck, U. (1992) *Risk Society,* trans. M. Ritter, London: Sage.

—— (1994) 'The Reinvention of Politics: Towards a Theory of Reflexive Modernization', in U. Beck, A. Giddens and S. Lash (eds), *Reflexive Modernization: Politics, Tradition and Aesthetics in the Modern Social Order,* Cambridge: Polity Press, pp. 1–55.

—— (1998) *Democracy Without Enemies,* trans. M. Ritter, Oxford: Polity Press.

—— (2000 [1997]) *What is Globalization?* trans. P. Camiller, Oxford: Polity Press.

Beck, U. and Beck-Gernsheim, E. (2001) *Individualization: Institutionalized Individualism and its Social and Political Consequences,* trans. P. Camiller, London: Sage.

Beck, U., Bonss, W. and Lau, C. (2003) 'The Theory of Reflexive Modernization: Problematic, Hypotheses and Research Programme', *Theory, Culture and Society,* 20 (2), 1–34.

Beck, U., Giddens, A. and Lash, S. (eds) (1994) *Reflexive Modernization: Politics, Tradition and Aesthetics in the Modern Social Order,* Cambridge: Polity Press.

Becker, G. (1994) *Human Capital: A Theoretical and Empirical Analysis, with Special Reference to Education,* 3rd edn, Chicago: University of Chicago Press.

Becker, H. S. and Horowitz, I. L. (1970) 'The culture of civility', *Trans-Action,* 7 (6), 12–19.

Belk, R. W. (1996) 'Hyperreality and Globalization: Culture in the Age of Ronald McDonald', *Journal of International Consumer Marketing,* 8 (3–4), 23–37.

Bell, A. and Strieber, W. (2000) *The Coming Global Superstorm,* New York: Pocket Books.

Bell, D. (1973) *The Coming of Post-Industrial Society: a Venture in Social Forecasting,*

New York: Basic Books.

Bell, D. and Kristol, I. (eds) (1971) *Capitalism Today,* New York: Basic Books.

Bellah, R., Madsen, R., Sullivan, W. M., Swidler, A. and Tipton S. M., (1985) *Habits of the Heart: Individualism and Commitment in American Life,* Berkeley, CA: University of California Press.

Bello, W. (2004) *Deglobalization: Ideas for a New World Economy,* London: Zed Books.

—— (2005) *The Anti-Development State: The Political Economy of Permanent Crisis in the Philippines,* London: Zed Books.

Belsey, C. (1985) *The Subject of History,* London: Methuen.

Benjamin, W (1968) *Illuminations,* New York: Harcourt, Brace and World.

Bennett, A., Joseph, L. and Unger, D. (eds) (1997) *Friends in Need: Burden Sharing in the Gulf War,* New York: St Martin's Press.

Bennholdt-Thomsen, V., Faraclas, N. G. and von Werlof, C. (2001) *There is an Alternative: Subsistence and Worldwide Resistance to Corporate Globalization,* London: Zed Books.

Bentham, J. (1995) 'Panopticon', in M. Bozovic (ed.), *The Panopticon Writings,* London: Verso, pp. 29–95.

Berger, P. (1974) *Pyramids of Sacrifice,* Harmondsworth: Allen Lane.

Bergesen, A. (1984) 'The Critique of World-System Theory: Class Relations or Division of Labour?', in R. Collins (ed.), *Sociological Theory–1984,* San Francisco, CA: Jossey-Bass, pp. 365–72.

Bergson, H. (1935), The *Two Sources of Morality and Religion,* trans. R. Ashley Audra and C. Brereton with W. Horsfall Carter, London: Macmillan.

Berman, M. (1983) *All That is Solid Melts into Air: the Experience of Modernity,* London:

Verso.

Bhabha, H. K. (1994) *The Location of Culture,* London: Routledge.

—— (1996) 'Unpacking my library... again', in I. Chambers and L. Curti (eds), *The Post-Colonial Question: Common Skies, Divided Horizons,* London: Routeldge, pp. 199–211.

Bissondath, N. (1994) *Selling Illusions: the Cult of Multiculturalism in Canada,* London: Penguin.

Blair, T. (1998a) 'The Third Way', speech to the National Assembly, Paris, France, 24th March.

—— (1998b) *The Third Way: New Politics for a New Century,* London: Fabian Society.

Blair, T. and Schroeder, G. (2000 [1999]) 'Europe: The Third Way—Die Neu Mitte', in Hombach, B. (ed.), *The Politics of the New Centre,* Oxford: Oxford University Press, pp. 157–77.

Blasco, J. S. (2000) *Signs, Solidarities and Sociology: Charges S. Peirce and Pragmatics of Globalization,* Oxford: Rowman and Littlefield.

Bleich, E. (2005) 'The Legacies of History? Colonization and Immigrant Integration in Britain and France', Theory *and Society,* 34 (2), 171–95.

Bocock, R. (1993) *Consumption,* London: Routledge.

Boli, J. and Thomas, G. M. (1997) 'World Culture in the World Polity', *American Sociological Review,* 62 (2), 171–90.

Boorstin, D. J. (1961) *The Image: A Guide to Pseudo-Events in America,* New York: Vintage.

Boote, A. R. and Thugge, K. (1997) 'Debt relief for low-income countries: the HIPC initiative', *IMF Working Papers* 97/24, Washington, DC: International Monetary

Fund.

Borland, J., Gregory, B. and Sheehan, P. (2001) *Work rich, Work poor: Inequality and Economic Change in Australia,* Melbourne: Centre for Strategic and Economic Studies, Victoria University.

Boudreau, J. (2000) *The Megacity Saga: Democracy and Citizenship in This Global Age,* Montreal: Black Rose Books.

Bourdieu, P. (1977) *Outline of a Theory of Practice,* trans. R. Nice, Cambridge: Cambridge University Press.

—— (1979) *Algeria 1960: The Disenchantment of the World, the Sense of Honour, the Kabyle House or the World Reversed,* trans. R. Nice, Cambridge: Cambridge University Press.

—— (1985) 'The Social Space and the Genesis of Groups', *Social Science Information,* 24 (2), 195–220.

—— (1986a) 'The Forms of Capital', trans. R. Nice, in J. G. Richardson (ed.), *Handbook of Theory and Research for the Sociology of Education,* New York: Greenwood, pp. 241–58.

—— (1989) 'Social Space and Symbolic Power', *Sociological Theory,* 7 (1), 14–25.

—— (1992a) *An Invitation to Reflexive Sociology* (with Loic Wacquant), London: Polity Press.

—— (1992b) *Language and Symbolic Power,* Cambridge: Polity.

—— (1999) *Acts of Resistance: Against the New Myths of Our Time,* Blackwell: London.

Bourdieu, P. and Passeron J.-C. (1973) 'Cultural Reproduction and Social Reproduction', in R. Brown (ed.), *Knowledge, Education and Social Change,* London: Tavistock, pp. 71–112.

Bourdieu, P. and Passeron, J.-C. (1977) *Reproduction in Education, Society and Culture,* trans. R. Nice, London: Sage.

Bovard J. (1991) *The Fair Trade Fraud,* New York: St. Martins.

Braidotti, R. (1994) *Nomadic Subjects: Embodiment and Sexual Difference in Contemporary Feminist Theory,* Columbia, NY: Columbia University Press.

Brecher, J., Costello, T. and Smith, B. (2000) *Globalization from Below: The Power of Solidarity,* Cambridge, MA: South End Press.

Brewer, M. B. (1991) 'The Social Self: On Being the Same and Different at the Same Time', *Personality and Social Psychology Bulletin,* 17 (5), 475–82.

Brookes, R., Mosdell, N., Threadgold, T. and Lewis, J. (2005) *Shoot First And Ask Questions Later: Media Coverage of the 2003 Iraq War,* Oxford: Peter Lang.

Brown, J. (2005) 'The Compelling Nature of Romantic Love: A Psychosocial Perspective', *Psychoanalysis, Culture and Society,* 10 (1), 23–43.

Bruntland, G. (ed.) (1987) *Our Common Future: The World Commission on Environment and Development,* Oxford: Oxford University Press.

Buchan, D., Hoyos, C., Khalaf, R. and Mornson, K. (2004) 'Terror Attacks, Capacity Shortages and a Herd of Speculators: How Can OPEC Bring Calm to the World Oil Market?', *Financial Times,* 3 June, p. 15.

Burchell, G., Gordon, C. and Miller, P. (eds) (1991) *The Foucault Effect: Studies in Governmentality,* Chicago, IL: University of Chicago Press.

Butcher, M. (2003) *Transnational Television, Cultural Identity and Change: When STAR Came to India,* London: Sage. Butler, J. (1988) 'Performative Acts and Gender Constitution: An Essay in Phenomenology and Feminist Theory', *Theatre Journal*, 49 (1), 519–31.

—— (1990) *Gender Trouble: Feminism and the Subversion of Identity*, New York: Routledge.

Butz, D. (1995) 'Revisiting Edward Said's Orientalism', *Brock Review*, 4, 54–80.

Byrne, D. (1998) *Complexity Theory and the Social Sciences*, London: Routledge.

Cabinet Office. (2003) *The Magenta Book: Guidance Notes for Policy Evaluation and Analysis*, London: Government Chief Social Researcher's Office, Prime Minister's Strategy Unit.

Calbucura, J. (2003) 'Investing in Indigenous People's Territories, a New Form of Ethnocide? The Mapuche Case', *Research in Rural Sociology and Development*, 9, 229–55.

Caldwell, M. L. (2004) 'Domesticating the French Fry: McDonald's and Consumerism in Moscow', *Journal of Consumer Culture*, 4 (1), 5–26.

Callister, P. (2001) 'A Polarisation into Work-rich and Work-poor Households in New Zealand? Trends from 1986 to 2000', *New Zealand Department of Labour Occasional Paper Series*, 2001/3.

Campbell, C. (1997) 'Modern Consumerism and Imaginative Hedonism', in N. R. Goodwin, F. Ackerman and D. Kiron (eds), *The Consumer Society*, Washington, DC: Island Press, pp. 238–41.

—— (2003) 'Traditional and Modern Hedonism', in D. B. Clarke, M. A. Doel and K. M. L. Housiaux (eds), *The Consumption Reader*, London: Routledge., pp. 48–53.

Cantwell J. (1991) 'A Survey of Theories of International Production', in C. R. Pitelis and R. Sugden (eds), *The Nature of the Transnational Firm*, London: Routledge.

Carew, A., Dreyfus. M., van Goethem, G., Gumbrell-McCormick, R. and van der Linden, M. (eds) (2000) *The International Confederation of Free Trade Unions*, Bern: Peter Lang.

Carroll, M. P. (1975) 'Revitalization Movements And Social Structure: Some Quantitative Tests', *American Sociological Review*, 40 (3), 389–401.

Carruthers, B. G. and Espeland, W. N. (1998) 'Money, Meaning, and Morality', *American Behavioral Scientist*, 41 (10), 1384–1408.

Carter, A. (2004) *Direct Action and Democracy Today*, London: Blackwell.

Castells, M. (1989) *The Informational City*, Oxford: Blackwell.

—— (1996) *The Rise of the Network Society*, Oxford: Blackwell.

—— (1997) *The Power of Identity*, Oxford: Blackwell.

—— (1998) *End of Millennium*, Oxford: Blackwell.

—— (2000a) 'The Contours of the Network Society', *Foresight*, 2, 151–57.

—— (2000b) 'Grassrooting the Space of Flows', in J. Wheeler, Y. Aoyama and B. Warf (eds), *Cities in the Telecommunications Age; The Fracturing of Geographies*, London: Routledge, pp. 18–27.

—— (2000c) 'Materials for an Exploratory Theory of the Network Society', *British Journal of Sociology*, 51, 5–24.

—— (2000d) 'Toward a Sociology of the Network Society', *Contemporary Sociology*, 25, 693–99.

Castells, M. and Hall, P. (1993) *Technopoles of the World: The Making of Twenty-First-Century Industrial Complexes*, London:

Taylor and Francis.
Castles, F. (1985) *The Working Class and Welfare,* Sydney: Allen and Unwin.
—— (1996) 'Needs-Based Strategies of Social Protection in Australia and New Zealand', in E.-A. Gosta (ed), *Welfare States in Transition: National Adaptations in Global Economies,* London: Sage, pp. 88–115.
Castles, S. (2002) 'Migration and Community Formation under Conditions of Globalization', *International Migration Review,* 36 (4), 1143–68.
Castoriadis, C. (1991) *Philosophy, Politics, Autonomy,* New York: Oxford University Press.
—— (1997) *The Imaginary Institution of Society,* Cambridge: Polity.
Castro-Gomez, S (2002) 'The Social Sciences, Epistemic Violence, and the Problem of "Invention of the Other"', *Nepantla,* 3 (2), 269–85.
Césaire, A. (1972) *'Discourse on Colonialism',* trans. J. Pinkham, New York: Monthly Review Press.
Chaney D. (1996) *Lifestyles,* London: Routledge.
Chatterton, P. and Holland, R. (2003) *Urban Nightscapes,* London: Routledge.
Clark, A. M. (2001) *Diplomacy of Conscience: Amnesty International and Changing Human Rights Norms,* Princeton, NJ: Princeton University Press.
Clark, I. (1997) *Globalization and Fragmentation: International Relations in the Twentieth Century,* Oxford: Oxford University Press.
Clarke, J. (2004) 'Dissolving the Public Realm? The Logics and Limits of Neo-liberalism', *Journal of Social Policy,* 33 (1), 27–48.
Clarke, J. L. (2003) 'How Journalists Judge the 'Reality' of an International "Pseudo-Event"', *Journalism,* 4 (1), 50–75.
Clayton, J. (2004) 'Universal Human Rights and Traditional Religious Values', *Society,* 41 (2), 36–41.
Clifford, J. (1992) 'Travelling Cultures', in L. Grossberg, C. Nelson and P. Treichler (eds), *Cultural Studies,* New York: Routledge, pp. 96–116.
—— (1997) *Routes: Travel and Translation in the late Twentieth Century,* Cambridge, MA: Harvard University Press.
Coburn, D. (2004) 'Beyond the Income Inequality Hypothesis: Class, Neo-Liberalism, and Health Inequalities', *Social Science and Medicine,* 58 (1), 41–56.
Cohen, J. L. and Arato, A. (1992) *Civil Society and Political Theory,* Cambridge, MA: MIT Press.
Cohen, L. R. (1993) 'A Futures Market in Cadaveric Organs: Would it Work?' *Transplantation Proceedings,* 25 (1), 60–61.
Cohen, R. (1997) *Global Diasporas: An Introduction,* London: UCL Press.
Cohen, R. and Shirin, R. M. (2000) *Global Social Movements,* London: The Athlone Press.
Coleman, D. (2003) 'The United Nations and Transnational Corporations: from an inter-nation to a "beyond-state" model of engagement', *Global Society,* 17 (4), 339–57.
Coleman, J. S. (1988) 'Social Capital in the Creation of Human Capital', *American Journal of Sociology,* 94, 95–120.
Common, R. (1998) 'Convergence and Transfer: A Review of the Globalisation of New Public Management', *International Journal of Public Sector Management,* 11 (6), 440–50.

Constable, N. (1997) *Maid to Order in Hong Kong: Stories of Philipina Workers,* Ithaca, NY: Cornell University Press.

Cook, D. (1996) *The Culture Industry Revisited: Theodor W. Adorno on Mass Culture,* Lanham, MD: Rowman and Littlefield Press.

Cooke, M. (1994) *Language and Reason: A Study of Habermas's Pragmatics,* Cambridge, MA: MIT Press.

Coulmas, F. (2000) 'The Nationalization of Writing', *Studies in the Linguistic Sciences,* 30 (1), 47–60.

Crombie, I., Irvine, L., Elliott, L. and Wallace, H. (2003) *Understanding Public Health Policy: Learning from international comparisons. A Report to NHS Scotland Commissioned and funded by the Public Healtll Institute of Scotland,* Dundee: University of Dundee.

Crystal, D. (1988) *The English Language,* London: Penguin.

—— (1997) *English as a Global Language,* Cambridge: Cambridge University Press.

Csordas, T. (1990) 'Embodiment as a Paradigm for Anthropology', *Ethos,* 18, 5–47.

Curtis, B. (1995) 'Taking the State Back Out: Rose and Miller on Political Power', *British Journal of Sociology,* 46 (4), 575–89.

Dahl, G. (1999) 'The Anti-Reflexivist Revolution: On the Affirmation of the New Right', in M. Featherstone and S. Lash, *Spaces of Culture,* London: Sage, pp. 175–93.

Dahl, R. A. (2000) *On Democracy,* London: Yale University Press.

Dalby, S. (2000) 'A Critical Geopolitics of Global Governance', paper presented at the International Studies Association 41st Annual Convention, Los Angeles.

Daly, J. L. (1989) *The Greenhouse Trap,* New York: Bantam.

Danaher, K. (1997) *Corporations Are Gonna Get Your Momma: Globalization and the Downsizing of the American Dream,* Monroe, ME: Common Courage Press.

Daniels, P. W. (1991) 'A world of services', *Geoforum,* 22 (3), 359–76.

d'Argemir, D. and Pujadas, J. J. (1999) 'Living in/on the Frontier: Migration, Identities and Citizenship in Andorra Comas', *Social Anthropology,* 7 (3), 253–64.

Davies, M. (ed.) (1993) *Women and Violence: Realities and Responses Worldwide,* London: Zed Books.

Davison, E. and Cotton, S. R. (2003) 'Connection discrepancies: Unmasking further layers of the digital divide', *First Monday,* 8 (3). Available at: http://www.firstmonday.dk/issues/issue8_3/davison (accessed 28 April 2006).

Day, G. (1980) 'Strategic Market Analysis: Top-down and bottom-up approaches', working paper #80–105, Marketing Science Institute, Cambridge, Massachussets.

Deacon, B., Hulse, M. and Stubbs, P. (1997) *Global Social Policy: International Organisations and the Future of Welfare,* London: Sage.

Deacon, T. (1997) *The Symbolic Species: The Co-evolution of Language and the Brain,* London: Allen Lane.

Dean, M. (1995) 'Governing the Unemployed Self in an Active Society', *Economy and Society,* 24 (4), 559–83.

—— (1999a) *Governmentality: Power and Rule in Modern Society,* London: Sage.

—— (1999b) 'Risk, calculable and incalculable', in D. Lupton (ed.), *Risk and Socio-Cultural Theory: New Directions and Perspectives,* Cambridge: Cambridge University Press, pp. 131–59.

Deffeyes, K. S. (2003) *Hubbert's Peak: The Impending World Oil Shortage,* Princeton, NJ: Princeton University Press.

Delanty, G. (2000) *Citizenship in a Global Age: Society, Culture, Politics,* Buckingham: Open University Press.

Deleuze, G. (1990) *Negotiations, trans.* M. Joughin, New York: Columbia University Press.

Deleuze, G. and Guitarri, F (1984) *AntiOedipns, Capitalism and Schizophrenia 1,* trans. Robert Hurley, Mark Seem and Helen R. Lane, London: Athlone.

Deleuze, G. and Guitarri, F. (1987) *A Thousand Plateaus: Capitalism and Schizophrenia 2,* trans. B. Massumi, Minneapolis, MN: University of Minnesota Press.

Derrida, J. (1994) *Force de loi. Le" fondement mystique de l'aiitorité",* Paris: Galilée.

—— (1998) 'Faith and Knowledge: The Two Sources of Religion Within the Limits of Pure Reason', in J. Derrida and G. Vattimo (eds), *Religions,* Stanford, CA: Stanford University, pp. 1–78.

Derudder, B. (2006) 'On Conceptual Confusion in Empirical Analyses of a Transnational Urban Network', GaWC Research Bulletin 167 (Z). Available at: http://www.lboro.ac.uk/gawc/rb/rbl67.html (accessed 10 March 2006).

Desmond, J. (1997) *Meaning in Motion: New Cultural Studies of Dance,* Durham: Duke University Press.

—— (1999) *Staging Tourism: Bodies on Display from Waikiki to Sea World,* Chicago, IL: University of Chicago Press.

—— (2000) *Dancing Desires Choreographing Sexualities on and Off the Stage,* Madison, WI: University of Wisconsin Press.

De Soto, H. (1989) *The Other Path,* New York: Basic Books.

—— (2000) *The Mystery of Capital: Why Capitalism Triumphs in the West and Fails Everywhere Else,* New York: Basic Books.

Dichter, T. W. (2003) *Despite Good Intentions: Why Development Assistance to the Third World Has Failed,* Amherst, MA: University of Massachusetts Press.

Diehl, P. F. (ed.) (2001) *The Politics of Global Governance: International Organizations in an Interdependent World,* 2nd edn, Boulder, CO: Lynne Rienner Publishers.

Dijkstra, J. J., Liebrand, W. B. G. and Timminga, E. (1998) 'Persuasiveness of Expert Systems', *Behaviour and Information Technology,* 17 (3), 155–63.

Dirlik, A. (1998) *The Postcolonial Aura: Third World,* Boulder, CO: Westview Press.

Donaldson, L. (ed.) (1994) *Contingency Theory,* Aldershot: Dartmouth.

Doner, R. (1992) 'Limits of State Strength: Toward an Institutionalist View of Economic Development', *World Politics,* 44, 398–431.

Donnelly, J. (2003) *Universal Human Rights in Theory and Practice,* Ithaca, NY: Cornell University Press.

Dos Santos, T. (1971) 'The Structure of Dependence', in K. T. Fann and D. C. Hodges (eds), *Readings in U.S. Imperialism,* Boston, MA: Porter Sargent, pp. 225–36.

Douglas, M. and Isherwood, B. (1979) *The World of Goods: Towards an Anthropology of Consumption,* London: Allen Lane.

Douglas, M. and Wildavsky, A. (1982) *Risk and Culture: An Essay on the Selection of Technical and Environmental Dangers,* Berkeley, CA: University of California Press.

Downs, A. (1957) 'An Economic Theory Of Political Action In A Democracy', *Journal of Political Economy,* 65 (2), 135–50.

Dreyfus, H. and Dreyfus, S. (1985) *Mind Over Machine: The Power of Human Intuition and Expertise in the Era of the Computer,* New York: Free Press.

Driver, S. and Martell, L. (2002) *Blair's Britain,* Cambridge: Polity Press.

Drori, G. S. (2005) 'United Nations' Dedications: A World Culture in the Making?' *International Sociology,* 20 (2), 175–99.

Drucker, P. F (1969) *The Age of Discontinuity: Guidelines to Our Changing Society,* London: Heinemann.

Dryzek, J. S. (2001) *Deliberative Democracy and Beyond: Liberals, Critics, Contestations,* Oxford: Oxford University Press.

DuBois, W. E. B. (1961) *The Soul of Black Folks: Essays and Sketches,* New York: Fawcett.

du Gay, P. and Pryke, M. (2002) *Cultural Economy,* London: Sage.

Du Gay, P. (2003) "The Tyranny of the Epochal: Change, Epochalism and Organizational Reform", *Organization* 10 (4): 663–84.

Duménil, G. and Levy, D. (2001) 'Costs and Benefits of Neoliberalism. A Class Analysis', *Review of International Political Economy,* 8 (4), 578–607.

Dunning, J. (1991) 'The Eclectic Paradigm of International Production: A Personal Perspective', in C. R. Pitelis and R. Sugden (eds), *The Nature of the Transnational Firm,* London: Routledge.

Dunning, J. H. (1997) *Alliance Capitalism and Global Business,* London and New York: Routledge, pp. 117–36.

Eade, J. (1997) *Globalization as Local Process,* London: Routledge.

Eco, U. (1985) *Travels in Hyperreality,* trans. W. Weaver, San Diego, CA: Harcourt Brace Jovanovich.

Elliott, J. A. (1999) *An Introduction to Sustainable Development,* London: Routledge.

Estes, R. (1988) *Trends in World Social Development: Social Progress of Nations, 1970–86,* London: Praeger.

Evans, B. E. (2005) '"The Grand Daddy of English": US, UK, New Zealand and Australian students' attitudes toward varieties of English', in N. Langer and W. Davies (eds), *Linguistic Purism in the Germanic Languages,* Berlin: De Gruyter, pp. 240–51.

Ewald, F. (1991) 'Insurance and Risk', in G. Burchell, C. Gordon and P. Miller (eds), *The Foucault Effert: Studies in Governmentality,* Chicago, IL: University of Chicago Press, pp. 197–210.

Fairbrother, P. and Hammer, N. (2005) 'Global Unions: Past Efforts and Future Prospects', *Relations Industrielles/Industrial Relations,* 60 (3), 405–31.

Fairclough, N. (2000) *New Labour, New Language,* London: Routledge.

Falk, R. (1995) *On Humane Governance: Toward a New Global Politics,* Cambridge: Polity Press.

Farr, J. (2004) 'Social Capital: A Conceptual History', *Political Theory,* 32 (1), 6–33.

Fazal, S. and Tsagarousianou, R. (2002) 'Transnational Cultural Practices and Communicative Spaces', *Javnost/The Public,* IX (1), 5–18.

Featherstone, M. (ed) (1990) *Global Culture: Nationalism, Globalisation and Modernity,*

London: Sage.
—— (1995) *Undoing Culture: Globalization, Postmodernism and Identity,* London: Sage.
Feifer, M. (1985) G*oing Places,* London: Macmillan.
Feinberg, M. and Tokic, D. (2004) 'ITC investment, GDP and Stock Market Values in Asia-Pacific NIC and Developing Countries: Some Preliminary Results', *Journal of the Asia Pacific Economy,* 9 (1), 70–84.
Felice, W. F. (1999) 'The Viability of the United Nations Approach to Economic and Social Human Rights in a Globalized Economy', *International Affairs,* 75 (3), 563–98.
Feree, M. and Hess, B. (1995) *Controversy and Coalition: The New Feminist Movement across Three Decades of Change,* New York: Simon and Schuster.
Fern Haber, H. and Weiss, G. (eds) (1999) *Perspectives on Embodiment: The Intersections of Nature and Culture,* London: Routledge.
Feyerabend, P. (1975) *Against Method,* London: Verso.
—— (1987) *Farewell to Reason,* London: Verso.
Finlayson, A. (1999) 'Third Way Theory', *Political Quarterly,* 2 (3), 271–80.
Fischer, C. (1991) 'Ambivalent Communities: How Americans Understand Their Localities,' in A. Wolfe (ed.), *America at Century's End,* Berkeley, CA: University of California Press, pp. 79–90.
Fishman, J. (1991) *Reversing Language Shift: Theory and Practice of Assistance to Threatened Languages,* Clevedon: Multilingual Matters.
Foucault, M. (1973) *The Order of Things: An Archaeology of the Human Sciences,* New York: Vintage.

—— (1977a) 'Nietzche, Genealogy, History', in P. Rabinow (ed.), *The Foucault Reader,* New York: Pantheon, pp. 76–100.
—— (1977b) *Discipline and Punish: the Birth of the Prison,* trans. A. Sheridan, London: Allen Lane.
—— (1990) *The History of Sexuality Volume 1: The Will to Knowledge,* trans. R. Hurley, London: Penguin.
—— (1991) 'Governmentality', in G. Burchell, C. Gordon and P. Miller (eds), *The Foucault Effect: Studies in Governmentality,* Chicago, IL: University of Chicago Press, pp. 87–104.
Frank, A. C. (1988) 'The Development of Underdevelopment', in C. K. Wilber (ed.), *The Political Economy of Development and Underdevelopment,* 4th edn, New York: Random House, pp. 109–20.
—— (1992) 'Third World War: a Political Economy of the Gulf War and the New World Order', *Third World Quarterly,* 13, 267–82.
—— (2004) 'Globalizing "Might is Right": Spaghetti Western Law of the West is No Solution', *Development and Change,* 35 (3), 607–12.
Freeman, M. (2002) *Human Rights: an Interdisciplinary Approach,* Cambridge: Polity Press.
Freud, S. (1989) *Civilization and Its Discontents,* trans. and ed. by James Strachey New York: W.W Norton.
Friedman, T. (2000) *The Lexus and the Olive Tree,* New York: Anchor Books.
Friedmann, J. (1986) 'The world city hypothesis', *Development and Change,* 17, 69–83.
Friedinann, J. and Wolff, G. (1982) 'World City Formation: An Agenda for Research and Action', *International Journal of Urban*

and Regional Research, 3, 309–44.
Fromm, E. (2001) *The Fear of Freedom,* London: Routledge.
Froud, J., Haslam, C., Johal, S. and Williams, K. (2000) 'Shareholder Value and Financialization: Consultancy Promises, Management Moves', *Economy and Society,* 29 (1), 80–110.
Frow, John (1997) *Time and Commodity Culture: Essays in Theory and Postmodernism,* New York: Oxford University Press.
Fuentes, A. and Ehrenreich, B. (1981) *Women in the Global Factory,* Boston, MA: South End Press.
Fukuyama, F. (1989) 'The End of History?' *The National Interest,* 16, 3–18.
—— (1992) *The End of History and the Last Man,* New York: Free Press.
—— (1995) 'Social Capital and the Global Economy', *Foreign Affairs,* 74 (5), 89–103
Fuller, S. (1999) *Governance of Science: Ideology and the Future of the Open Society,* Philadelphia, PA: Open University Press.

G8 Information Centre (2005) Available at: http://www.g7.utoronto.ca/ (accessed 28 March 2005).
Galloway, A. (2004) *Protocol: How Control Exists after Decentralization,* Cambridge, MA: MIT Press.
Gareis, S. B. and Varwick, J. (2005) *The United Nations: An Introduction,* Basingstoke: Palgrave.
Garrett, P., Evans, B. E. and Williams, A. (forthcoming) 'What Does the Word 'Globalisation' Mean to you? Comparative Perceptions and Evaluations in Australia, New Zealand, the USA and the UK', *Journal of Multilingual and Multicultural Development.*
Gasper, D. (1996) 'Needs and Basic Needs: A Clarification of Meanings, Levels and Different Streams of Work', *Working Paper Series No. 210,* The Hague: Institute of Social Studies.
Gellner, E. (1983) *Nations and Nationalism,* Oxford: Blackwell.
George V. and Wilding, P. (2002) *Globalization and Human Welfare*, Basingstoke: Palgrave.
Gerreffi G. and Korzeniewicz, M. (eds) (1994) *Commodity Chains and Global Capitalism*, Westport, CT: Praeger.
Ghai, Y. P. (2002) 'Constitutional Asymmetries: Communal Representation, Federalism, and Cultural Autonomy', *The Architecture of Democracy*, 1 (9), 141–71.
Giddens, A. (1984) *The Constitution of Society: Outline of the Theory of Structuration*, Cambridge: Polity Press.
—— (1990) *The Consequences of Modernity*, Cambridge: Polity Press.
—— (1991) *Modernity and Self Identity: Self and Society in the Late Modern Age*, Cambridge: Polity Press.
—— (1992) *The Transformation of Intimacy. Sexuality, Love and Eroticism in Modern Societies*, Cambridge: Polity Press.
—— (1994a) 'Living in a Post-Traditional Society', in U. Beck, A. Giddens and S. Lash (eds), *Reflexive Modernization: Politics, Tradition and Aesthetics in the Modern Social Order*, Cambridge: Polity Press.
—— (1994b) *Beyond Left and Right: The Future of Radical Politics*, Cambridge: Polity Press.
—— (1998) *The Third Way: The Renewal of Social Democracy,* Cambridge: Polity Press.

—— (1999) *Runaway World: How Globalization is Reshaping Our Lives*, London: Profile.
—— (ed.) (2001) *The Global Third Way Debate*, Cambridge: Polity Press.
Giddens, A. and Pierson, C (1998) *Conversations with Anthony Giddens: Making Sense of Modernity*, Cambridge: Polity Press.
Gienow-Hecht, J. C. E. (2000) 'Shame on US? Academics, Cultural Transfer and the Cold War', *Diplomatic History*, 24 (1), 465–535.
Girvan, N. (1976) *Corporate Imperialism: Conflict and Expropriation: Transnational Corporations and Economic Nationalism in the Third World*, New York: Monthly Review Press.
Gleick, J. (1993) *Chaos: Making a New Science*, London: Abacus.
Global Unions (2006) Available at: www.global-unions.org (accessed 28 April 2006).
Goetz, K. H. and Hix S. (2000) 'Introduction: European Integration and National Political Systems', *West European Politics*, 23 (4), 1–26.
Goffman, E. (1963) *Behavior in Public Places: Notes on the Social Organization of Gatherings*, New York: Free Press/MacMillan.
—— (1969) *The Presentation of Self in Everyday Life*, London: Allen Lane.
Goldberg, M. M. (1941) 'Qualification of the Marginal Man Theory', *American Sociological Review*, 6, 52–58.
Goldstein-Gidoni, O. (2005) 'The Production and Consumption of "Japanese Culture" in the Global Cultural Market', *Journal of Consumer Culture*, 5 (2), 155–79.
Graddol, D. (1997) *The Future of English? A Guide to Forecasting the Popularity of the English Language in the 21st Century*, London: British Council.
—— (2006) *English Text*, London: British Council.
Gramsci, A. (1971) *Selections from the Prison Notebooks*, New York: International Publishers.
Gray, A. and Jenkins, B. (1994) 'Public Administration and Government 1992–93', *Parliamentary Affairs*, 47 (1), 1–22.
Gray, J. (1998) *False Dawn: The Delusions of Global Capitalism*, London: Granta.
Green, A. W. (1947) 'A Re-examination of the Marginal Man Concept', *Social Forces*, 26, 167–71.
Greenaway, H. D. S. (1992) 'War in Yugoslavia', *Boston Globe*, 3 December, p. 19.
Greer, G. (2004) *Whitefella Jump Up: the Shortest Way to Nationhood*, London: Profile Books.
Griffin, C. E. (1994) 'Drugs, Democracy and Instability in a Microstate: The Challenge to Democracy in St. Kitts and Nevis', *North-South: Magazine of the Americas*, 3 (1), 32–37.
Grumet, M. (1990) 'Show and Tell: a Response to the Value Issue in Alternative Paradigms for Inquiry', in E. G. Guba (ed.), *The Alternative Paradigm Dialogue*, London: Sage.
Guan, X. (2001) 'Globalization, inequality and social policy: China on the threshold of entry into the World Trade Organization', *Social Policy and Administration*, 35 (3), 242–57.
Gugler, J. (ed.) (2004) *World Cities Beyond the West: Globalization, Development and Inequality*, Cambridge: Cambridge University Press.
Gupta, A. and Ferguson, J. (1992) 'Beyond Culture: Space, Identity and the Politics of

Difference', *Cultural Anthropology*, 7 (1), 6–23.

Gupta, J. (2002) *Our Simmering Planet*, London: Zed Books.

Gwynne, B. and Kay, C. (2004) *Latin America Transformed: Globalization and Modernity*, London: Arnold.

Haas, P. M. (1992) 'Epistemic Communities and International Policy Coordination', *International Organization*, 46 (1), 1–35.

Haas, P. M. (ed.) (2003) *Environment in the New Global Economy*, Cheltenham: Edward Elgar Publishing.

Habermas, J. (1975 [1973]) *Legitimation Crisis*, trans. T. McCarthy, Boston, MA: Beacon Press.

—— (1987a) *The Philosophical Discourse of Modernity*, trans. F. Lawrence, Cambridge: Cambridge University Press.

—— (1987b) *The Theory of Communicative Action, Vol. 2: Lifeworld and System a Critique of Functionalist Reason*, Boston, MA: Beacon Press.

—— (2001) *The Postnational Constellation*, trans. M. Pensky, Cambridge: Polity Press.

Hall, S. (1998) 'The Great Moving Nowhere Show', *Marxism Today*, November/December, pp. 9–14.

Halpern, D. (2001) 'Moral Values, Social Trust and Inequality—Can Values Explain Crime?' *British Journal Criminology*, 41, 236–51.

Hamelink, C. J. (1983) *Cultural Autonomy in Global Communications*, New York: Longman.

Hammer, N. (2005) 'International Framework Agreements: Global Industrial Relations between Rights and Bargaining', *Transfer*, 9 (4), 511–30.

Hannerz, U. (1989) 'Culture Between Center and Periphery: Toward a Macroanthropology', *Ethnos*, 54, 200–16.

—— (1990) 'Cosmopolitans and Locals in World Culture', *Theory, Culture and Society*, 7, 2–3.

—— (1992) *Cultural Complexity*, New York: Columbia University Press.

—— (1996) *Transnational Connections*, London: Routledge.

—— (2002) 'Flows, Boundaries and Hybrids: Keywords in Transnational Anthropology', in A. Rogers (ed.), *Transnational Communities Programme Working Paper Series*. Available at: http://www.transcomm.ox.ac.uk/working%20papers/hannerz.pdf (accessed 19 March 2006).

Hardt, M. and Negri, A. (2000) *Empire*, Cambridge MA: Harvard University Press.

Harris, J. (2005) 'Emerging Third World Powers: China, India and Brazil', *Race and Class*, 46 (3), 7–27.

Harrod, J. and O'Bnrin, R. (eds) (2002) *Global Unions? Theory and Strategies of Organized Labour in the Global Political Economy*, London: Routledge.

Harvey, D. (1990b) *The Condition of Postmodernity, An Enquiry Into The Origins Of Cultural Change*, Cambridge, MA: Blackwell.

Havemann, P. (2000) 'Enmeshed in the Web? Indigenous Peoples Rights in the Network Society', in R. Cohen and M. Shirin (eds), *Global Social Movements*, London: The Athlone Press, pp. 18–32.

Hawkins, V. (2002) 'The Other Side of the CNN Factor: the Media and Conflict', *Journalism Studies*, 3 (2), 225–40.

Hay, C. (1999) *The Political Economy of New Labour*, Manchester: Manchester University Press.

Hayek, F. (1945) 'The Use of Knowledge in

Society', *The American Economic Review,* 35 (4), 519–30.

Heath, J. (2005) *The Efficient Society: Why Canada is as Close to Utopia as it Gets,* Toronto: Penguin.

Held, D. (1980) *Introduction to Critical Theory: Horkheimer to Habermas,* London: Hutchinson.

—— (1995) *Democracy and the Global Order: from the Modern State to Cosmopolitan Governance,* Cambridge: Polity Press.

Held, D., Goldblatt, D. and Perraton, J. (1999) *Global Transformations: Politics, Economics, Culture,* Cambridge: Polity Press.

Held, D. and McGrew, A. (2002) *Globalization/Anti-Globalization,* Cambridge: Polity Press.

Held, D. and McGrew, A. (2003) *The Global Transformations Reader: An Introduction to the Globalisation Debate,* Cambridge: Polity Press.

Helleiner, E. (1995) 'Explaining the Globalization of Financial Markets: Bringing States Back In', *Review of International Political Economy,* 2 (2), 315–41.

Heller, M. (ed.) (1988) *Codeswitching: Anthropological and Sociolinguistic Perspectives,* Berlin: Mouton de Gruyter.

Herman, E. S. and Chomsky, N. (1988) *Manufacturing Consent: the Political Economy of the Mass Media,* New York: Pantheon Books.

Herman, E. S. and McChesney, R. W. (1997) *The Global Media,* London: Cassell.

Hicks, N. and Streeton, P. (1979) 'Indicators of Development: the search for a Basic Needs Yardstick', *World Development,* July, pp. 567–80.

Hilhorst, D. (2003) *The Real World of NGOs, Discourses, Diversity and Development,* London: Zed Books.

Hines, C. (2000) *Localization: A Global Manifesto,* London: Earthscan Publications.

Hirst, P. and Thompson, G. (1996) *Globalization in Question: The International Economy and the Possibilities of Governance,* Cambridge: Polity Press.

Hoad, D. (2002) 'The World Trade Organisation, Corporate Interests and Global Opposition: Seattle and After', *Geography,* 87 (2), 148–54.

Hobsbawm, E. (1990) *Nations and Nationalism since 1780. Programme, Myth, Reality,* Cambridge: Cambridge University Press.

Hodson, R. (1997) *Research in the Sociology of Work, Volume 6: The Globalization of Work,* Greenwich, CT: JAI Press.

Hoekman, B. and Holmes, P. (1999) 'Competition Policy, Developing Countries and the WTO', *World Economy,* 22 (6), 875–93.

Hoffmann, S. (2004) 'Thoughts on Fear in Global Society', *Social Research,* 71 (4), 1023–36.

Hogan, J. P. (ed.) (2005) *Cultural Identity, Pluralism, and Globalization,* Council for Research in Values and Philosophy Series 7 (13), Washington, DC: Council for Research in Values and Philosophy.

Holston J. and Appadurai, A. (1996) 'Cities and Citizenship,' *Public Culture,* 8, 187–204.

Hombach, B. (2000) *The Politics of the New Centre,* Oxford: Oxford University Press.

Homer-Dixon, T. F. (2001) *Environment, Scarcity and Violence,* Princeton, NJ: Princeton University Press.

Hondagneu-Sotelo, P. (2001) *Domestica: Immigrant Workers Cleaning and Caring in the Shadows of Affluence,* Berkeley, CA:

University of California Press.

Hood, C. (1991) 'A Public Management for all Seasons', *Public Administration,* 69 (1), 3–20.

Hooker, B. and Little, M. O. (eds) (2000) *Moral Particularism,* Oxford: Clarendon.

Horkheimer, M. and Adorno, T. (2002) *Dialectic of Enlightenment: Philosophical Fragments,* trans. E. Jephcott, Stanford, CA: Stanford University Press.

Houghton, J. (2004) *Global Warming: The Complete Briefing,* Cambridge: Cambridge University Press.

Howes, D. (1996) *Cross Cultural Consumption: Global Markets, Local Realities,* London: Sage Publications.

Hunrington, S. (1993) 'The Clash of Civilizations?', *Foreign Affairs,* 72 (3), 22–49.

—— (1996) *The Clash of Civilizations and the Remaking of World Order,* New York: Simon and Schuster.

Hymer, S. (1976) *The International Operations of National Firms: A Study of Direct Foreign Investment,* Cambridge, MA: MIT Press.

Ignatieff, M. (2003) *Human Rights as Politics and Idolatry,* Princeton, NJ: Princeton University Press.

Inglehart, R. (1977) *The Silent Revolution: Changing Values and Political Styles Among Western Publics,* Princeton, NJ: Princeton University Press.

—— (1990) *Culture Shift in Advanced Industrial Society,* Princeton, NJ: Princeton University Press.

International Ecotourism Society. (2006) Available at: http://www.ecotourism.org (accessed 28 April 2006).

Iriye, A. (2004) *Global Community: The Role of International Organizations in the Making of the Contemporary World,* Berekely: CA University of California Press.

Jameson, F. (1991) *Postmodernism, or the Cultural Logic of Late Capitalism,* Durham: Duke University Press.

—— (2000) 'Globalization And Political Strategy', *New Left Review,* 4, 49–68.

Janowitz, M. (1967) *The Community Press in an Urban Setting; the Social Elements of Urbanism,* Chicago, IL: University of Chicago Press.

Jaspers, K. (1953) *The Origin and Goal of History,* New Haven, CT: Yale University Press.

Jencks, C. (1989) *What is Post-modernism?* London: Academy Editions.

Johnson, C. (2004) *The Sorrows of Empire: Militarism, Secrecy, and the End of the Republic,* New York: Metropolitan Books.

Johnson, S. (1997) *Interface Culture: How New Technology Transforms the Way We Create and Communicate,* New York: Basic Books.

Jones, M. (2001) 'The Contradictions of Globalisation', *Journal of Australian Political Economy,* 48, 5–22.

Jordan, L. and Van Tuijl, P. (2000) 'Political Responsibility in Transnational NGO Advocacy', *World Development,* 28 (12), 2051–65.

Jordan, T. and Taylor, P. (2004) *Hacktivism and Cyberwars: Rebels With a Cause?,* London: Routledge.

Juergensmeyer, M. (2003) *Terror in the Mind of God: The Global Rise of Religious Violence,* Berkeley, CA: University of California Press.

Kachru, B. (1992) *The Other Tongue: English*

Across Cultures, Urbana, IL: University of Illinois Press.

Kahn, P. W. (2005) *Putting Liberalism in Its Place,* Princeton, NJ: Princeton University Press.

Kant, I. (1983) *Perpetual Peace, and Other Essays on Politics, History, and Morals,* trans. T. Humphrey, Indianapolis, IN: Hackett Publishing Co.

Kaplinsky, R. (1998) 'Globalisation, Industrialisation and Sustainable Growth: the Pursuit of the nth Rent', *IDS Discussion Paper 365,* Institute of Development Studies University of Sussex. Online. Available at: http://www.ids.ac.uk/ids/bookshop/dp/dp365.pdf (accessed 3 April 2006).

Kaplinsky, R. and Fitter, R. (2004) 'Technology and Globalisation: Who Gains When Commodities are Decommodified?', *International Journal of Technology and Globalisation,* 1 (1), 5–28.

Kariuki, M. S. and Smith, N. J. (2004) "Are Export Processing Zone (EPZ) Employers Gender Sensitive? An Analysis of Gender Employer-Employee Labour Relations in Kenyan Garment EPZs', *Journal of Social Development in Africa,* 19 (2), 69–89.

Kauffman, S. A. (1993) *The Origins of Order: Self-Organization and Selection in Evolution,* Oxford: Oxford University Press.

Keane, J. (2002) 'Cosmocracy A global System of Governance or Anarchy?' *New Economy,* 9 (2), 65–67.

—— (2003) *Global Civil Society?* Cambridge: Cambridge University Press.

Kellner, D. (1983) 'Critical theory, Commodities and Consumer Society', *Theory, Culture and Society,* 1(3), 64–84.

—— (1984) 'Herbert Marcuse and the Crises of Marxism,* London: Macmillan.

—— (1989) *Jean Baudrillard: From Marxism to Postmodernism and Beyond,* Cambridge: Polity.

Kelsey, J. (1995) *The New Zealand Experiment: a World Model for Structural Adjustment?,* Auckland, N.Z.: Auckland University Press.

Kennedy, P., Messner, D. and Nuscheler, F. (eds) (2002) *Global Trends and Global Governance,* London: Pluto Press.

Keohane, R. O. and Nye, J. S. (eds) (1972) *Transnational Relations and World Politics,* Cambridge, MA: Harvard University Press.

Keynes, J. M. (1971), *A Tract on Monetary Reform: The Collected Writings of John Maynard Keynes,* London: MacMillan St Martins Press.

—— (1997) *The General Theory of Employment, Interest, and Money,* New York: Prometheus Books.

Kiel, L. D. and Elliott, E. W. (eds) (1997) *Chaos Theory in the Social Sciences: Foundations and Applications,* Ann Arbor, IL: University of Michigan Press.

Killick, T. (1995) *IMF Programmes in Developing Countries: Design and Impact,* London: Routledge.

Kingdon, J. (1995) *Agendas, Alternatives and Public Policies,* New York: Longman.

Kingfisher, C. (2002) *Western Welfare in Decline: Globalisation and Women's Poverty,* Philadelphia, PA: University of Pennsylvania Press.

Kingsnorth, P. (2003) *One No, Many Yeses: A Journey to the Heart of the Global Resistance Movement,* London: Free Press.

Kitzinger, J. (1999) 'Researching Risk and the Media', *Health, Risk and Society,* 1 (1), 55–69.

Klein, N. (2001) *No Logo,* London: HarperCollins.

—— (2002) *Fences and Windows: Dispatches from the Front Lines of the Globalization Debate,* London: Flamingo.

Klotz, A. and Lynch, C. M. (forthcoming) *Constructing Global Politics: Strategies for Research in a Postpositivst World,* Ithaca, NY: Cornell University Press.

Knopp, L. (2004) 'Ontologies of Place, Placelessness, and Movement: Queer Quests For Identity and Their Impacts on Contemporary Geographic Thought', *Gender, Place and Culture: A Journal of Feminist Geography,* 11 (1), 121–34.

Knorr Cetina, K. (1999) *Epistemic Cultures: How the Sciences, Make Knowledge,* Cambridge, MA: Harvard University Press.

—— (2005) 'Complex Global Microstructures: The New Terrorist Societies', *Theory, Culture and Society,* 22 (5), 213–34.

Knox, P. L. and Taylor, P. J. (eds) (1995) *World Cities in a World-System,* Cambridge: Cambridge University Press.

Kontra, M., Phillipson, R., Skutnabb-Kangas, T. and Varady T. (eds) (1999) *Language, a Right and a Resource: Approaching Linguistic Human Rights,* Budapest: Central European University Press.

Koop, C. E., Pearson, C. E. and Schwarz, M. (2002) *Critical Issues in Global Health,* San Francisco, CA: Jossey-Bass.

Kopytoff, I. (1986) 'The Cultural Biography of Things: Commoditization as Process', in A. Appadurai (ed.), *The Social Life of Things,* New York: Cambridge University Press.

Korten, D. C. (2001) *When Corporations Rule the World,* San Francisco, CA: Berrett-Koehler Publishers.

Korten, S. (1990) *Getting to the 21st Century: Voluntary Action and the Global Agenda,* West Hartford, CT: Kurnarian Press.

Korzybski, A. (1958) *Science and Sanity: An Introduction to Non-Aristotelian Systems and General Semantics,* Lakeville, CT: Institute of General Semantics.

Kristensen, P. H. and Zeitlin J. (2004) *Local Players in Global Games: The Strategic Constitution of a Multinational Corporation,* Oxford: Oxford University Press.

Kristol, I. (1978) *Tow Cheers For Capitalism,* New York: Basic Books.

Kumar, K. (1995) *From Post-industrial to Post-modern Society,* London: Blackwell.

Laclau, E. and Mouffe, C. (1985) *Hegemony and Socialist Strategy: Towards a Radical Democratic Politics,* trans. W. Moore and P. Camniack, London: Verso.

Laing, R. D. (1960) *The Divided Self: An Existential Study in Sanity and Madness,* Harmondsworth: Penguin.

Lakoff, G. and Johnson, M. (1999) *Philosophy in the Flesh: The Embodied Mind and Its Challenge to Western Thought,* New York: Basic Books.

Landry, R. and Allard, R. (eds) (1994) 'Ethnolinguistic vitality', *Special issue of the International Journal of the Sociology of Language,* 108.

Lane, R. E. (1966) 'The Decline of Politics and Ideology in a Knowledgeable Society', *American Sociological Review,* 31 (5), 649–62.

Langford, W. (1999) *Revolutions of the Heart: Gender, Power and the Delusions of Love,* London: Routledge.

Larner, W. (2000) 'Neo-liberalism: Policy, Ideology, Governmentality', *Studies in Political Economy,* 63, 5–25.

—— (2002) 'Neoliberalism and Tino Rangatiratanga: Welfare State Restructuring in Aotearoa/New Zealand', in C. Kingfisher (ed.), *Western Welfare in Decline: Globalisation and Women's Poverty,* Philadelphia, PA: University of Pennsylvania Press, pp. 147–63.

Larner, W. and Walters, W. (2004a) 'Globalisation as Goveminentality', *Alternatives.* 29 (24), 495–514.

Larner, W. and Walters, W. (eds) (2004b) *Global Covernmentality,* London: Routledge.

Lash, S. (1994a) 'Reflexivity and Its Doubles: Structure, Aesthetics, Community', in U. Beck, A. Giddens and S. Lash (eds), *Reflexive Modernization: Politics, Tradition and Aesthetics in the Modern Social Order,* Cambridge: Polity Press, pp. 110–73.

—— (1994b) 'Expert-systems or Situated Interpretation? Culture and Institutions in Disorganized Capitalism' in U. Beck, A. Giddens and S. Lash (eds), *Reflexive Modernization: Politics, Tradition and Aesthetics in the Modern Social Order,* Cambridge: Polity Press, pp. 198–215.

—— (2002) *Critique of Information,* London: Sage.

Lash, S. and Urry, J. (1987) *The End of Organized Capitalism,* Cambridge: Polity Press.

Lash, S. and Urry, J. (1994) *The Economics of Sign and Space,* London: Sage.

Latouche, S. (1996) *The Westernisation of the World,* Cambridge: Polity Press.

Latour, B. (1993) *We Have Never Been Modern,* trans. C. Porter, Cambridge, MA: Harvard University Press.

—— (1999) *Pandora's Hope: Essays on the Reality of Science Studies,* Cambridge, MA: Harvard University Press.

Latour, B. and Porter, C. (2004) *Politics of Nature: How to Bring the Sciences into Democracy,* Cambridge: Cambridge University Press.

Lawson, L. (2003) 'Globalisation and the African state', *Commonwealth and Comparative Politics,* 41 (3), 37–58.

Lechner, F. J. (1984) 'Ethnicity' and Revitalization in the Modern World System', *Sociological Focus,* 17 (3), 243–56.

Lee, M. J. (ed.) (2000) *The Consumer Society Reader,* Oxford: Blackwell.

Lefebvre, H. (1971) *Everyday Life in the Modern World,* London: Allen lane.

Legett, J. (2001) *Carbon War,* London: Routeldge.

Levine, R. (1997) *A Geography of Time: The Temporal Misadventures of a Social Psychologist,* New York: Basic Books.

Lévi-Strauss, C. (1994 [1969]) *The Raw and the Cooked,* London: Cape.

Levitt, T. (1983) 'The Globalization of Markets', *Harvard Business Review,* 61 (3), 92–102.

Lewis, B. (1990) 'The Roots of Muslim Rage', *The Atlantic Monthly,* 266, 47–60.

Lewis, J. (1991) *The Ideological Octopus: Explorations into the Television Audience,* New York: Routeldge.

Lewis, J. (2001) 'The Decline of the Male Breadwinner Model: Implications for Work and Care', *Social Politics,* 8 (2), 152–81.

Lewis, M. and Wigen, K. (1997) *The Myth of Continents: A Critique of Metageography,* Berkeley, CA: University of California Press.

Ling, L. (2000) 'Hypermasculinity on the Rise, Again: a Response to Fukuyama on Women and World Polities', *International Feminist Journal of Politics,* 2 (2),

277–85.

Linklater, A. (1998) *The Transformation of Political Community: Ethical Foundations of the Post-Westphalian Era,* Columbia, SC: University of South Carolina Press.

Littrell, M. and Dickson, M. (eds) (1999) *Social Responsibility in the Global Market: Fair Trade of Cultural Products,* London: Sage.

Livingston, S. (1997) '"Clarifying the 'CNN Effect'": An examination of media effects according to the type of military intervention', *Research Paper R–18,* Cambridge, MA: Joan Shorernstem Centre of Press, Politics and Public Policy.

Loye, D. (1978) *The Knowable Future: a Psychology of Forecasting and Prophecy,* New York: Wiley.

Lupton, D. (1999a) *Risk,* London: Routledge.

—— (ed.) (1999b) *Risk and SociocuIural Theory: New Directions and Perspectives,* New York: Cambridge University Press.

Lyons, J. (2005) 'Think Seattle, Act Globally: Speciality Coffee, Commodity Biographies and the Promotion of Place', *Cultural Studies,* 19 (1), 14–34.

Lyotard, J.-F. (1984) *The Postmodern Condition: a Report on Knowledge,* trans. G. Bennington and B. Massumi, Manchester: Manchester University Press.

Macarov, D. (2003) *What the Market Does to People: Privatization, Globalization and Poverty,* London: Zed Books.

McArthur, T. (2001) 'World English and World Englishes: Trends, Tensions, Varieties, and Standards', *Language Teaching,* 34 (1), 1–20.

MacBride, S. and Roach, C. (1989) 'The New International Information Order', in E. Barnouw (ed.), *International Encyclopeadia of Communications,* Oxford: Oxford University Press.

MacCannell, D. (1999) *The Tourist. A New Theory of the Leisure Class,* Berkeley, CA: University of California Press.

McCormick, J. (2002) *Understanding the European Union: A Concise Introduction,* London: Macmillan Reference.

McCorquodale, R. and Fairbrother, R. (1999) 'Globalization and Human Rights', *Human Rights Quarterly,* 21 (3), 735–66.

Machin, D. and van Leeuwen, T. (2005) 'Language Style and Lifestyle: the Case of a Global Magazine', *Media Culture Society,* 27, 577–600.

McIntyre, W. D. (1998) *British Decolonization, 1946–1997: When, Why and How Did the British Empire Fall?,* Basingstoke: Macmillan.

Maclennan, D. and Pryce, G. (1996) 'Global Economic Change, Labour Market Adjustment and the Challenges for European Housing Policies', *Urban Studies,* 33 (10), 1849–65.

McLuhan, M. and Fiore, Q. (1967 [2005]), *The Medium is the Message,* Corte Madera, CA: Gingko.

McLuhan, M, and Fiore, Q. (1968 [2001]), *War and Peace in the Global Village,* Corte Madera, CA: Gingko.

Makimoto, T. and Manners, D. (1997) *Digital Nomad,* Chichester: Wiley.

Malhotra, K. (2000) 'NGOs Without Aid: Beyond the Global Soup Kitchen', *Third World Quarterly,* 21 (4), 655–68.

Mallaby, S. (2005) *The World's Banker: A Story of Failed States, Financial Crises and the Wealth and Poverty of Nations,* New Haven, CT: Yale University Press.

Mandel, E. (1969). *An Introduction to Marxist Economic Theory,* New York: Pathfinder Press.

Mann, M. (1986) *The Sources of Social Power, Vol. I: From the Beginning to 1760 AD,* Cambridge: Cambridge University Press.

—— (1993a) *The Sources of Social Power Vol. II: The Rise of Classes and Nation-States, 1760–1914,* Cambridge: Cambridge University Press.

—— (1993b) 'Nation-states in Europe and Other Continents: Diversifying, Developing, Not Dying', *Daedalus,* 122 (3), 115–40.

—— (1997) 'Has Globalization Ended the Rise and Rise of the Nation-state?', *Review of International Political Economy,* 4 (3), 472–96.

Marchand, M. H., Reid, J. and Berents, B. (1998). 'Migration, (Im)mobility, and Modernity: Toward a Feminist Understanding of the "Global" Prostitution Scene in Amsterdam', *Millennium,* 27 (4), 955–81.

Marcuse, H. (1972) *One-Dimensional Man,* London: Abacus.

Marker, M. (2003) 'Indigenous Voice, Community, and Epistemic Violence: The Ethnographer's "Interests" and What "Interests" the Ethnographer', *International Journal of Qualitative Studies in Education,* 16 (3), 361–75.

Markowitz, F. (2004) 'Talking about Culture: Globalizarion, Human Rights and Anthropology', *Anthropological Theory,* 4 (3), 329–52.

Marske, C. E. (1991) *Communities of Fate: Readings in the Social Organization of Risk,* Lanham, MD: University Press of America.

Marty, M. E. and Appleby, R. S. (eds) (1995) *Fundamentalisms Comprehended,* Chicago, IL: University of Chicago Press.

Marwick, A. (1998) *The Sixties: Cultural Revolution in Britain, France, Italy, and the United States, c. 1958–1974,* Oxford: Oxford University Press.

Marx, K. (1972 [1867]) *Das Kapital: Kritik der Politischen Okonomie,* Berlin: Dietz Verlag.

—— (1976 [1867]) *Capital: Volume I: A Critique of Political Economy,* London: Penguin.

Maslow, A. H. (1970) *Motivation and Personality,* New York: Harper and Row.

Massey, D. (1993) 'Power-Geometry and a Progressive Sense of Place', in J. Bird, B. Curtis, T. Putnam, G. Robertson and L. Tickner (eds), *Mapping the Futures: Local Cultures, Global Change,* London: Routledge, pp. 59–69.

—— (1994) *Space, Place, and Gender,* Minneapolis, MN: University of Minnesota Press.

Mattern, J. B. (2004) 'Why "Soft Power" Isn't So Soft: Representational Force and the Sociolinguistic Construction of Attraction in World Politics', *Millennium: Journal of International Studies,* 33 (3), 583–612.

Matthews, J. T. (1997) 'Power Shift', *Foreign Affairs,* 76 (1), 50–66.

May, S. (2001) *Language and Minority Rights: Ethnicity, Nationalism and the Politics of Language,* New York: Longman.

Mehmet, O., Mendes, E. and Sinding, R. (1999) *Towards A Fair Global Labour Market—The Role of International Labour,* London: Routledge.

Mellor, W. (1920) *Direct Action.* London: Leonard Parsons.

Memmi, A. (1965) *The Colonizer and the Colonized,* trans H. Greenfeld, New York: Orion Press.

Merleau-Ponty, M. (1981) *Phenomenology of Perception,* trans. C. Smith, London: Routledge.

Mernman, P. (2004) 'Driving Places: Marc Augé, Non-Places, and the Geographies of England's M1 Motorway', *Theory, Culture and Society,* 21 (4–5), 145–67.

Merrin, W. (2002) 'Implosion, Simulation and the Pseudo-Event: A Critique of McLuhan', *Economy and Society,* 31 (3), 369–90.

Meyer, J. W. (1980) 'The World Polity and the Authority of the Nation-State', in A. Bergesen (ed.), *Studies of the Modern World-System,* New York: Academic Press, pp. 109–37.

Meyer, J. W., Boli, J., Thomas, G. M. and Ramirez, F. O. (1997) 'World Society and the Nation-State', *American Journal of Sociology,* 103 (1), 144–81.

Michaud, J. (1997) 'Economic Transformation in a Hmong Village of Thailand', *Human Organization,* 56 (2), 222–32.

Mies, M. (1986) *Patriarchy and Accumulation on a World Scale: Women in the International Division of Labour,* London: Zed Books.

Mies, M. and Bennholdt-Thomsen, V. (1999) *The Subsistence Perspective,* London: Zed Books.

Miles, S. (1998) *Consumerism: As a Way of Life,* London: Sage.

Miller, D. (1984) *Anarchism,* London: Dent.

Miller, J. J. (1998) *The Unmasking of Americans: how Multiculturalism has Undermined the Assimilation Ethic,* New York: Free Press.

Milroy, J. and Milroy, L. (1999) *Authority in Language: Investigating Standard English,* London: Routledge.

Mishra, R. (1999) *Globalzation and the Welfare State,* Cheltenam: Edward Elgar.

Mittelman, J. H. (2000) 'Globalization: Captors and Captive', *Third World Quarterly,* 21 (6), 917–29.

Moghadam, Valentine M. (2005) *Globalizing Women: Transnational Feminist Networks,* Baltimore, MD: John Hopkins University Press.

Moller Okin, S., Cohen, J., Howard, M., Sloan, R. and Nussbaum, M. C. (1999) *Is Multiculturalism Bad for Women?,* Princeton, NJ: Princeton University Press.

Monbiot, G. (2000) *Captive State: the Corporate Takeover of Britain,* Basingstoke: Macmillan.

Montserrat, G. (1996) *Nationalisms: The Nation-State and Nationalism in the Twentieth, Century,* Cambridge: Polity Press.

Moore, H. L. (1995) 'The Future of Work', *British Journal of Industrial Relations,* 33 (4), 657–78.

Morley, D. and Robins, K. (1995) *Spaces of Identity,* London: Routledge.

Morrow, V. (1999) 'Conceptualising Social Capital in Relation to the Well-Being of Children and Young People: a Critical Review', *The Sociological Review,* 47 (4), 744–65.

Moseley, A. and Norman, R. (2002) *Human Rights and Military Intervention,* Aldershot: Ashgate.

Mouffe, C. (ed.) (1979) *Gramsci and Marxist Theory,* London: Routledge.

—— (1999) *The Challenge of Carl Schmitt,* London: Verso.

Mudambi, R. (ed.) (2003) *Privatization and Globalzation: The Changing Role of the State in Business,* Cheltenham: Edward Elgar.

Mulhern, F. (2000) *Culture/Metaculture,* New York: Routledge.

—— (2002) 'Beyond Metaculture', *New Left Review,* 16, 86–104.

Mythen, G. (2004) *Ulrich Beck: A Critical Introduction to the Risk Society,* London: Pluto Press.

Nandy, A. (1988) *The Intimate Enemy: Loss and Recovery of Self Under Colonialism,* Oxford: Oxford University Press.

Nederveen-Pieterse, J. (1995) 'Globalisation as Hybridization', in M. Featherstone, S. Lash and R. Robertson (eds), *Global Modernities,* London: Sage, pp. 45–68.

—— (2004) 'Neoliberal Empire', *Theory, Culture and Society,* 21, (3), 119–40.

Negroponte, N. (1995) *Being Digital,* New York: Borzoi-Knopf.

Neill, M. (2001) 'Rethinking Class Composition Analysis in Light of the Zapatistas', in Midnight Notes (ed.), *Aurora of the Zapatistas: Local and Global Struggles of the Fourth World War,* Brooklyn, NY: Autonomedia, pp. 119–43.

Nicholson, L. and Seidman, S. (eds) (1995) *Social Postmodernism: Beyond Identity Politics,* Cambridge: Cambridge University Press.

Nolan, P. and Lenski, G. (1999) *Human Societies: An Introduction to Macrosociology,* New York: McGraw-Hill College.

Norberg, J. (2003) *In Defense of Global Capitalism,* Washington DC: Cato Institute.

Norris, C. (1992) *Uncritical Theory: Postmodernism, Intellectuals and the Gulf War,* London: Lawrence and Wishart.

Norris, P. (1996) 'The Nolan Committee: Financial Interests and Constituency Service', *Government and Opposition,* 31 (4), 441–48.

—— (2001) *Digital Divide: Civic Engagement, Information Poverty and the Internet Worldwide,* Cambridge: Cambridge University Press.

Norris, S. and Jones, R. H. (2005) *Discourse in Action: Introducing Mediated Discourse Analysis,* London: Routledge.

Nossal, K. R. (1998) *The Patterns of World Politics,* Scarborough: Prentice Hall.

Notes from Nowhere (ed.) (2003) *We Are Everywhere: The Irresistible Rise of Global Anti-capitalism,* London: Verso.

Nussbaum, M. C. (1996) *For Love of Country: Debating the Limits of Patriotism,* Boston, MA: Beacon Press.

Ó Tuathail, G. and Dalby, S. (1998) *Rethinking Geopolitics,* London: Routledge.

O'Brien, M., Penna, S. and Hay, C. (eds) (1998) *Theorising Modernity: Reflexivity, Environment and Identity in Giddens' Social Theory,* New York: Longman.

OECD (Organisation for Economic Co-operation and Development) (2005) *Modernising Government: The Way Forward,* Paris: OECD.

Offe, C. (1985) *Disorganized Capitalism: Contemporary Transformations of Work and Politics,* trans. J. Keane, Cambridge: Polity Press.

O'Flaherty, M. (1996) *Human Rights and the UN: Practice Before the Treaty Bodies,* London: Sweet and Maxwell.

—— (1990) *The Borderless World: Power and Strategy in the Interlinked Economy,* New York: Harper Collins.

Ohmae, K. (1996) *The End of the Nation State: the Rise of Regional Economies,* London: HarperCollins.

Ougaard, M. (2003) *Political Globalization: State, Power, and Social Forces,* New York: Palgrave Macmillan.

Overbeek, J. (1999) *Free Trade Versus*

Protectionism: A Sonrcebook of Eassays and Readings, New York: Edward Elgar Publishing.

Owusu, F. (2003) 'Pragmatism and the Gradual Shift From Dependency to Neoliberalism: the World Bank, African Leaders and Development Policy in Africa', *World Development,* 31 (10), 1655–72.

Park, R. E. (1928) 'Human Migration and the Marginal Man', *American Journal of Sociology,* 5, 881–93.

Partnerships and Participation. (2006) Available at: http://www.partnerships.org.uk/part/ (accessed 28 April 2006).

Paul, T. V., Ikenberry, G. J. and Hall, J. A. (eds) (2003) *The Nation-State in Question,* Princeton, NJ: Princeton University Press.

Payer, C. (1991) *Lent and Lost: Foreign Credit and Third World Development,* London: Zed Books.

Peck, J. and Yeung, H. (2003) *Remaking the Global Economy: Economic Geographical Perspectives,* London: Sage.

Pecora, V. P. (ed.) (2001) *Nations and Identities: Classic Readings,* Malden, MA: Blackwell.

Peet, R. and Born, B. (2003) *Unholy Trinity: the IMF, World Bank, and the WTO,* London: Zed Books.

Pestieau, P. (2005) *The Welfare State in the European Union: Economic and Social Perspectives,* Oxford: Oxford University Press.

Peters, J. and Wolper, A. (eds) (1995) *Women's rights, Human Rights: International Feminist Perspectives,* London: Routeldge.

Petersen, A. (1997) 'Risk, Governance and the New Public Health', in A. Petersen and R. Bunton (eds), *Foucault, Health and Medicine,* London: Routledge, pp. 189–206.

Peukert, H. (2004) 'Max Weber: Precursor of Economic Sociology and Heterodox Economics?' *The American Journal of Economics and Sociology,* 63 (5), 987–1020.

Phillipson, R. (1992) *Linguistic Imperialism,* Oxford: Oxford University Press.

—— (2003) *English-only Europe? Challenging Language Policy,* London: Routledge.

Philpott, O. (2001) *Revolutions in Sovereignty: How Ideas Shaped Modern International Relations,* Princeton, NJ: Princeton University Press.

Pierson, C. (2004) *The Modern State,* London: Routledge.

Pijl, K. van der (1998) *Transnational Classes and International Relations,* London: Routledge.

Piore, M. and Sabet, C. (1984) *The Second Industrial Divide: Possibilities for Prosperity,* New York: Basic Books.

Plender, J. (2003) *Going Off the Rail: Global Capital and the Crisis of Legitimacy,* Chichester: Wiley.

Plessner, H. (1974) *Diesseits der Utopie,* Munich: Suhrkamp.

Policy Hub. (2005) Available at: http://www.policyhub.gov.uk/ (accessed 28 March 2005).

Pollitt, C. and Bouckaert, G. (2004) *Public Management Reform: A comparative analysis,* Oxford: Oxford University Press.

Pollock, A. M. (2004) *NHS plc: the Privatisation of Our Healthcare,* London: Verso.

Popper, K. (1945) *The Open Society and its Enemies,* London: Routledge.

—— (1959) *The Logic of Scientific Discovery,* London: Hutchinson and Co.

—— (1982) *Postscript to the Logic of Scientific Discovery,* London: Hutchinson and Co.

—— (1983) *Realism and the Aim of Science: Postscript to the Logic of Scientific Discovery Volume I,* London: Routledge.

Portes, A. 1998. 'Social Capital: Its Origins and Applications in Modern Sociology', *Annual Review of Sociology,* pp. 1–24.

Powelson, J. (1998) *The Moral Economy,* Ann Arbor, MI: University of Michigan Press.

Pratt, N. (2004) 'Bringing Politics Back in: Examining the Link Between Globalization', *Review of International Political Economy,* 11 (2), 311–36.

Pryke, M. (2002) 'The White Noise of Capitalism: Audio and Visual Montage and Sensing Economic Change', *Cultural Geographies,* 9 (4), 472–77.

Pusey, M. (2003) *The Experience of Middle Australia: The Dark Side of Economic Reform,* Cambridge: Cambridge University Press.

Putnam R. D. (2000) *Bowling Alone: The Collapse and Revival of American Community,* New York: Simon and Shuster.

Putnam, R. D., Leonardi, R. and Nanetti, R. Y. (1993) *Making Democracy Work: Civic Traditions in Modern Italy,* Princeton, NJ: Princeton University Press.

Raikes, P., Jensen, M. F. and Ponte, S. (2000) 'Global Commodity Chain Analysis and the French filière Approach: Comparison and Critique', *Economy and Society,* 29 (3), 390–417.

Ralston Saul, J. (2005) *The Collapse of Globalism,* London: Atlantic Books.

Ramet, S. P. (2004) 'Explaining the Yugoslav Meltdown, 2: A Theory about the Causes of the Yugoslav Meltdown: The Serbian National Awakening as a "Revitalization Movement"', *Nationalities Papers,* 32 (4), 765–79.

Rampton, B. (1999) 'Sociolinguistics and Cultural Studies: New Ethnicities, Liminality and Interaction', *Social Semiotics,* 9 (3), 355–74.

Ray, M. and Jacka, E. (1996) 'Indian Television: An Emerging Regional Force', in J. Sinclair, Jacka, E. and Cunningham, S. (eds), *New Patterns in Global Television,* New York: Oxford University Press, pp. 83–100.

Reck, H. U. (1993) 'Sign Conceptions in Everyday Culture from the Renaissance to the Present', *Semiotica,* 96 (3–4), 199–229.

Reich, R. B. (1992) *The Work of Nations,* New York: Vintage Books.

Relph, E. (1976) *Place and Placelessness,* London: Pion.

Richards, P. (2005) 'The Politics of Gender, Human Rights, and Being Indigenous in Chile', *Gender and Society,* 19 (2), 199–220.

Richmond, A. H. (1994) *Global Apartheid: Refugees, Racism, and the New World Order,* Oxford: Oxford University Press.

Ricoeur, P. (1965) 'Universal Civilization and National Cultures', in P. Ricoeur (ed.), *History and Truth,* Evanston, IL: Northwestern University Press, pp. 271–84.

Ridley F. F. and Wilson, D. (eds) (1995), *The Quango Debate* (Hansard Society Series in Politics & Government), Oxford: Oxford University Press.

Riese, U. (1995) 'Henry Adams and the Question of Posthistoire', *History of European Ideas,* 20 (1–3), 621–25.

Rifkin, J. (1991) *Biosphere Politics: A New Consciousness for a New Century,* New York: Crown.

Ritzer, G. (1993) *The McDonaldization of*

Society, Thousand Oaks, CA: Pine Forge Press.
—— (1997) *The McDonalization Thesis,* London: Sage.
Roach, C. (1997) 'Cultural Imperialism and Resistance in Media Theory and Literary Theory Media', *Culture and Society,* 19 (1), 47–66.
Roach, S. (2005) 'Decisionism and Humanitarian Intervention: Reinterpreting Carl Schmitt and the Global Political Order', *Alternatives: Global, Local, Political,* 30 (4), 443–60.
Robbins, B. (1992) 'Comparative Cosmopolitanism', *Social Text,* 31/32 (10: 2–3), 169–96.
Roberts, P. (2005) *The End of Oil: The Decline of the Petroleum Economy and the Rise of a New Energy Order,* London: Bloomsbury.
Roberts, J. T. and Thanos, N. D. (2003) *Trouble in Paradise: Globalization and Environmental Crises in Latin America,* London: Routledge.
Robertson, A. H. and Merrills J. G. (eds) (1996) *Human Rights in the World: An Introduction to the Study of the International Protection of Human Rights,* Manchester: Manchester University Press.
Robertson, R. (1988) 'The Sociological Significance of Culture: Some General Considerations', *Theory, Culture and Society,* 5 (1), 3–23.
—— (1992) *Globalization: Social Theory and Global Culture,* London: Sage, pp. 15–30.
—— (1995) 'Glocalization: Time-Space and Homogeneity-Heterogeneity', in M. Featherstone, S. Lash and R. Robertson (eds), *Global Modernities,* London: Sage.
Robertson, S. (2002) 'The Politics of Re-Territorialization: Space, Scale and Teachers as a Professional Class', *Currículo sem Fronteiras,* 2 (2), xvii–xxxiv.
Robins, K. (1997) 'What in the World's Going on?' in P. du Gay (ed.), *Production of Culture/Cultures of Production,* London: Sage, pp. 11–67.
—— (2003) 'Encountering Globalization', in D. Held and A. McGrew (eds), *The Global Transformations Reader,* Cambridge: Polity Press, pp. 239–45.
Robinson, W. I. (2004) *A Theory of Global Capitalism: Production, Class, and State in a Transnational World,* Baltimore: Johns Hopkins University Press.
—— (2005) 'Global Capitalism: the New Transnationalism and the Folly of Conventional Thinking', *Science and Society,* 69 (3), 316–28.
Robinson, W. I. and Harris, J. (2000) 'Towards A Global Ruling Class?: Globalization And The Transnational Capitalist Class' *Journal of Science And Society,* 64 (1), 11–54.
Rodrik, 11 (1997) *Has Globalization Gone Too Far?,* Washington, DC: Institute for International Economics.
Rose, M. (1990) *Lives on the Boundary,* New York: Penguin.
Rose, N. (1996a) 'The Death of the Social? Re-figuring the Territory of Government', *Economy and Society,* 25 (3), 327–56.
—— (1996b) 'Governing "advanced" liberal democracies', in A. Barry, T. Osbourne and N. Rose (eds), *Foucault and Political Reason: Liberalism, Neoliberalism, and Rationalities of Govenment,* Chicago, IL: University of Chicago Press, pp. 37–64
—— (1999) *Powers of Freedom: Refraining Political Thought,* Cambridge: Cambridge University Press.
Rosen, M. (1996) *On Voluntary Servitude: False*

Consciousness and the Theory of Ideology, Oxford: Polity Press.

Rosenau, J. N. (2003) *Distant Proximities: Dynamics Beyond Globalism,* Princeton, NJ: Princeton University Press.

Rosenberg, J. (2000) *The Follies of Globalisation Theory,* London: Verso.

Rossi, P. H., Freeman, H. E. and Lipsey, M. W. (1999) *Evaluation: A Systematic Approach,* Thousand Oaks, CA: Sage.

Roszak, T. (1969) *The Making of a Connter-Culture,* New York: Doubleday.

Roudometof, V. (1997) 'Preparing for the 21st Century', *Sociological Forum,* 12 (4), 661–70.

Ruggie, J. G. (1998a) 'What makes the world hang together?', *International Organization,* 52 (4), 855–86.

—— (1998b) *Constructing the World Polity,* New York: Routledge.

Sachs, J. (2005) *The End of Poverty: Economic Possibilities for Our Time,* London: Penguin.

Safran, W. (1991) 'Diasporas in Modern Societies: Myths of Homeland and Return', *Diaspora,* 1 (1), 83–99.

Said, E. W. (1978) *Orientalism,* London: Routledge.

Sassen, S. (1996) *Transnational Economies and National Migration Policies,* Amsterdam: Institute for Migration and Ethnic Studies, University of Amsterdam.

—— (1999) *Globalization and its Discontents,* New York: New Press.

—— (2001) *The Global City: New York, London, Tokyo,* Princeton, NJ: Princeton University Press.

—— (2002) *Global Networks, Linked Cities,* New York: Routledge.

Sayer, A. (1997) "The dialectic of culture and economy", in R. Lee and J. Wills (eds), *Geographies of Economies,* London: Edward Arnold, pp. 16–26.

—— (2000) 'Moral Economy and Political Economy', *Studies in Political Economy,* 61, 79–104.

—— (2003 [2000]) 'Developing the Critical Standpoints of Radical Political Economy', Lancaster: Department of Sociology, Lancaster University. Available at: http://www.comp.lancs.ac.uk/sociology/papers/Sayer-Cri-tical-Standpoints-of-Radical-Political-Economy.pdf (accessed 12 April 2006).

—— (2004) *Moral Economy,* Lancaster: Department of Sociology, Lancaster University. Available at: http://www.lancs.ac.uk/fss/sociology/papers/sayer-moral-economy.pdf (accessed 3 April 2006).

Schierup, C.-U. (ed.) (1998) *Scramble for the Balkans Nationalism, Globalism and the Political Economy of Reconstruction,* Basingstoke: Palgrave.

Schiller, H. I. (1971) *Mass Communications and American Empire,* Boston, MA: Beacon Press.

Schiralli, M. (1999) *Constructive Postmodernism: Toward Renewal in Cultural and Literary Studies,* Westport, CT: Greenwood Press.

Schlosser, E. (2002) *Fast Food Nation,* London: Penguin.

Schmitt, C. (1976) *The Concept of the Political,* New Brunswick, NJ: Rutgers University Press.

Scholte, J. A. (1997) 'Global capitalism and the state', *International Affairs,* 73 (3), 427–52.

—— (2000) *Globalization: A Critical Introduction,* New York: St. Martin's Press.

—— (2005) *The Sources of Neoliberal Globalisation,* Geneva: United Nations Research Institute for Social Development (UNRISD).

Scott, A. J. (ed.) (2001) *Global City-Regions: Trends, Theory, Policy,* Oxford: Oxford University Press.

Scriven, M. (1991) *Evaluation Thesaurus,* Newbury Park, CA: Sage Publications.

Seers, D. (1981) *Dependency Theory: A Critical Reassessment,* London: Pinter.

Sen, A. (2002) 'Does Globalization Equal Westernization?' *The Globalist,* March 25. Available at: http://www.theglobalist.com/DBWeb/StoryId.aspx?StoryId = 2353 (accessed 28 April 2006).

Shapiro, E. (1991) 'Fear of Terrorism is curbing travel', *New York Times,* 28 January, Section A, p. 1.

Shaw, M. (1994) *Global Society and International Relations: Sociological Concepts and Political Perspective,* Cambridge: Polity Press.

Sheil, C. (ed.) (2001) *Globalisation: Australian Impacts,* Sydney: University of New South Wales Press.

Sheller, M. and Urry, J. (2000) 'The City and the Car', *International Journal of Urban and Regional Research,* 24, 737–57.

Sheller, M. and Urry, J. (2003) 'Mobile Transformations of "Public" and "Private" Life', *Theory, Culture and Society,* 20 (3), 107–25.

Shils, E. (1981) *Tradition,* Chicago, IL: University of Chicago Press.

Shiva, V. (1997) *Biopiracy: The Plunder of Nature and Knowledge,* Cambridge, MA: South End Press.

Simpson, G. R. (1990) 'Wallerstein's World-Systems Theory and the Cook Islands: A Critical Examination', *Pacific Studies,* 14 (1), 73–94.

Sinclair, J., Jacka, E. and Cunningham, S. (eds) (1996) *New Patterns in Global Television,* New York: Oxford University Press.

Singer, P. (1993) *Practical Ethics,* Cambridge: Cambridge University Press.

—— (2000) *Marx: A Very Short Introduction,* Oxford: Oxford Paperbacks.

—— (2004) *One World: The Ethics of Globalization,* New Haven, CT: Yale University Press.

Singh. K. R. (2002) 'Geo-Strategy of Commercial Energy', *International Studies,* 39 (3), 259–88.

Singham, A. and Hune, S. (1987) 'The Non-Aligned Movement and World Hegemony', *The Black Scholar,* 18 (2), 48–57.

Sklair, L. (1995) *Sociology of the Global System,* Baltimore, MD: Johns Hopkins University Press.

—— (1999) 'Competing Conceptions of Globalization', *Journal of World Systems Research,* 2, 143–63.

—— (2002) *Globalization: Capitalism and Its Alternatives,* Oxford: Oxford University Press.

Skutnabb-Kangas, T. and Phillipson, R. (eds) (1995) *Linguistic Human Rights: Overcoming Linguistic Discrimination,* Berlin: de Gruyter.

Slaughter, A. M. (2000) 'Governing the Global Economy through Government Networks', in M. Byers (ed.), *The Role of Law in International Politics: Essays in International Relations and International Law,* Oxford: Oxford University Press, pp. 177–205.

Smart, M. A. (2004) 'Defrosting Instructions: a Response', *Cambridge Opera Journal,* 16 (3), 311–18.

Smith, A. (1981) *The Ethinic Revival in the*

Modern World, Cambridge: Cambridge University Press.
Smith, A. D. (2001) *Nationalism: Theory, Ideology, History,* London: Polity Press.
Smith, D. (1992) 'Feminist Reflections on Political Economy', in M. Connelly and P. Armstrong (eds), *Feminism in Action: Studies in Political Economy,* Toronto: Canadian Scholars Press, pp. 1–23.
Smith, J. and Johnston, H. (2002) *Globalization and Resistance: Transnational Dimensions of Social Movements,* Lanham, MD: Rowman and Littlefield.
Smith, M. P. (2001) *Transnational Urbanisin: Locating Globalization,* Malden, MA: Blackwell.
Snow, D. M. (2004) *National Security for a New Era: Globalization and Geopolitics,* New York: Pearson/Longman.
Sorkin, M. (ed.) (1992) *Variations on a Theme Park: the New American City and the End of Public Space,* New York: Hill and Wang.
Soros, G. (2000) *Open Society: The Crisis of Global Capitalism Reconsidered,* London: Little, Brown.
Speth, J. G. (ed.) (2003) *Worlds Apart: Globalization and the Environment,* Washington, DC: Island Press.
Spivak, G. C. (1985) 'Can the Subaltern Speak?: Speculations on Widow Sacrifice', *Wedge,* 7/8, 120–30.
—— (1988) 'Can the Subaltern Speak?', in C. Nelson and L. Grossberg (eds), *Marxism and the Interpretation of Culture,* Chicago, IL: University of Illinois Press, pp. 271–313.
Starr, A. (2005) *Global Revolt: A Guide to the Movements Against Globalization,* London: Zed Books.
Stehr, N. (1994) *Knowledge Societies,* London: Sage.
Steiner, H. J. and Alston, P. (1996) *International Human Rights in Context: Law, Politics, Morals,* Oxford: Clarendon Press.
Stevens, P. (2005) 'Oil Markets', *Oxford Review of Economic Policy,* 21 (1), 19–41.
Stewart, I. (1990) *Does God Play Dice? The Mathematics of Chaos,* London: Penguin.
Stiglitz, J. (2002) *Globalization and its Discontents,* London: Penguin.
Stokke, O. S., Hovi, J. and Ulfstein, G. (eds) (2005) *Implementing the Climate Regime—International Compliance,* London: Earthscan.
Stonequist, E. V. (1935) 'The Problem of Marginal Man', *American Journal of Sociology,* 7, 1–12.
Storey, J. and Bacon, N. (1993) 'Individualism and Collectivism: into the 1990s', *International Journal of Human Resource Management,* 4 (3), 665–85.
Strang, D. (1990) 'From Dependency to Sovereignty: An Event History Analysis of Decolonization 1870–1987', *American Sociological Review,* 55, 846–60.
Strange, S. (1994) *States and Markets,* London: Blackwell.
—— (1996) *The Retreat of the State: the Diffusion of Power in the World Economy,* Cambridge: Cambridge University Press.
—— (1998) *Mad Money,* Manchester: Manchester University Press.
Surber, J. P. (1998) *Culture and Critique: Art Introduction to the Critical Discourses of Cultural Studies,* Boulder. CO: Westview Press.
Swyngedouw, E. (1996) 'Neither Global Nor Local: Globalisation and the Politics of Scale', in K. Cox (ed.), *Spaces of Globalisation. Reasserting the Power of the Local,* Surrey, UK: Guildford Press.

—— (2004) 'Globalisation or "Glocalisacion"? Networks, Territories and Rescaling', *Cambridge Review of International Affairs*, 17 (1), 25–48.

Tarnas, R. (1991) *The Passion of the Western Mind: Understanding the Ideas That Have Shaped Our World View*, New York: Harmony.

Taylor, P. J. (1996) *The Way the Modern World Works: World Hegemony to World Impasse*, Chichester: Wiley.

—— (2004) *World City Network: A Global Urban Analysis*, London: Routledge.

Tennant, M. (2004) 'History and Social Policy: Perspectives from the Past', in B. Dalley and M. Tennant (eds), *Past Judgement: Social Policy in New Zealand*, Dunedin, New Zealand: Otago University Press, pp. 9–22.

Terranova, T. (2000) 'Free Labor: Producing culture for the digital economy', *Social Text*, 18 (2, 63), 33–58.

Thomas, H. (1995) *Globalisation and Third World Trade Unions: The Challenge of Rapid Economic Change*, London: Zed Books.

Thomas, R., Mills, A. J. and Helms-Mills, J. (eds) (2004) *Identity Politics at Work: Resisting Gender, Gendering Resistance*, London: Routledge.

Thompson, E. P. (1971) 'The Moral Economy of the Eighteenth Century Crowd', *Past and Present*, 50, 76–136.

—— (1991) *Customs in Common*, London: Merlin.

Thompson, P. and Warhurst, C. (eds) (1998) *Workplaces of the Future*, Basingstoke: Macmillan Business

Tilly, C. (1990) *Coercion, Capital, and European States, AD 990–1990*, Cambridge, MA: Blackwell.

Todd, L. (1990) *Pidgins and Creoles*, London: Routledge.

Toffler, A. (1970) *Future Shock*, London: Bodley Head.

Tomlinson, J. (1991) *Cultural Imperialism: a Critical Introduction*, London: Pinter.

—— (1996) 'Cultural Globalisation: Placing and Displacing the West', *European Journal of Development Research*, 8 (2), 22–35.

—— (1999) *Globalization and Culture*, Cambridge: Polity Press.

Tönnies, F., (2001 [1887]) *Community and Civil Society*, Cambridge: Cambridge University Press.

Tornell, A. and Westermann, F. (2005) *Boom-Bust Cycles and Financial Liberalization*, Cambridge, MA: MIT Press.

Tsagarousianou, R. (2004) 'Rethinking the Concept of Diaspora: Mobility, Connectivity and Communication in a Globalised World', *Westminster Papers in Communication and Culture*, 1 (1), 52–66.

Tumber, H. and Palmer, J. (2004) *Media at War: The Iraq Crisis*, London: Sage.

Tunstall, J. (1977) *The Media Are American: Anglo-American Media in the World*, London: Constable.

Tunstall, J. and Machin, D. (1999) *The Anglo-American Media Connection*, Oxford: Oxford University Press.

Turner, B. (1984) *The Body in Society*, Oxford: Basil Blackwell.

Turner, B. S. (1990) *Theories of Modernity and Postmodernity*, London: Sage.

Turner, S. (1998) 'Global Civil Society, Anarchy and Governance: Assessing an Emerging Paradigm', *Journal of Peace Research*, 35 (1), 25–42.

Turner, V. (1974) *Dramas, Fields, and Metaphors: Symbolic Action in Human

Society, Ithaca, NY: Cornell University Press.

UNCTAD (United Nations Conference on Trade and Development). (2004) *World Investment Report 2004: the Shift Toward Services,* World Investment Report Series, Geneva: United Nations.

United Nations. (2006) Available at: www.UN.org (accessed 28 April 2006).

United Nations Development Fund for Women. (2006) Available at: www.unifein.org (accessed 28 April 2006).

United Nations Development Program. (2006) Available at: www.undp.org (accessed 28 April 2006).

United Nations Environment Programme. (2006) Available at: www.unep.org (accessed 28 April 2006).

United Nations, Women Watch. (2006) Available at: www.un.org/women-watch (accessed 28 April 2006).

Urban, G. (2001) *Metaculture: How Culture Moves through the World,* Minneapolis, MN: University of Minnesota Press.

Urry, J. (1990) *The Tourist Gaze: Leisure and Travel in Contemporary Societies,* London: Sage.

—— (2000) 'Mobile Sociology', *British Journal of Sociology,* 51 (1), 185–203.

—— (2002a) *Global Complexity,* Cambridge: Polity Press.

—— (2002b) 'The Global Complexities of September 11th', *Theory, Culture and Society,* 19 (4), 57–69.

—— (2004) 'The "System" of Autoinobility', *Theory, Culture and Society,* 21 (4/5), 25–39.

Van Den Berghe, P. (1994) *The Quest for the Other: Ethnic Tourism in San Cristobal, Mexico,* Seattle, WA: University of Washington Press.

Vargas, V. (2003) 'Feminism, Globalization and the Global Justice and Solidarity Movement', *Cultural Studies,* 17 (6), 905–20.

Verkaaik, O. (2003) 'Fun and Violence. Ethnocide and the Effervescence of Collective Aggression', *Social Antliropology,* 11 (1), 3–22.

Vines, D. and Gilbert C. L. (eds) (2004) *The IMF and its Critics: Reform of Global Financial Architecture,* Cambridge: Cambridge University Press.

Vink, M. (2002) 'What is Europeanization? And Other Questions on a New Research Agenda', paper presented at the Second YEN Research Meeting on Europeanisation, University of Bocconi, Milan, 22–23 November 2002. Available at: http://www.essex.ac.uk/ecpr/standinggroups/yen/paper_archive/2nd_yen_rm_papers/vink2002.pdf (accessed 28 March 2005).

Vreeland, J. R. (2003) *The IMF and Economic Development,* Cambridge: Cambridge University Press.

Wachtel, H. (2000) 'Tobin and Other Global Taxes', *Review of international Political Economy,* 7 (2), 335–52.

Wade, R. H. (2004) 'Is Globalization Reducing Poverty and Inequality?', *International Journal of Health Services,* 34 (3), 381–414.

Wagnleitner, R. (1994) *Coca-Colonization and the Cold War: The Cultural Mission of the US in Austria after the Second World War,* Chapel Hill, NC: The University of North Carolina Press.

Walby, S. (2002) 'Feminism in a Global Era',

Economy and Society, 31 (4), 533–57.

Wallerstein, I. (1974) *The Modern World-System: Capitalist Agriculture and the Origins of the European World-Economy in the 16th Century,* New York: Academic Press.

—— (1980) *The Modern World-System II: Mercantilism and the Consolidation of the European World Economy, 1600–1750,* New York: Academic Press.

—— (1989) *The Modern World-System III: The Second Era of Great Expansion of the Capitalist World Economy, 1730–1840,* New York: Academic Press.

—— (2004) *World-Systems Analysis: An Introduction,* Durham: Duke University Press.

Wang, H. (2004) 'Regulating Transnational Flows of People: an Institutional Analysis of Passports and Visas as a Regime of Mobility', *Identities: Global Studies in Culture and Power,* 11 (3), 351–76.

Ward C. (2004) *Anarchism: A Very Short Introduction,* Oxford: Oxford University Press.

Warschauer, M. (2004) *Technology and Social Inclusion: Rethinking the Digital Divide,* Cambridge, MA: MIT Press.

Waterman, P. (2002) 'Reflections on the 2nd World Social Forum in Porto Alegre: What's Left Internationally?' *Working Papers Series,* no 362, The Hague: Institute of Social Studies.

Weaver, D. (2001) *Ecotonrisin,* Sydney, Australia: John Wiley and Sons.

Weber, M. (1954) *Max Weber on Law in Economy and Society,* Cambridge, MA: Harvard University Press.

Weiss, J. (2002) *Industrialisation and Globalisation: Theory and Evidence from Developing Countries,* London: Routledge.

Weiss, T. G. and Gordenker, L. (1996) *NGOs, the UN, and Global Governance,* Boulder, CO: Lynne Reinner Publishers.

Weiss, T. G. and Thakur, R. (forthcoming) *The UN and Global Governance: An Idea and its Prospects,* Bloomington, IN: Indiana University Press.

Weiss, T. G., Forsythe, D. P. and Coate R. A. (2004) *The United Nations and Changing World Politics,* Oxford: Westview Press.

Werbner, P. and Yuval-Davis, N. (eds) (1999) *Women, Citizenship and Difference,* London: Zed Books.

Weschler, L. (1999) *Boggs: a Comedy of Values,* Chicago: University of Chicago Press.

Wheeler, M. (2000) 'Globalization of the Communications Marketplace', *Harvard International Journal of Press/Politics,* 5 (3), 27–44.

Whisman, V. (1996) *Queer by Choice: Lesbians, Gay Men and the Politics of Identity,* London: Routledge.

White, S. (1998) 'Interpreting the Third Way: Not One Road But Many', *Renewal,* 6 (2), 17–30.

Williams, K. (1998) *Get Me a Murder a Day! A History of Mass Communication in Britain,* London: Arnold.

Wills, J. (2002) 'Bargaining for the Space to Organize in the Global Economy: A Review of the Accor-IUF Trade Union Rights Agreement', *Review of International Political Economy,* 9 (4), 675–700.

Wilson, D. (1995) 'Quangos in the Skeletal State', *Parliamentary Affairs,* 48 (2), 181–91.

Windmuller, J. P. (2000) 'The International Trade Secretariats', in M. E. Gordon and L. Turner (eds), *Transnational Cooperation Among Labor Unions,* Ithaca, NY: ILR

Press, pp. 102–19.
Wolf, M. (2004) *Why Globalisation Works*, New Haven, CT: Yale University Press.
Woo-Cumings, M. (ed.) (1999) *The Developmental State*, Ithaca, NY: Cornell University Press.
Woodcock, G. (1986) *Anarchism: a History of Libertarian Ideas and Movements*, Harmondsworth: Penguin.
Woodiwiss, A. (2002) 'Human Rights and the Challenge of Cosmopolitanism', *Theory, Culture and Society*, 19 (1–2), 139–55.
Woodward, D. (1998) *Drowning by Numbers: the IMF, the World Bank and North-South Financial Flows*, London: Bretton Woods Project.
World Bank (2006) Available at: www.worldbank.org (accessed 28 April 2006).
World Trade Organization (2006) Available at: www.wto.org (accessed 28 April 2006).

Yan Kong, T. (2004) 'Neo-liberalization and Incorporation in Advanced Newly Industrialized Countries: A View from South Korea', *Political Studies*, 52 (1), 19–42.
Young, R. (1990) *White Mythologies*, London: Routledge.
Youngs, G. (2001) 'The Political Economy of Time in the Internet Era: Feminist Perspectives and Challenges', *Information, Communication and Society*, 4 (1), 14–33.

Ziya, O. (1991) 'The Logic of the Developmental State: Review Article', *Comparative Politics*, 24 (1), 109–26.

关键词汉英对照表

（按汉语拼音排序）

霸权 Hegemongy
拜物教论 Fetishism Theory
半边缘国家 Semi-periphery countries
本土化 Indigenization
本土化 Localization
本土文化 Indigenous culture
本质主义 Essentialism
边缘化/中心化 Marginalization/ Centralization
表现式公民身份 Performative citizenship
不结盟运动 Non-Aligned Movement （NAM）
布雷顿森林体系 Bretton Woods Institutions

裁员 Downsizing
差异性世界主义 Discrepant cosmopolitanism
超男性气概 Hypermasculinity
超全球化论 Hyperglobalist thesis
超现代性 Supermodernity (or hypermodernity)
超现实 Hyperreality
抽象系统 Abstract systems
出口加工区 Export Processing Zone （EPZ）

传媒帝国主义 Media imperialism
传统主义者 Traditionalist
错误知觉 False consciousness

大众传媒联合体 Mass media conglomerates
道德经济 Moral economy
地球村 Global village
地域化（去地域化及再地域化）Territorialization (de- & re-)
地缘政治理性 Geopolitical rationality
帝国 Empire
帝国主义 Imperialism
第三次世界大战 Third World War （WWIII）
第三条道路 Third Way
东方主义 Orientalism
多国公司 Multinational corporation （MNC）
多元文化/主义 Multicultural/ism
多元主义 Pluralism
多元主义范式 Pluralist paradigm

二元文化主义 Biculturalism

发展型国家 Developmental state
法外经济（不合法经济）Extra-legal

economy
反霸权 Counter-hegemony
反帝国主义 Anti-imperialism
反全球化 Antiglobalization
反思的现代化／现代性 Reflexive modernization/Modernity
反思性 Reflexivity
反文化 Counter-culture
反叙事 Counter-narrative
仿像 Simulacrum
飞地 Enclave
飞地商品 Enclaved commodities
非大众化 Decommoditization
非人混合体 Inhuman hybrids
非现代 Non-modern
非正式经济 Informal economies
非政府组织 NGO（Non-Governmental Organization）
分裂的自我 Divided self
分歧／趋同 Divergence/convergence
风险 Risk
风险理性 Rationalities of risk
服务工作 Service work
符号分析师 Symbolic analysts
符号资本 Symbolic capital
福利国家 Welfare state
复兴运动 Revitalization movement
复杂性理论 Complexity theory
富于想象的享乐主义 Imaginative hedonism

改革（政治的）Reform (Political)
个体化 Individuation
工业化 Industrialization
公民社会 Civil society
公民身份 Citizenship

公平贸易／自由贸易 Fair trade/Free trade
共同进化 Coevolution
共同农业政策 Common Agricultural Policy（CAP）
共同体 Gemeinschaft
雇佣劳动者福利国家 Wage earner welfare states
关贸总协定 GATT
官僚制 Bureaucracy
光韵（文化现象的）Aura (of cultural phenomenon）
归并理论 Incorporation theory
国际都市 Cosmopolis
国际非政府间组织 INGO（International Non-governmental Organization）
国际化 Internationalization
国际货币基金组织 IMF（International Monetary Fund）
国际金融机构 International Financial Institutions
国际框架协议 IFA（International Framework Agreements）
国家 State
国家主义范式 Statist paradigm
国有化／国有化工业 Nationalization/ Nationalized industries

合法性危机 Legitimation crisis
合同外包 Contracting out
核心-边缘模式 Core-periphery model
宏观人类学 Macroanthoropology
后福特主义 Post-Fordism
后观光客 Post-tourist
后物质主义 Post-materialism
后现代性／后现代主义 Postmodernity/

Postmodernism
后信息时代 Post-Information Age
后殖民主义 Postcolonialism
互不相关的邻里 Disconnected contiguity
互联网 Internet
化身 Embodiment
怀疑论者 Skeptics
混沌理论 Chaos theory
货币化 Monetarization

积极公民 Active citizens
基本需求 Basic needs
激进的现代性 Radical modernity
集体主义 Collectivism
家庭工资（衰落的） Family wage (decline of)
建构的后现代主义（或整合主义） Construtive postmodernism (or integralism)
贱民 Subaltern
渐进 Asymptotic progression
交换价值 Exchange value
交往理性 Communicative rationality
结构调整计划 Structural Adjustment Programs
结构化 Structuration
金融化 Financialization
京都 Kyoto
（经济的）保护主义 Protectionism (economic)
经济合作与发展组织 OECD (Organization for Economic Co-operation and Development)
经济自由化 Economic liberalization
就业充裕/就业贫乏 Work rich/Work poor
决断论 Decisionism
均势 Balance of power

开放社会 Open society
可持续发展 Sustainable development
可口可乐化 Coca-colonization
克里奥尔化 Creolization
控制社会 Society of control
跨国的 Transnational
跨国的都市生活 Urbanism, transnational
跨国公司 Transnational Corporation (TNC)
跨国资产阶级 Transnational Capitalist Class (TCC)

劳动力女性化 Feminization of the workforce
礼貌性回避 Civil inattention
礼仪文化 Culture of civility
历史的终结 End of history
联合国 United Nations (UN)
裂痕国家 Cleft countries
流动的现代性 Liquid modernity
流动性 Mobility

马克思/马克思主义 Marx/Marxism
麦当劳化 McDonaldization
美国化 Americanization
美国有线电视新闻网效应 CNN effect
蒙太奇 Montage
民俗旅游 Ethnic tourism
民主 Democracy
民族国家 Nation-state
民族国家的衰落 Nation-state, decline of

民族主义 Nationalism
命运共同体 Communities of fate

南/北鸿沟 North/South divide
女权主义 Feminism

欧洲化 Europeanization
欧洲联盟（欧盟）European Union (EU)

普世民主 Cosmopolitan democracy
普世人权 Universal human rights
普世文明 Universal civilization
普世主义 Universalism
谱系（全球化的）Genealogies (of globalization)

七国集团/八国集团 G7/G8
汽车性 Automobility
嵌入 Embedding
亲族国家凝聚力 Kin country rallying
情境普遍主义 Contextual universalism
趋同论 Convergence thesis
去管制化 De-governmentalization
去殖民化 Decolonization
权变理论 Contingency theory
全球城市 Global cities
全球地方/全球地方化 Glocal/Glocalization
全球工会联盟 Global Union Federations (GUFs)
全球精英 Global elite
全球劳动力市场 Global labor market
全球流体 Global fluids
全球媒体 Global media
全球商品链 Global Commodity Chain (GCC)

全球社会政策 Global social policy
全球卫生政策 Global health policy
全球性 Globality
全球亚政治 Global sub-politics
全球英语 Global English
全球政治 Global politics
全球治理 Global governance
全球治理阶层/全球精英 Global managerial class/Global elite
全球主义 Globalism
全球资本主义 Global capitalism

热那亚 Genoa
人力资本 Human capital
人权 Human rights
认识共同体 Epistemic communities
认知暴力 Epistemic violence
认知反思性 Cognitive reflexivity
融汇之爱 Confluent love
软实力 Soft power

赛博行动主义 Cyberactivism
散居 Diaspora
商品拜物教 Commodity fetishism
商品传记 Commodity biographies
商品候选 Commodity candidacy
商品化 Commodification
商品阶段 Commodity phase
商品链 Commodity chains
商品流动 Commodity flows
社会进步指数 Index of Social Progress
社会运动 Social movements
社会资本 Social capital
社区参与 Community participation
身份思维 Identity thinking
身份政治 Identity politics

身体展示 Bodily display
生存视角 Subsistence perspective
生活方式 Lifestyle
生活方式飞地 Lifestyle enclaves
生活世界 Lifeworld
生命权力 Bio-power
生命政治学 Bio-politics
生态旅游 Ecotourism
生物圈政治 Biospheric politics
剩余价值 Surplus value
石油输出国组织（欧佩克）Organization of Petroleum Exporting Countries (OPEC)
时空压缩 Time-space compression
世界霸权 World hegemony
世界城市/全球城市 World cities/Global cities
世界劳资联合委员会 World Works Council
世界贸易组织 WTO (World Trade Organization)
世界民主 Cosmocracy
世界体系理论 Wolrd systems theory
世界卫生组织 WHO (World Health Organization)
世界文化理论 World culture theory
世界银行 World Bank
世界政体理论 World polity theory
世界主义 Cosmopolitanism
市场划分 Market segmentation
收入的两极分化 Income polarization
数字鸿沟 Digital divide
数字游牧民 Digital nomads
私有化 Privatization
随军记者 Embedded journalists
碎裂国家 Fragmented State
碎片化（社会性的）Fragmentation (social)
特殊主义 Particularism
同一世界范式 One world paradigm
同质化 Homogenization
统合主义 Corporatism
托宾税 Tobin tax
外包 Offshoring
外国直接投资 Foreign Direct Investment (FDI)
外来文化 Alien culture
完全知识 Perfect knowledge
网络社会 Network society
微观全球化 Microglobalization
微型国家 Microstate
伪事件 Pseudo event
未来学家/未来学/未来研究 Futurist/Futurology/Future studies
文化保存 Cultural storage
文化产业 Culture industry
文化帝国主义 Cultural imperialism
文化经济 Cultural economy
文化景观 Cultural landscape
文化抗辩权 Cultural defence plea
文化旅游 Cultural tourism
文化命运 Cultural fate
文化企业家 Cultural entrepreneurs
文化倾销 Cultural dumping
文化趋同 Cultural convergence
文化同步化 Cultural synchronization
文化遗产 Cultural heritage
文化整合 Cultural integration
文化主义 Culturalism
文化资本 Cultural capital
文化自治 Cultural autonomy

文明的冲突 Clash of civilizations
无地方性地理 Placeless geography
无政府主义 Anarchism
无组织资本主义 Disorganized capitalism
物质主义 Materialism

西方化 Westernization
西雅图 Seattle
习性 Habitus
现代性 Modernity
现代性盛期 High modernity
现代主义 Modernism
现实主义范式 Realist paradigm
相对主义 Relativism
想象的共同体 Imagined communities
消费习惯 Consumption rituals
消费主义 Consumerism
新保守主义 Neoconservatism
新工党 New Labour
新公共管理 New public management
新自由主义 Neoliberalism
信任 Trust
信息时代 Information age
信息娱乐 Infotainment
幸福预期 Anticipation of pleasure
性别发展指数 GDI(Gender Development Index)
性别赋权指数 GEM(Gender Empowerment Measure)
虚假需求 False needs
选择(话语的) Choice (discourse of)
血汗工厂 Sweatshop

依附论 Dependency theory
移民 Migration

遗产旅游 Heritage tourism
异质性 Heterogenity
意识形态国家机器 Ideological State Apparatus
硬/软实力 Hard/Soft Power
庸俗艺术作品 Kitsch
有限责任共同体 Communities of limited liability
语言权利 Language rights
阈限的/阈限性 Liminal/Liminality
元文化 Metaculture
原教旨主义 Fundamentalism
原始积累 Primitive accumulation
原子化 Atomization
圆形监狱 Panopticon
远距离邻近 Distant proximities

杂糅性/杂糅 Hybridity/Hybridization
再本土化 Re-localization
再嵌入 Re-embedding
债务减免 Debt relief
阵地战 War of position
正规/非正规经济 Formal/Informal economies
政策评估 Policy evaluation
政策项目 Policy programs
政策议程 Policy agendas
政策周期 Policy cycle
政府间组织 IGO(Intergovernmental Organization)
政治全球化 Political globalization
知识社会 Knowledge society
直接行动 Direct action
殖民主义 Colonialism
制度的反思性 Institutional reflexivity
质询 Interpellation

治理术 Governmentality
中间路线 Centrism
种族化（政府过程的）Racialization (of governmental process)
种族文化灭绝 Ethnocide
种族语言 Ethnolinguistic
种族中心主义 Ethnocentrism
轴心期 Axial period
轴心原则 Axial principle
主概念 Master concepts
主权 Sovereignty
专家/专家系统 Experts/Expert systems
准非政府组织（半自治非政府组织）QUANGO
资本主义 Capitalism
自下而上的全球化 Globalization from below
自由化 Liberalization
自由贸易 Free Trade
自由民主 Liberal democracy
自由人本主义 Liberal humanism
自主化（机构的）Autonomization (of an institution)
自主化（文化的）Automonomization (of culture)
族裔多样性 Ethnic diversity

索　引

abstract systems 抽象系统，**1**，274
Abu-Lughod, J. L. 阿布－卢格霍德，120，285
acculturation 文化适应，14，64
acquis communautaire 欧盟法律，98
ActionAid 行动援助组织，208
active citizens/citizenship 积极公民，**1**，2，41，199
adbusting 破坏广告，53
Adorno, T. 阿多诺，65，152，228
advertising 广告，15，24，44，45，53，57，129，158，164，177，178，189，286
aesthetic economy 审美经济，58
　　See cultural economy 又见文化经济
Air New Zealand 新西兰航空公司，203
Albrow, M. 奥尔布罗，12，80，89，91，194，218，255
alienation 疏离感，26，81，116，160
alien culture 外来文化，**2**
Althusser, L. 阿尔都塞，152
Altman, D. 奥特曼，283
Americanization 美国化，**3**，33，188，281
　　see also homogenization 又见同质化
anarchism 无政府主义，**4**，32，135，167，220，246
　　see also anti-globalization 又见反全球化
Anderson, B. 安德森，77，154，155
anticipation of pleasure 幸福预期，**4**
antiglobalization 反全球化，**4**，**5**，6，7，32，53，80，105，135，143，165，173，208，224，245，246，251，268，280，283，292
anti-imperialism 反帝国主义，**7**
Appadurai, A. 阿帕杜莱，36，90，279
Archibugi, D. 阿基布吉，50

Aron, R. 阿隆，270
ARPANET 阿帕网，166
Arrighi, G. 阿瑞基，121，140
art 艺术品，9，10，11，55，63，90
 see high and low culture and art 又见高级文化，大众消费文化，艺术品
assimilation 文化同化，14
 see also homogenization 又见同质化
asymptotic progression 渐进，**7**，8，230
atomization 原子化，**8**
Augé, M. 奥热，260
aura (of cultural phenomenon) 光韵（文化现象的），9
Australia 澳大利亚，29，69，157，160，170，279
 reconciliation process 民族和解，160
authenticity 真正的 / 真实的；
 of culture 真正的文化，真实的文化，35，55
automobility 汽车性，**9**
Automonomization (of culture) 自主化（文化的），**10**
Autonomization (of an institution) 自主化（机构的），**10**
axial period 轴心期，**11**，12，93
axial principle 轴心原则，**12**

back office 后勤部门，212
balance of power 均势，**12**，13，28
basic needs 基本需求，**13**，104，208
Baudrillard, J. 鲍德里亚，37，149，150，229，233，247
Bauman, Z. 鲍曼，26，180，194
Beck, U. 贝克，12，46，66，131，134，144，181，194，200，236，238，239，240，241，244，245
Benajmin, W. 本雅明，9，174
Bergson, H. 伯格森，213
Berners Lee, Tim 伯纳斯，166
Bhabha, H. 巴巴，147，259
biculturalism 二元文化主义，**14**
bilingualism 双语，14
biopiracy 生物剽窃，34
bio-politics 生命政治学，**15**，16

bio-power 生命权力, 15, **16**, 252
biospheric politics 生物圈政治, **17**
black activists (USA) 美国黑人运动, 151
Blair, Tony 布莱尔, 39, 249, 265, 266
bodily display 身体展示, **17**, 88
Bodin, J. 博丹, 253
body 身体, 15, 16, 17, 35, 63, 87, 88, 149, 252
Boggs, J. S. G 伯格斯, 1
Boorstin, D. 布尔斯廷, 233
Bourdieu, P. 布尔迪厄, 55, 138, 240, 250, 251, 264
bourgeoisie 资产阶级, 176, 184, 272, 273, 274
bretton Woods Institutions 布雷顿森林体系, 3, 5, **18**, 20, 108
    see also International Monetary Fund, World Bank and World Trade
        Organization 又见国际货币基金组织, 世界银行和世界贸易组织
bricolage 拼贴, 141, 195
    see also heterogeneity, postmodernism 又见异质化, 后现代主义
British Council 英国文化委员会, 59
Bruntland Commission 布伦兰德委员会, 262
bureaucracy 官僚制, **18**, 92, 254
butterfly effect 蝴蝶效应, 23

Callister, P. 卡利斯特, 282
Campbell, C. 坎佩尔, 154
capitalism 资本主义；
    disorganized 无组织资本主义, 58, 81, 82；
    demise of global 全球资本主义的衰落, 113；
    global 全球资本主义, 19, 21, 52, 81, 113, 120, 121, 131, 169, 205, 229；
    late 晚期资本主义, 173, 194, 229
Castells, M. 卡斯特尔斯, 76, 78, 127, 169, 205, 206
Castioradis, C. 卡斯特瑞阿迪斯, 10, 60
Castles, F. 卡斯尔思, 279
censorship, of self 自我审查, 185, 216
centrism 中间路线, **22**, 207
chaos theory 混沌理论, **23**, 24, 42
choice (discourse of) 选择（话语的）, **24**
cities 城市, 40, 49, 73, 110, 116, 121, 162, 170, 194, 219, 246, 262, 278, 279,

284, 285, 286
Alpha-, Beta- and Gamma Alpha 级, Beta 级, Gamma 级, 286;
global 全球城市, 121, 278, 284, 285, 286;
mega 大城市, 110;
world 世界城市, 284, 286
citizenship 公民身份, 1, 2, 25, 151, 169, 171, 199, **218**, 219, 271, 278, 279
active 积极公民身份, 1, 2, 199;
performative 表现式公民身份, 218
civic culture 公民文化, 2
civilizational paradigm 文明范式, 29
see also clash of civilizations 又见文明的冲突
civil inattention 礼貌性回避, **26**
civil indifference 礼貌性冷淡, 26
civil society 公民社会, **27**, 28, 39, 83, 97, 114, 124, 170, 199, 208, 211, 239, 271, 277, 280
clash of civilizations 文明的冲突, **28**, 168, 213, 276
cleft countries 裂痕国家, **29**, 30
Clifford, J. 克利福德, 80
Clinton, W. 克林顿, 249
CNN effect 美国有线电视新闻网效应, **30**, 31
Coca-Cola 可口可乐, 31, 33, 36, 44, 129, 188
Coca-colonization 可口可乐化, **31**, 33, 188
see also Americanization, homogenization, McDonaldization, Westernization 又见美国化, 同质化, 麦当劳化, 西方化
coevolution 共同进化, **32**
cognitive reflexivity 认知反思性, **32**
Coleman, J. 科尔曼, 249
collectivism 集体主义, **32**, 174
colonialism 殖民主义, 33, 69, 93, 149, 184, 215, **225**, 230, 258, 281
commodification 商品化, 11, 32, **34**, 35, 70, 90, 150, 195
commodity biographies 商品传记, **35**
commodity candidacy 商品候选, **36**, 38
commodity chains 商品链, 19, 35, 36, 37, **121**, 122, 226, 293
see also global commodity chains 又见全球商品链
commodity fetishism 商品拜物教, **37**
commodity flows 商品流动, **38**, 182

see also commodity chains 又见商品链
commodity phase 商品阶段，38
common agricultural Policy（CAP）共同农业政策，38
communicative action 交往行为，179
communicative rationality 交往理性，39
communities of fate 命运共同体，40
communities of limited liability 有限责任共同体，40
community based organization (CBO) 社区组织，207
community, concept of 共同体（概念），**116**
community participation 社区参与，41
　　see also active citizen/citizenship 又见积极公民，公民身份
complexity theory 复杂性理论，23，24，**42**
complex systems 复杂系统，23，42
confluent love 融汇之爱，**42**，43
constitutions 宪法，73，145，253，256
　　see also nation state 又见民族－国家
constructivism 建构主义，201，237
construtive postmodernism (or integralism) 建构的后现代主义（或整合主义），**43**
consumerism 消费主义，**44**，61，65，104，148，151，154，187，273
consumption rituals 消费习惯，**45**，177
consumption 消费
　　see consumerism 见消费主义，**44**，61，65，104，148，151，154，187，273
contextual universalism 情境普遍主义，**45**，46
contingency theory 权变理论，**46**
contracting out 合同外包，**47**
convergence, government/institutional 趋同（政府制度/政府治理），47
convergence thesis 趋同论，**47**
　　see also homogenization 又见同质化
core-periphery model 核心－边缘模式，核心－边缘模式，**47**，182
corn laws (UK) 谷物法（大英帝国），20
corporate anorexia 公司厌食症，84
corporatism 统合主义，**48**，131
cosmocracy 世界民主，**48**，49，50
cosmopolis 国际都市，**49**，278
cosmopolitanism 世界主义，48，50，51，**80**，81，165
　　discrepant 差异性世界主义，80

cosmopolitan democracy 普世民主，**49**，50
counter-culture 反文化，**51**，52，167，227
counter-hegemony 反霸权，**52**
  see also hegemony 又见霸权
counter-narrative 反叙事，**53**，70，236
creolization 克里奥尔化，**54**
crimes against humanity 反人类罪，95，105
  see also human rights 又见人权
critical geopolitics 批判性地缘政治，119
culturalism 文化主义，14，**64**，65，192，197，198，217，219，220
culturalization thesis 文化化命题，58
cultural autonomy 文化自治，**54**，55
cultural capital 文化资本，**55**，56，61，172，192，250
cultural convergence 文化趋同，**56**，206
  see homogenization 又见同质化
cultural defence plea 文化抗辩权，**56**
cultural dumping 文化倾销，**57**，76
  see also cultural imperialism 又见文化帝国主义
cultural economy 文化经济，**57**，58
cultural entrepreneurs 文化企业家，**59**
  see also symbolic analysts 又见符号分析师
cultural fate 文化命运，**59**，60，131
cultural genocide 文化基因灭绝，95
cultural heritage 文化遗产，35，**60**，61
cultural imperialism 文化帝国主义，3，31，50，**61**，76，88，95，123，143，272
cultural integration 文化整合，**62**
cultural landscape 文化景观，32，57，**62**，63
cultural relativism 文化相对主义，242，277
cultural storage 文化保存，**63**
cultural synchronization 文化同步化，**64**
cultural tourism 文化旅游，**64**
culturecide 文化灭绝，95
culture industry 文化产业，58，**65**
culture of civility 礼仪文化，**66**
cyberactivism 赛博行动主义，**67**

Dalby, S. 多尔比, 119
Day, G. 戴伊, 183
debt relief 债务减免, **68**
decisionism 决断论, **68**
decolonization 去殖民化, **69**, 199, 255
decommoditization 非大众化, **70**
de-governmentalization 去管制化, **70**, 71, 108, 205, 252
Delanty, G. 德兰迪, 25
demand led economies 需求导向型经济, 279
democratic deficit 民主赤字, 98, 124, 234
dependency theory 依附论, **75**, 76
deregulation 放松管制, 177
Derrida, J. 德里达, 257, 281
de-territorializatlon 去地域化, 264, 265, 271
 see territorialization 见地域化
developing nations/world 发展中国家, 101, 109, 110, 114, 160, 161, 162, 205, 206, 227, 231, 275, 283, 292
developmental state 发展型国家, **76**
de Soto, H. 索图, 101
dialectical thinking 辩证思维, 152
diaspora 散居, **77**, 78, 136
diasporic media 散居民的媒介, 77
digital divide 数字鸿沟, **78**
digital nomads 数字游牧民, **79**
direct action 直接行动, 40, 51, 67, **79**, 80, 246, 251
 see also antiglobalization 又见反全球化
disconnected contiguity 互不相关的邻里, **80**
discrepant cosmopolitanism 差异性世界主义, **80**
Disney 迪斯尼, 6, 128, 150, 185
disorganized capitalism 无组织资本主义, 58, **81**, 82
dis/re-embedding 脱域/再嵌入, 237, 238, 241
distant proximities 远距离邻近, **82**, 83
 see also time space compression 又见时空压缩
divergence/convergence 分歧/趋同, **83**
divided self 分裂的自我, **84**
Doha 多哈, 292

see also World Trade Organization 又见世贸组织
double reflexivity 双重反思性，24，125
Douglas, M. 道格拉斯，104，234，244
downsizing 裁员，**84**，108
du Gay. P. 杜盖伊，58

Economic liberalization 经济自由化，**85**，211
Ecotourism 生态旅游，**85**，86
Eisenstein, S. 爱森斯坦，195
embedded journalists 随军记者，**86**，87
embedding 嵌入，2，3，54，87，143，181，**237**，238，271
    see dis/re-embedding 见再嵌入
embodiment 化身，77，**87**，88
    see also body 又见身体
empire 帝国，3，7，20，31，33，50，61，69，72，76，88，89，93，95，123，143，
    150，157，159，160，184，**188**，189，199，202，215，255，270，272
enclave 飞地，89，90，**178**
enclaved commodities 飞地商品，**90**
end of history 历史的终结，**91**
greenhouse gases 温室气体，170
epistemic communities 认识共同体，**92**，93，106
epistemic violence 认知暴力，**93**
EPZ 出口加工区，100，101，158，162，272
    see export processing zone 见出口加工区
essentialism 本质主义，**94**，201
Estes, R. 埃斯特，159
estrangement 疏离，8，26，37，81，84，116，160，175，219
ethical universalism 伦理的普遍性，50
ethics 伦理，35，39，50，154，167，196，197，201，202，213，217
ethnicity 种族特性，198
ethnic diversity 族裔多样性，**94**
ethnic tourism 民俗旅游，**94**
ethnocentrism 种族中心主义，22，**94**，95，242，277
ethnocide 种族文化灭绝，**95**
ethnolinguistic 种族语言，**95**，96
europeanization 欧洲化，97，**98**

European Union (EU) 欧洲联盟（欧盟），**96**
Ewald, F. 艾沃德，236
exchange value 交换价值，1，34，37，58，**99**，150
experts/expert systems 专家/专家系统，**100**
expert systems 专家系统，1，100，113，217，263，274
Export Processing Zone (EPZ) 出口加工区，**100**，101，158，162，272
extra-legal economy 法外经济（不合法经济），**101**
fair trade/free trade 公平贸易/自由贸易，**102**
false consciousness 错误知觉，**103**
false needs 虚假需求，**104**，159
family wage (decline of) 家庭工资（衰落的），**104**
FDI 外国直接投资，76，100，109，272，285
    see foreign direct investment 见外国直接投资
Featlierstone, M. 费瑟斯通，10，90
feminism 女权主义，52，93，104，**105**，106，151，224
    see also gender 又见性别
    feminization of the workforce 劳动力女性化，107
fetishism theory 拜物教论，**107**
financialization 金融化，**108**
flatscapes 平面景观，218
flows 流通，1，23，90，177，204，206，232，272
    see also networks, network society 又见网络、网络社会
fordist production 福特主义生产方式，225
Foreign Direct Investment (FDI) 外国直接投资，76，100，**109**，272，285
formal/informal economies 正规/非正规经济，**110**
fossil fuels, petrol/oil 化石燃料，汽油、石油，162，214，215，246，262
Foucault, M. 福柯，15，16，53，93，117，136，137，216，252，255
fragmentation (social) 碎片化（社会性的），**111**
fragmented State 碎裂国家，**111**
Free Trade 自由贸易
    zone 自由贸易区，100
Fukuyama, F. 福山，91
fundamentalism 原教旨主义，**112**
futurist/futurology/future studies 未来学家/未来学/未来研究，**113**

G7/G8 七国集团/八国集团，**114**

Galloway, A. 盖洛威, 252

GATT 关贸总协定, **115**, 232

 see World Trade Organization 见世界贸易组织

GDI (Gender Development Index) 性别发展指数, **115**

GEM (Gender Empowerment Measure) 性别赋权指数, **115**

Genealogies (of globalization) 谱系（全球化的）, **117**

Genoa 热那亚, 6, 73, 74, **118**

gentrification 士绅化, 285

geopolitical rationality 地缘政治理性, 2, **119**

Giddens, A. 吉登斯, 1, 24, 42, 43, 59, 60, 79, 80, 100, 112, 142, 151, 181, 193, 194, 236, 237, 238, 239, 240, 241, 244, 257, 258, 266, 268, 274

globalatinization 拉丁化, 281

globalism 全球主义, **134**, 194, 248, 278, 280

globalist 全球主义者, 248, 280

globalization from below 自下而上的全球化, **135**

 see also global subpolitics 又见全球亚政治

global assembly line 全球装配线, 158

 see also global commodity chains 又见全球商品链

global capitalism 全球资本主义, 19, 21, 52, 81, 113, **120**, 121, 131, 169, 205, 229

global cities 全球城市, 121, 278, **284**, 285, 286

global commodity chain (GCC) 全球商品链, **121**

 see also commodity chains 又见商品链

global democracy 全球民主, 74, 119

 see also democracy, global governance 又见民主, 全球治理

global elite 全球精英, 6, 74, 79, 122, **127**, 135, 192, 285

 see also transnational capitalist class 又见跨国资本主义阶层

global English 全球英语, 61, **122**

global fluids 全球流体, **123**, 124, 127

global governance 全球治理, 6, 28, 48, 50, 98, 115, 124, **127**, 136, 148, 173, 246, 251

global health policy 全球卫生政策, **125**, 288

global labor market 全球劳动力市场, **126**

global managerial class/Global elite 全球治理阶层/全球精英, **127**

 see also global elite, transnational capitalist class 又见全球精英, 跨国资本主义阶层

Global media 全球媒体, **128**, 185
global mosaic 全球"马赛克化", 141
 see heterogeneity 见异质性
global north/south 北方国家/南方国家, 184, 214, 292/5, 105, 209, 214;
 see also core periphery model 又见核心–边缘模式
global politics 全球政治, 28, 50, 92, **130**, 135, 224
global social policy 全球社会政策, **131**
global sub-politics 全球亚政治, 82, **131**
global trade 全球贸易, 20, 21, 144, 292
 see also free trade, global commodity chains 又见自由贸易, 全球商品链
Global Union Federations (GUFs) 全球工会联盟, **132**, 153, 293
global village 地球村, 83, 106, **133**, 171, 213
glocal/glocalization 全球地方/全球地方化, **136**
 see also hybridity 又见杂糅性
glohalization, naming of 命名全球化, 118
Goffman, E. 戈夫曼, 26
governance 治理
 global 全球治理, 6, 28, 50, 115, **124**, 148, 246, 251;
 national 国家治理, 137
governmentality 治理术, 70, **136**, 137
Gramsci, A. 葛兰西, 52, 139, 140, 259, 280
grand narratives 宏大叙事, 186
growth needs 成长性需求, 13

Haas, P. M. 哈斯, 92
Habermas, J. 哈贝马斯, 10, 39, 173, 179, 275
habitus 习性, 55, **138**
hacker ethic 黑客伦理, 167
Hannerz, U. 汉纳兹, 127, 182
hard/soft power 硬/软实力, **139**
 see also soft power 又见软实力
Hardt, M. and Negri, A. 哈特和内格里, 88, 89
Harrington, M. 哈林顿, 72, 203
Harvey, D. 哈维, 82, 268
Hayek, F. 哈耶克, 217
health 卫生, 13, 16, 41, 110, 124, 125, 131, 157, 223, 283, 287, 288, 289;

global policy 全球卫生政策，125，288；

HIV 艾滋病，276，283；

NHS (UK) 英国的国民医疗保险制度，203

Hegel, G. W. F 黑格尔，27，91，175

hegemongy 霸权，33，52，66，93，121，123，139，140，147，190，259，**288**

Held, D. 赫尔德，49，130，148，201，248

heritage tourism 遗产旅游，**141**

heterogenity 异质性，116，127，**141**，175，235，255

high and low culture and art 高级文化，大众消费文化，艺术品，9，10，11，55，63，65，90

high modernity 现代性盛期，**142**

Hobbes, T. 霍布斯，201，253

Hobsawm, E. 霍布斯鲍姆，201

Hollywood 好莱坞，3，113，128，189

homogenization 同质化，8，44，47，49，50，64，65，74，95，98，123，124，141，**142**，143，147，166，171，188，199，206，213，218，254，260，276，277，278，281，289

Horkheimer, M 霍克海默，65

human capital 人力资本，**144**

human development index 人类发展指数，115

Human rights 人权，13，25，76，101，102，105，106，114，145，146，147，153，171，172，176，192，196，199，209，275，**277**，288

hybridity/hybridization 杂糅性/杂糅；

Bhabha's concept of 霍米·巴巴的概念，**147**

hyperglobalist thesis 超全球化论，**148**

hypermasculinity 超男性气概，**149**

hyperreality 超现实，**149**，150，229，247

identity politics 身份政治，**151**，200，234，235

identity thinking 身份思维，**152**

ideological state apparatus 意识形态国家机器，**152**

ideology 意识形态，22，28，30，44，52，66，70，75，80，85，91，93，104，113，134，138，139，140，143，151，152，153，167，168，171，190，194，201，204，216，219，229，248，265，273，292，293

see also hegemony 又见霸权

IFA (International Framework Agreements) 国际框架协议，**153**

IGO (Intergovernmental Organization) 政府间组织, 154, **164**
imaginative hedonism 富于想象的享乐主义, **154**
imagined communities 想象的共同体, 77, **154**
IMF (International Monetary Fund) 国际货币基金组织, 6, 18, 20, 21, 82, 88, 124, 143, **155**, 156, 157, 177, 204, 207, 224, 231, 246, 251, 283
imperialism 帝国主义, 3, 7, 31, 33, 50, 61, 76, 88, 93, 95, 123, 143, 157, 159, 160, 184, **188**, 189, 199, 202, 215, 270, 272
 anti- 反帝国主义, 7
 see also cultural imperialism 又见文化帝国主义
income polarization 收入的两极分化, **157**, 158
incorporation theory 归并理论, **158**
Index of Social Progress 社会进步指数, **159**
indigenization 本土化, 19, 159, 160, 181, 183, 189, **243**
indigenous culture 本土文化, 2, 54, **160**, 161, 277
individual style 个人方式, 177
individuation 个体化, 116, 131, **161**
industrialization 工业化, 44, **162**, 193, 201, 214, 226, 239, 244, 278, 284
informal economies 非正式经济, **163**
information age 信息时代, 163, **227**, 239
 post- 后信息时代, 227, 239；
  see also knowledge society 又见知识社会
information communication technology (ICT) 交流技术, 144
 see also internet 又见互联网
infotainment 信息娱乐, **163**
Inglehart, R. 英格哈特, 227
INGO (International Non-governmental Organization) 国际非政府间组织, **164**
inhuman hybrids 非人混合体, **164**
Institutional reflexivity 制度的反思性, **165**
insurance 保险领域, 236
 see also risk 又见风险
integration, horizontal and vertical （横向及纵向）一体化, 185
intellectual property 知识产权, 34, 292
internationalism 国际主义, 165, 270
internationalization 国际化, 129, 130, 132, **165**, 289
International Bank for Reconstruction and Development (IBRD) 国际复兴开发银行, 18, 282, 283

see also World Bank 又见世界银行
International Development Association (IDA) 国际开发协会, 283
International Finance Corporation (IFC) 国际金融组织, 18, 283
International Financial Institutions 国际金融机构, **165**
International Labour Organization (ILO) 国际劳工组织, 102, 110, 153
international law 国际法, 25, 50, 68, 102, 130, 146, 199, 255, 256, 275
International Monetary Fund (IMF) 国际货币基金组织, 6, 18, 20, 21, 82, 88, 124, 143, 155, 156, 157, 177, 204, 207, 224, 231, 246, 251, 283
international trade secretariats 国际工会秘书处, 132
　　see Global Union Federations 又见全球工会联盟
internet 互联网, 5, 67, 78, 133, 143, 151, **166**, 167, 205, 233, 251, 252, 260
interpellation 质询, **168**
invisible hand 看不见的手, 175
Islam 伊斯兰世界, 29

Jameson, F. 詹姆森, 194, 229
Jaspers, K. 亚斯贝斯, 11
just in time production 即时生产, 226

Keohane, R. O. 基欧汉, 270
Keynes, M. 凯恩斯, 70, 156, 204, 225, 232, 266, 279
Keynsian economics 凯恩斯经济学, 204
kin country rallying 亲族国家凝聚力, **168**
kitsch 庸俗艺术作品, **169**
Knowledge 知识:
　　economy 知识经济, 34, 158, 247;
　　society 知识社会, 144, 169, 170, 217, 263
Korzybski, A. 科日布斯基, 152
Kuhn, T. 库恩, 93
Kyoto 京都, **170**, 171, 172, 215

labor markets 劳动力市场, 107, 110, 126, 157, 281
　　see also global labor markets 又见全球劳动力市场
Lane, R. E. 莱恩, 84, 169
language: death 语言死亡, 172
　　ecology 生态语言学, 172

island 语言孤岛，89
　　　official 官方语言，122，171，197
　　　rights 语言权利，122，171，172，243
　　　standardized 语言的标准化，199
Language rights 语言权利，122，**171**，172，243
Lash, S. 拉什，58，81，82，238，239，240，241
Latour, B. 拉图尔，24，210
Lefort, C. 勒弗尔，73
legitimation crisis 合法性危机，**173**
liberalization 自由化；
　　　economic 经济自由化，**85**，211
　　　liberal democracy 自由民主，91，97，**174**，175，219
liberal humanism 自由人本主义，**175**，176
libertarian 自由主义者，71，203
　　　see anarchism 又见无政府主义
lifelong learning 终生学习，144
lifestyle enclaves 生活方式飞地，89，**178**
lifestyle 生活方式，7，14，25，37，40，44，58，65，79，82，86，89，99，141，151，
　　177，**178**，183，189，199，273，287
lifeworld 生活世界，10，138，**179**
liminal/Liminality 阈限的 / 阈限性，**179**
liquid modernity 流动的现代性，**180**，181，194，239
little narratives 小叙事，229
living wage 最低生活工资，104
localization 本土化，19，159，160，181，183，189，**243**
　　　see also glocal/glocalization 又见全球的，全球地方化
　　　Locke, J. 洛克，174
low skilled workers 低技术工人，158
Lyotard, J. F. 利奥塔，228，229

Maastricht treaty 马斯特里赫特条约，96
macroanthoropology 宏观人类学，**182**
MAI (multilateral agreement in investment) 多边投资协定，211
Mann, M. 迈克尔·曼，200，201
marginalization/centralization 边缘化 / 中心化，**182**
　　　of people 人的边缘化，149，258，259，262

market segmentation 市场划分, **183**

Marshall plan 马歇尔计划, 211

Marx/Marxism 马克思/马克思主义, **183**
 revolution 革命, 22, 27, 52, 72, 89, 104, 162, 174, 184, 187, 213, 218, 244, 258, 266

mass media conglomerates 大众传媒联合体, 185

master concepts 主概念, 48, **186**, 194

materialism 物质主义, 51, 65, 187, **227**
 see also consumerism 又见消费主义

material culture 物质文化, 57

Matrix, the (film) 《黑客帝国》, 电影, 3, 65, 77, 113, 128, 129, 150, 167, 181, 185, 188, 189, 190, 195

McDonaldization 麦当劳化, **187**, 188, 281
 see also homogenization 又见同质化

McGrew, A. 麦格鲁, 130

McLuhan, M. 麦克卢汉, 133

McWorld 麦当劳性世界, 218
 see also homogenization, cultural imperialism 又见同质化, 文化帝国主义

media 媒体:
 global 全球媒体, **128**, 185
 imperialism 传媒帝国主义, 188, 189
 print 印刷, 132, 133, 155

media imperialism 传媒帝国主义, **188**, 189

melange 混合, 9, 48, 89, 141, 147, 163, 164, 197, 254, 259, 282
 see also heterogeneity 又见异质化

melting pot 大熔炉, 198

mercantilism 重商主义, 20, 232

metaculture 元文化, 14, 49, 96, 112, 190, 192, **197**, 198, 217, 219, 220

metanarrative 元叙事, 229

microglobalization 微观全球化, **191**

Microsoft 微软公司, 181

microstate 微型国家, **191**

Mies, M. 米斯, 259

migration 移民, 3, 7, 78, 96, 110, 126, 144, **192**, 197, 213, 247, 271, 285

mimicry 模仿（后现代性）, 229

minimum wage 最低工资, 110

minorities 少数族裔, 122, 171, 174, 197, 199, 255
minority languages 少数族裔语言, 122, 171
mobility 流动性, 20, 40, 112, 126, 127, 182, 183, **192**, 193, 194, 197, 212, 218, 271, 285
Modernism 现代主义, 17, 43, 44, 150, 176, 193, 194, 195, **228**, 230, 239, 243
Modernity 现代性:
 first and second 第一和第二现代性, 194;
 late 晚期现代性, 239;
 liquid 流动的现代性, **180**, 181, 194, 239;
 reflexive 反思的, 81, 112, 131, 194, 229, 238, 239, 240, 241, 243, 244, 271
monetarization 货币化, **195**
montage 蒙太奇, **195**
Montesquieu 孟德斯鸠, 174
moral cosmopolitanism 道德的世界主义, 50, 51
moral economy 道德经济, **196**, 197
most favoured nation 最惠国待遇, 102
multicultural/ism 多元文化/主义, **197**
multilateral investment guarantee agency (MIGA) 多边投资担保机构, 283
multinational corporation (MNC) 多国公司, 109, 120, 132, 153, **198**, 251, 271, 272, 285, 292

NAFTA 北美自由贸易协定, 5
Nandy, A. 南蒂, 149
nationalism 民族主义, 11, 96, 97, 154, 155, 165, 198, **201**, 202, 239, 271, 287
nationalization/nationalized industries 国有化/国有化工业, **202**
nation-state, decline of 民族国家的衰落, **200**
NATO (北约) 北大西洋公约组织, 12, 209
Nederveen Pieterse. J. 内德文, 147
neoconservatism 新保守主义, **203**
neoliberalism 新自由主义, 3, 4, 8, 24, 47, 70, 92, 100, 104, 111, 127, 134, 135, 143, 157, 177, **204**, 231, 242, 250, 280, 284
network society 网络社会, 81, 167, **205**, 206, 239, 278
news corporation 新闻集团, 128, 185
New Labour 新工党, **207**
 see also centrism 又见中间路线

new public management 新公共管理，**207**，241

New Zealand 新西兰，203，279，282

NGO (Non-Governmental Organization) 非政府组织，27，28，83，132，134，170，207，208，209，211，221，223，224，**234**，239，271，275，276，288，289，290

NICS (newly industrialized countries) 新兴工业化国家，162

Nike 耐克，6，36，44

Non-Aligned Movement (NAM) 不结盟运动，**209**

non-modern 非现代，**210**

north/south divide 南/北鸿沟，**210**
  see also core periphery model, world systems theory 又见中心–边缘模式，世界系统理论

nostalgia 怀旧，229

Nye, J. S. 奈，90，270

occident 西方（相对于东方），215；
  see orientalism 见东方主义

OECD (Organization for Economic Co-operation and Development) 经济合作与发展组织，**211**

offshoring 外包，10，18，47，193，205，**212**，226，252，284，285，293

one world paradigm 同一世界范式，**213**

open society 开放社会，21，**213**，214

Organization of Petroleum Exporting Countries (OPEC) 石油输出国组织（欧佩克），**214**

orientalism 东方主义，**215**，216

outsourcing 外包，10，18，47，193，205，212，226，252，284，285，293；
  see offshoring, privatization 见外包，私有化

OXFAM 牛津饥荒救济委员会，103，208

panopticon 圆形监狱，**216**

particularism 特殊主义，**217**

particularization of universals 普遍性的特殊化，143

Passeron, J. A. 帕塞罗，55

pastiche 混成作品，195，229

perfect knowledge 完全知识，**217**

performative citizenship 表现式公民身份，**218**

placelessness 无地方性，**218**，219，260

placeless geography 无地方性地理, **218**, 219
plastic sexuality 弹性性行为, 43
pluralism 多元主义, 44, 130, 219, **220**, 237
pluralist paradigm 多元主义范式, **220**, 237
Policy agendas 政策议程, **220**, 221
Policy cycle 政策周期, **221**, 223
Policy evaluation 政策评估, **222**
Policy programs 政策项目, **223**, 288
 political 政治的, 12, 22, 27, 50, 68, 72, 116, 130, 131, 134, 143, 174, 175, 194, 199, 204, 208, 219, 233, 235, 241, 257
Political globalization 政治全球化, **224**
 see also global politics, global governance 又见全球政治,全球治理
Popper, K 波普尔, 7, 213
Postcolonialism 后殖民主义, 33, **225**, 258
postcolonial 后殖民, 14, 33, 93, 147, 209, 216, 225, 258
post-Fordism 后福特主义, 58, 82, **225**, 226
post-Information Age 后信息时代, **227**, 239
post-materialism 后物质主义, 187, **227**
Postmodernity/Postmodernism 后现代性/后现代主义, **228**
 constructive 建构主义, 201, 237
post-tourist 后观光客, **230**
post structuralism 后结构主义, 37, 117, 228
primitive accumulation 原始积累, 230, 231
privatization 私有化, 10, 34, 85, 129, 157, 176, 177, 189, 202, 203, 204, **231**
 of the media 媒体的, 30, 123, 129, 189
production line 生产线, 187
proletariat 无产阶级, 107, 184
property rights 财产权, 101
 see also intellectual property 又见知识产权
protectionism (economic) 经济保护主义, 232
protest 抗议, 5, 6, 52, 67, 74, 80, 114, 115, 118, 135, 245, 246, 262
 see also antiglobalization 又见反全球化
pseudo event 伪事件, **233**
pure relationship 纯粹关系, 43
Putnam, R. 帕特南, 27, 249, 250, 251

QUANGO 准非政府组织（半自治非政府组织），234

racialization (of governmental process) 种族化（政府过程的），234
radical centrism/middle 激进的中间路线，激进的中间派，22
radical modernity 激进的现代性，142，**235**
rationalities of risk 风险理性，**236**
realist paradigm 现实主义范式，68，**237**，270，289
re-embedding 再嵌入，2，143，181，**237**
  see also dis/re-embedding 又见脱域
reflexive modernization/Modernity 反思的现代化/现代性，**238**
reflexivity 反思性，24，32，95，112，125，134，142，165，187，190，194，238，239，**240**，241，244
reform (Political) 改革（政治的），**241**
Reich, R. 赖克，263
relativism 相对主义，45，46，219，220，**242**，243，277，278
religion 宗教，11，29，37，44，61，72，77，89，90，112，136，145，173，176，197，206，208，217，219，229，237，243，246，253，278，287
re-localization 再本土化，**243**
re-territorialization 再地域化，264，265
  see territonalization 见地域化
revitalization movement 复兴运动，**243**
risk 风险，1，12，24，26，28，39，40，50，59，84，92，100，113，114，123，125，126，167，171，181，217，236，238，239，240，**244**，245，283，291
  collectivization of 集体化风险，236；
  rationalities of 理性的，39，116，119，133，137，187，236，254
ritual 仪式，16，17，35，61，180
  consumption 消费习惯，45，177
Robertson, R. 罗伯森，143，148，264，286
Rose, N. 罗斯，20，21，25，29，71，78，111，114，236，275

Said, E. 萨义德，215
SAP (structural adjustment program) 结构性调整计划，156
  see also International Monetary Fund 又见国际货币基金组织
Sartre, J. P. 萨特，60
Sassen, S. 萨森，284，285，286
Schmitt, C. 施密特，68

Scholte, J. A. 斯科尔特，127
Schröder, G. 施罗德，266
SDK (special drawing rights) 特别提款权，156；
　　see international monetary fund 见国际货币基金
Seattle 西雅图，5, 6, **245**, 246, 292
　　see also antiglobalization 又见反全球化
semi-periphery countries 半边缘国家，**246**
　　see world systems theory, core-periphery model 见世界系统理论，核心 - 边缘模式
service work 服务工作，**247**
shrimp-turtle case（WTO）虾龟案，102
simulacrum 仿像，229, **247**
Singer, P. 辛格，213
skeptics 怀疑论者，141, 155, 165, 211, **248**, 270, 272, 280
Sklair, L. 斯克莱尔，270, 272, 273
Smith, Adam 亚当·斯密，20, 175, 230
socialism 社会主义，4, 11, 71, 280, 291
socialist world government 社会主义世界政府，291
social capital 社会资本，27, **248**, 249, 250, 251；
　　bonding 结合型，249；
　　bridging 沟通型，249
social exclusion 社会排挤，250
social movements 社会运动，11, 73, 105, 130, 246, **251**, 271
social policy 社会政策，97, 131, 219, 242
social styles 社会方式，177
social welfare 社会福利，33, 85, 197, 203, 235, 279
society of control 控制社会，**252**
soft power 软实力，59, 61, 139, **253**
sovereignty 主权，18, 54, 65, 72, 73, 102, 137, 146, 174, 188, 198, 200, 250, **253**, 254, 256, 276, 289
　　see also nation state, state 又见民族 – 国家，国家
special economic zone 经济特区，100, 158
　　See Export Processing Zone 见出口加工区
speed of life 生活的速度，268
Spivak, G. C. 斯皮瓦克，93, 258, 259
spontaneous consent 自发的同意，139
Starbucks 星巴克，246

Star TV 星空卫视，129
statist paradigm 国家主义范式，**256**
Stiglitz, J. 斯蒂格利茨，156
Strange, S. 斯特兰奇，200
structuralism 建构主义，201，237
Structural Adjustment Programs 结构调整计划，**257**
Structuration 结构化，241，**257**，258，265，289
subaltern 贱民，93，**258**，259
subsistence perspective 生存视角，**259**，260
supermodernity（or hypermodernity）超现代性，**260**
  see also reflexive modernization 又见反思的现代性
supply chain 供应链，121
surplus value 剩余价值，184，188，231，**261**，262
sustainable development 可持续发展，85，181，208，260，**262**，290
sweatshop 血汗工厂，6，**263**
swinging voters "摇摆的"选民，22
symbolic analysts 符号分析师，226，**263**，274
symbolic capital 符号资本，**264**
symbolic tokens 符号标志，1

television 电视，5，30，31，62，77，87，100，128，129，150，185，188，189，216，233
  see also global media 又见全球媒体
territorialization（de- & re-）地域化（去地域化及再地域化），**264**
terrorism 恐怖主义，114，191，203，276
thin places 薄地，218
third way 第三条道路，22，41，207，**265**，266，267
third world debt 第三世界的债务，6
  See debt relief 见债务减免
Third World War（WWIII）第三次世界大战，**267**，268
time-space compression 时空压缩，53，260，**268**
time space distanciation 时空分离，268
  see time space compression 见时空压缩
Time Warner 时代华纳，128，185
TNC 跨国公司，6，12，19，20，34，44，47，48，81，82，185，204，205，237，239，246，271，272，273，285，292，293

·357·

see transnational corporation 跨国公司

Tönnies, F. 滕尼斯, 116

TNP (transnational practices) 跨国行为, 239, 255, 268, 271, 276

 see transnational 见跨国的

Tobin, J. 托宾, 108, 269

Tobin tax 托宾税, 108, **269**

Tomlinson, J. 汤姆林森, 2, 54, 55, 60, 91, 95, 143, 186

tourism 旅游, 5, 17, 35, 64, 79, 81, 85, 86, 88, 94, 141, 143, 219, 230, 257, 284, 285;

 cultural 旅游文化, 81;

 eco- 生态旅游, 85, 86;

 heritage 遗产旅游, 141;

 post tourist 后观光客, 230

traditionalist 传统主义者, **270**

traditional knowledge 传统(环境的)知识, 161

 society 传统社会, 1, 42, 52, 59, 60, 82, 116, 142, 194, 241, 266

transcendental needs 超越性需求, 13

transformationalists 全球转型主义者, 182

transnational 跨国的, 270, 271, 273, **278**

Transnational Capitalist Class (TCC) 跨国资产阶级, 272, **273**, 274

 see also global elite 又见全球精英

Transnational Corporation (TNC) 跨国公司, 6, 12, 19, 20, 34, 44, 47, 48, 81, 82, 185, 204, 205, 237, 239, 246, **271**, 272, 273, 285, 292, 293

 see also multinational corporation 又见多国公司

transnational 跨国的, 270, 271, 273, 278;

 urbanism 都市生活, 278

treaty of Rome 罗马条约, 38, 96

trickle down effect 涓滴效应, 100

TRIMS 与贸易有关的投资措施协议, 292

TRIPS 与贸易有关的知识产权协议, 292

Trust 信任, 26, 97, 100, 199, 204, 244, 249, **274**

 see also risk 又见风险

Tunstall, J. 坦斯特尔, 189

UNDP 联合国开发计划署, 115, 275

UNEP 联合国环境规划署, 275

unfocussed interaction 漫不经心的互动, 26
unilaterals, reporters "单干的"非随军记者, 87
unions 工会联盟, 132, 153, 293
    see also Global Union Federations, IFA, World Works Council 又见全球工会联合会, 国际框架协议, 世界劳资联合委员会
United Nations (UN) 联合国, 25, 50, 69, 75, 102, 105, 106, 115, 124, 130, 132, 145, 146, 170, 171, 176, 207, 208, 209, 224, 262, 271, 275, 276, 277, 282, 284, 287, 289
    standing army 常备军, 146, 254
universalism 普遍主义, **45**, 46
    contextual 情境普遍主义, 45, 46
universalization of particularism 特殊性的普遍化, 143
universal civilization 普世文明, **276**
universal human rights 普世人权, **277**
urbanism, transnational 都市生活, 跨国的, 270, 271, 273, **278**
Urban, G. 厄尔班, 190
Urry, J. 厄里, 4, 9, 23, 24, 58, 81, 82, 123, 127, 164
USA. politics 美国政治, 203

value chain 价值链, 121
Viacom 维亚康姆, 128, 185
virtual sit in 虚拟静坐, 67
volunteering 志愿, 289
    see also social capital 又见社会资本

wage earner welfare states 雇佣劳动者福利国家, **279**, 282
Wallerstein, I. 沃勒斯坦, 290, 291
war of position 阵地战, 140, **280**
    cold 冷战, 13, 28, 82, 96, 139, 203, 267, 268;
    fourth world 第四世界, 206;
    Gulf 海湾, 30, 31, 86, 150, 233;
    Iraq 伊拉克, 214, 267, 268;
    of maneuver 运动战, 140;
    third world 第三世界, 5, 6, 7, 128, 184, 267, 291
Wealth of Nations 《国富论》, 20
Weber, K. 韦伯, 10, 18, 81

web defaces 网络破坏, 67
welfare state 福利国家, 18, 70, 71, 162, 174, 196, 202, 204, 279, **280**, 282
Westernization 西方化, 277, **281**
  see also cultural imperialism, homogenization 又见文化帝国主义, 同质化
westoxification 西方毒化, 281
Westphalian states 威斯特伐利亚体系, 130；
  see also nation states, state, statist 又见民族 – 国家, 国家, 国家主义
Westphalia, treaty of 威斯特伐利亚和约, 253
WHO (World Health Organization) 世界卫生组织, 124, 125, 131, 223, **287**, 288
wolrd systems theory 世界体系理论, 48, 75, 182, 246, 284, 287, **290**
workers low skilled 低技术工人, 158
  part time 兼职, 158, 282
  rights 权利, 19, 25, 27, 50, 52, 101, 105, 106, 122, 124, 130, 131, 145, 146, 153, 159, 162, 171, 172, 174, 196, 199, 204, 211, 213, 235, 243, 253, 277, 278, 279, 287, 292, 293
work rich/work poor 就业充裕 / 就业贫乏, **281**, 282
World Bank 世界银行, 6, 18, 21, 68, 82, 88, 143, 155, 156, 204, 211, 246, 249, **282**, 283, 284, 288
World cities/Global cities 世界城市 / 全球城市, **284**
world culture theory 世界文化理论, **286**, 287, 289
World Health Organization 世界卫生组织, 124, 125, 131, 223, 287, 288；
  see also health 又见卫生
world hegemony 世界霸权, 121, 140, **288**
world polity theory 世界政体理论, 287, **289**
world social forum 世界社会论坛, 6, 135
world systems theory 世界体系理论, 48, 75, 182, 246, 284, 287, 290
World wide web 万维网, 144, 167
  see also internet 又见因特网；
World Works Council 世界劳资联合委员会, **293**, 294
WTO (World Trade Organization) 世界贸易组织, 6, 20, 135, 288, **291**, 292, 293
  protests against 抗议, 5, 6, 52, 67, 74, 80, 114, 115, 118, 135, 245, 246, 262

Zapatista 查巴达人, 5
Zee TV 印度娱乐实业有限公司, 129

后 记

《全球化关键词》虽然不是鸿篇巨著,但涉及多个学科和领域,对译者是一个艰巨的挑战。本书译者大都来自历史学和国际关系学科,知识背景有限,翻译的过程也是一个学习的过程,错译和误译在所难免,欢迎读者朋友批评指正。

陈继玲承担了关键词从 A 到 K 部分的翻译工作,颜震承担了从 L 到 U 部分的翻译,郑广超部分承担了 W 部分的翻译工作。王文奇、孙兴杰和刘懿萱先后参加了译稿的讨论和修改,刘德斌翻译了部分词条并承担了的全书译校和统稿工作。

刘德斌

2013 年 10 月 11 日